"十三五"国家重点出版物出版规划项目

★ 转型时代的中国财经战略论丛 ◣

本书为国家自然科学基金青年项目"高管海外经历与企业投资决策：影响机制与经济后果"（批准号71702061）的阶段性成果。

外部监管与公司行为：
基于机构投资者与证券分析师的证据

代昀昊 著

中国财经出版传媒集团

经济科学出版社
Economic Science Press

图书在版编目（CIP）数据

外部监管与公司行为：基于机构投资者与证券分析师的
证据/代昀昊著.—北京：经济科学出版社，2018.6
ISBN 978-7-5141-9401-2

Ⅰ.①外… Ⅱ.①代… Ⅲ.①上市公司－监督管理－
研究－中国 Ⅳ.①F279.246

中国版本图书馆 CIP 数据核字（2018）第 123496 号

责任编辑：孙丽丽 纪小小
责任校对：杨 海
责任印制：李 鹏

外部监管与公司行为：基于机构投资者与证券分析师的证据
代昀昊 著
经济科学出版社出版、发行 新华书店经销
社址：北京市海淀区阜成路甲 28 号 邮编：100142
总编部电话：010-88191217 发行部电话：010-88191522
网址：www.esp.com.cn
电子邮件：esp@esp.com.cn
天猫网店：经济科学出版社旗舰店
网址：http://jjkxcbs.tmall.com
北京季蜂印刷有限公司印装
710×1000 16 开 15.25 印张 240000 字
2018 年 6 月第 1 版 2018 年 6 月第 1 次印刷
ISBN 978-7-5141-9401-2 定价：55.00 元

前　言

　　保护投资者利益一直是我国资本市场发展中面临的重要问题之一。自我国证券市场创建以来，如何对上市公司进行有效监管、保护中小投资者的利益是我国资本市场改革发展实践中面临的一个巨大挑战。2014年5月9日，国务院发布的《关于进一步促进资本市场健康发展的若干意见》表明，中小投资者合法权益在法律保护方面得到了高度重视。党的十九大也明确提出了"必须坚持以人民为中心的发展思想"，鉴于我国资本市场存在众多的中小散户，保护好投资者尤其是中小投资者的合法权益，就是保护人民群众的利益。

　　完善上市公司治理准则、提高上市公司质量是落实对投资者利益保护的重要举措之一。作为资本市场的重要参与角色，机构投资者和证券分析师是否能够发挥外部监管的作用是学术界、实务界以及监管部门共同关心的一个话题。一方面，机构投资者能够发挥稳定资本市场、提升定价效率的作用。同时，作为信息中介的证券分析师，能够有效构筑企业与投资者的信息桥梁，降低市场中的信息不对称，有助于保护投资者的自身利益。但另一方面，由于逐利等短视行为的影响，机构投资者在资本市场中仍然可能存在投机行为，不利于资本市场效率的提升。而证券分析师对企业的关注所引发的压力也可能导致企业过度追求短期利益，甚至产生损害投资者利益的行为。目前，有关机构投资者和证券分析师外部监管角色的研究还处于发展阶段，虽然相关研究在近几年逐渐增多，但仍然处于较零散的层面。因此，基于该问题的重要性及相关研究还缺乏系统性分析的考虑，从外部监管的角度出发，考察机构投资者与证券分析师对企业行为影响的理论与实证研究，无论是增强当前对投资者利益保护这一问题的认识，还是深入了解机构投资者和证券分析师对企业行为的影响机制，无疑都具有十分重要的意义。

本书将在借鉴国外文献的基础上，结合我国上市公司的实际，分别从机构投资者和证券分析师这两个研究视角入手，详细分析和检验其对企业行为的影响作用。对于机构投资者而言，针对其对公司的资本成本以及应计盈余质量的影响提出假设，并利用实证模型进行验证。同时，针对近年来关于机构投资者异质性的讨论，将机构投资者的类型进行区分以分析其可能存在的差异性，从而得到关于机构投资者对公司行为影响的基本结论。对于证券分析师而言，本书主要关注证券分析师跟踪对企业税收激进程度和真实盈余管理两种行为的影响，这两种行为往往预示着企业内部存在较严重的委托代理问题。通过实证检验，以期识别出证券分析师跟踪对上市公司税收激进程度和真实盈余管理活动的影响。此外，结合证券分析师对上市公司投资者关系的影响研究，本书还利用我国 2008 年汶川地震作为外生事件，探讨上市公司是否会通过捐款行为来吸引分析师的跟踪，从而改善投资者关系。最后，针对上述结论得出全书的总结论，并对我国机构投资者和证券分析师对企业行为的影响作用进行评价。

本书主要的研究结论如下。

（1）通过梳理已有文献发现，机构投资者与证券分析师对公司行为均可能产生积极和消极影响，由于存在两种相反的可能，如何有效识别其最终的净效应需要结合实证研究来考察。

（2）机构投资者对上市公司的持股比例能够显著降低公司的权益资本成本，且影响渠道分别体现在降低信息不对称与改善公司治理两个方面。在对机构投资者进行分类之后发现，相对于短期投资者而言，长期投资者更能降低公司的权益资本成本。同时，在区分企业所有权性质后发现，相较于民营企业而言，机构投资者的介入对于国有企业在权益资本成本上的影响作用更为明显。

（3）机构投资者能够通过监管企业管理层，降低信息不对称程度，从而提高公司的应计盈余质量。然而，在考虑机构投资者的异质性后发现，仅长期机构投资者能够扮演监管角色。相反，短期机构投资者会因为注重短期投机利益，迫使管理层人为调高应计利润或是与管理层合谋等手段掩盖公司当期的低利润，导致更低的应计盈余质量。

（4）随着证券分析师跟踪数目的增加，上市公司的税收激进程度更低。从信息传递效率的角度发现，公司股票被纳入融券标的以及股票的股价同步性越低时，上市公司在资本市场上的信息传递效率较高，能够进一步增加分析师跟踪的监督效应。当公司所在省份出现官员更替事件时，会影响上市公司的信息环境，从而降低分析师跟踪的监督效应。而对于分析师个人特征的影响，仅发现有较弱的证据表明明星分析师跟踪能够加强分析师跟踪的监督效应。

（5）随着证券分析师跟踪数目的增加，上市公司真实盈余管理活动更少。结合企业从事真实盈余管理活动的成本进行分析后发现，分析师对处于行业领先地位以及财务状况良好企业的真实盈余管理活动有更强的监督作用。此外，机构投资者的存在能够对分析师的监管角色有进一步的促进作用。

（6）运用汶川地震作为外生事件，发现企业的捐款行为能够帮助上市公司在未来吸引分析师和媒体的关注，且这种影响作用只体现在完全没有分析师关注的企业当中。在无分析师关注的样本中，捐款行为能够提升上市公司股票在未来的流动性、基金持股比例和持股股东户数，但该影响作用仅体现在较短期内，长期影响均不显著。相对地，在有分析师关注的样本中，捐款行为仅能提高股票未来的基金持股比例。此外，相对于有分析师关注的企业而言，有捐款行为且无分析师关注的上市公司在企业业绩方面提升程度更高。这在一定程度上反映出，无分析师关注的企业可能并不仅仅只是想通过借助捐款事件制造短暂的噱头以获得分析师、媒体以及投资者的关注。相反，这类捐款企业可能的确在企业业绩上有所改善，并期望借助捐款事件向外界披露有关公司积极方面的信号，以帮助企业在未来受到更多的关注并持续发展。

　　本书的研究具有一定的探索性，主要特色为，综合运用理论分析、计量分析、案例与文献分析等方法，梳理了机构投资者与证券分析师对企业可能产生的积极和消极影响，并通过实证研究尽可能地识别出机构投资者与证券分析师对企业行为影响的净效应，从而判断在我国资本市场中，机构投资者与证券分析师是否扮演了外部监管者的角色。读者可以通过对本书的整体阅读，对相关学术问题进行多角度、全方位的了解。此外，结合当前文献的思考，在第九章也列出了未来可能的拓展方向或研究议题，希望能够引起读者及科研人员的兴趣。

　　受笔者学识、水平以及时间的限制，尽管已力求完善，但书中难免存在疏漏和不足，望读者批评指正。

代昀昊

2017 年 12 月于武汉

目　录

第一章
总 论

第一节 问题的提出及意义

　　随着我国资本市场的不断完善和发展，机构投资者与证券分析师作为证券市场的主要参与主体也在逐渐壮大和成熟。自我国 1998 年发行第一只证券投资基金开始，近二十年间机构投资者得以迅猛发展，形成以证券投资基金、券商、保险基金、社保基金、QFII、企业年金、信托公司等为代表的多元化格局。由于机构投资者通常具有较为雄厚的资金实力和信息发现优势，在投资决策运作、信息搜集分析等方面由专业人士处理，理应擅于发现公司内部存在的经营问题，对公司的治理活动进行监督。同时，当机构投资者成为企业的大股东时，甚至会从"用脚投票"转变为"用手投票"来积极参与公司治理的过程。机构投资者在交易过程中体现的上市公司相关信息实际上也发挥了信息披露的作用，降低了企业与投资者之间的信息不对称，这些都能在一定程度上对企业发挥监督作用。然而，尽管机构投资者在充当企业的监管角色时有着得天独厚的优势，也有学者发现，机构投资者的羊群效应和短视投机行为会损害企业的治理活动，导致高管对企业业绩的短视化追求（Graves，1988；Porter，1992；邓可斌和唐小艳，2010）。此外，在引入机构投资者的异质性后，一些文献也逐渐发现，不同类型的机构投资者对企业发挥的作用也可能存在一定差异。因此，厘清机构投资者对企业是否具有监管效应变得尤为重要。

　　对于证券分析师而言，该行业也已从当初充斥着"股评家"的阶段转变至如今形成分工较为明细、规模不断壮大的行业。当前资本市场上，由于上市公司与投资者之间存在着信息不对称，证券分析师作为信息中介，其存在的重要性不言而喻。一方面，投资者需要通过证券分析师发布的报告来获取上市公司的信息；另一方面，上市公司也希望借由证券分析师来扩大自身在投资者中的认知度。默顿（Merton，1987）提出的"投资者认知假说"即指出，分析师跟踪通过提高公司的信息透明度，能够增加潜在投资者对公司的认知度，从而有助于投资者参与公司股票的交易活动，降低公司在资本市场上的融资成本。正是由于证券分析师在资本市场上所处的重要地位，越来越多的文献开始围绕分析师进行研究。然而，需要指出的是，以往的大量文献均关注的是证券分析师在资本市场上的影响作用，而较少与上市公司的日常经营活动相结合。近年来，逐渐有学者开始将分析师跟踪与公司财务中的重要话题相结合，以深入了解证券分析师对上市公司的影响作用。而有趣的是，现有文献发现，证券分析师对上市公司的影响作用并不是唯一的，甚至可以说是存在两种相反的作用。

　　一方面，分析师对上市公司的跟踪能够改善企业的公司治理（Irani and Oesch，2013；Lang et al.，2004；Yu，2008；李春涛等，2014），这是由于分析师自身具有较多的行业知识和投资经验，能够较好地解读企业复杂的财务信息，从而迅速发现企业存在的问题，进而对企业发挥监管作用（Dyck et al.，2010；李春涛等，2014）。分析师在发布研究报告或进行盈利预测的同时，实际上也扮演了信息披露的角色，从而能够增加上市公司的信息透明度（Roulstone，2003；Kelly and Ljungqvist，2012；Balakrishnan et al.，2014；Derrien and Kecskés，2013；朱红军等，2007；姜超，2013），进而起到缓解公司内部代理问题的作用。另一方面，分析师的预测往往会对企业高管构成压力。例如，上市公司的利润需要达到分析师对公司盈余的一致预期，否则会被投资者认为企业的业绩出现预期外的下降而导致不利的市场反应（Brown and Caylor，2005），或者是由于没有达到预期而引起高管更替（Mergenthaler et al.，2012）。这种"压力效应"最终会导致高管出现"短视"行为（Graham et al.，2005；He and Tian，2013；Irani and Oesch，2014；谢震和艾春荣，2012；谢震和熊金武，2014），进而扭曲公司的正常经营活动，损害股东利益。正是由于两种相反作用的效益同时存在，因此，对于如何判断证券分析师对上市公司的影响作用成为一个典型的实证话题。

本书的研究，在已有文献的理论基础上分析了机构投资者与证券分析师对企业行为可能存在的两种截然相反的作用机制，并利用实证方法探究机构投资者与证券分析师对企业不同行为的影响，以明晰在我国当前的市场环境下，机构投资者与证券分析师是否能够充当外部监管者的角色参与到公司治理的过程中，具有一定的理论意义。在实践上，通过全面地分析我国机构投资者和证券分析师对企业的影响，一方面，有助于政府监管部门能够更深入地了解机构投资者及证券分析师对企业的可能影响机制；另一方面，对于资本市场上的其他参与主体也具有一定的参考价值。

第二节 研究思路、总体框架与主要内容

一、研究思路

本书首先对我国机构投资者和证券分析师的界定及行业发展历程进行了概述，并对机构投资者和证券分析师对公司治理影响的国内外研究文献进行梳理回顾，在已有文献的理论基础上，探讨国内机构投资者与证券分析师领域有待深入研究的问题。

对于机构投资者而言，针对其对公司的资本成本以及应计盈余质量的影响提出假设，并利用实证模型进行验证。同时，针对近年来关于机构投资者异质性的讨论，本书也参考已有文献的做法，将机构投资者的类型进行区分以分析其可能存在的差异性，从而得到关于机构投资者对公司行为影响的基本结论。

对于证券分析师而言，本书主要关注了证券分析师跟踪对企业税收激进程度和真实盈余管理两种行为的影响，这两种行为往往预示着企业内部存在较严重的委托代理问题。通过实证检验，以期识别出证券分析师跟踪对上市公司税收激进程度和真实盈余管理活动的影响。此外，结合证券分

析师对上市公司投资者关系的影响研究，还利用我国 2008 年汶川地震作为外生事件，探讨了上市公司是否会通过捐款行为来吸引分析师的跟踪，从而改善投资者关系，给出本部分的分析结论。

最后，针对上述结论得出全书的总结论，对我国机构投资者和证券分析师对企业行为的影响作用进行评价。

二、本书的总体框架与内容结构

本书主要分为四个部分：第一部分（第二~三章）将对我国机构投资者和证券分析师行业的发展现状做基本介绍，并梳理回顾国内外的相关文献。第二部分（第四~五章）主要探讨机构投资者对企业权益资本与应计盈余质量的影响。第三部分（第六~八章）主要探讨证券分析师对企业税收激进和真实盈余管理的影响，同时还分析了证券分析师作为上市公司投资者关系的桥梁，会如何影响上市公司的行为。第四部分（第九章）则对全书的主要结论进行总结，并提出需要进一步探讨的问题。

本书具体的内容安排如下。

第二章介绍了本书的制度背景。首先阐述了机构投资者的概念以及在我国的发展历程和现状。其次，阐述了证券分析师的概念以及分析师的主要工作内容，然后回顾了我国证券分析师行业的发展历程，详细分析了证券分析师与上市公司、证券公司以及投资者等市场主体的关系，并对我国证券分析师行业的评价和监管体系进行了介绍。

第三章为文献回顾部分。首先对机构投资者的相关文献进行综述，主要回顾了机构投资者对市场效率和公司治理的影响。通过对相关文献的回顾，可以了解机构投资者对公司治理发挥作用的潜在机制，同时也可以了解到机构投资者异质性所带来的影响差异。其次，从证券分析师跟踪、发布盈利预测报告和投资评级报告三个方面回顾了证券分析师行为及其有效性。针对证券分析师对上市公司行为存在的"监督效应"和"压力效应"分别进行了回顾，并梳理了证券分析师与投资者关系管理的相关文献。

第四章考察机构投资者与企业所有权性质如何影响公司的资本成本。第一，机构投资者的参与显著降低了公司的资本成本，且长期投资者发挥的作用更为明显；第二，相对于民营企业而言，机构投资者的作用在国有企业中更为明显；第三，机构投资者降低企业权益资本成本的作用机制主要体现在公司治理与信息解读两个方面，并在不同产权性质的企业中存在差异。总体而言，机构投资者能够通过监督公司的治理以及提高公司的信息披露降低公司的资本成本。

第五章考察了机构投资者对企业应计盈余质量的影响。第一，信息不对称程度的降低可以提升公司盈余质量；第二，将基金分为长期和短期投资，发现长期基金能够通过监督公司管理层的治理行为来提升公司的盈余质量，而短期基金更加注重短期收益而非长期绩效，导致管理层进行正向盈余操纵，使盈余质量变差；第三，按信息不对称程度分组发现，随着信息环境的变差，长期基金的"监管"效应大幅削弱，而短期基金的"投机"效应却越演越烈，使上市公司盈余质量进一步变差。

第六章考察了分析师关注与企业税收激进程度的关系，并检验了信息传递对上述关系的影响。考察发现：随着分析师跟踪人数的增加，上市公司的税收激进程度更低，支持"监督假说"，且该结论在控制了内生性后仍然一致；结合融券制度、股价同步性、官员更替以及明星分析师四个方面来考察信息传递效率的边际效应，发现当公司的信息传递效率较高（低）时，分析师跟踪的监督效应越强（弱）。

第七章考察了分析师关注与企业真实盈余管理的关系，并检验了真实盈余管理的成本对上述关系的影响。考察发现：随着分析师关注数目的增加，上市公司的真实盈余管理程度更低，表明我国的证券分析师确实能够发挥监管者的职能；结合企业从事真实盈余管理活动的成本进行考虑，我们发现，分析师对处于行业领先地位以及财务状况良好企业的真实盈余管理活动有更强地监督作用；机构投资者的存在能够对分析师的监管角色有进一步的促进作用。

第八章利用上市公司在汶川地震后的捐款数据，考察了缺少分析师关注的企业是否会利用捐赠重获分析师的关注。结果显示：捐赠能帮助企业在未来吸引分析师和媒体的关注，且这种影响作用只体现在无分析师关注的企业中；在无分析师关注的企业中，捐赠能提升上市公司股票在未来的流动性、基金持股比例和持股股东户数，但该影响仅体现在较短期内；相对于有分析师关注的企业而言，有捐赠行为且无分析师关注的上市公司在业绩方面提升程度更高。

第九章为研究结论与展望部分。该章对全文的主要结论进行总结，并在此基础上提出建议，最后指出本书存在的局限性和未来还有待深入的研究方向。

第三节　研究方法、特色与主要贡献

与以往的研究相比，本书的主要创新与贡献表现在研究方法和研究内容方面。在研究方法上，本书主要采用了普通最小二乘法进行回归检验，并通过使用工具变量两阶段最小二乘法（2SLS）或 Heckman 两阶段回归缓解潜在的内生性问题，从而识别出机构投资者及分析师跟踪的影响效应。

在研究内容方面，主要创新与贡献在于：

第一，本书将市场参与的主要主体——机构投资者与证券分析师纳入到分析框架下，探讨了其是否能够充当外部监管的角色，并就机构投资者和证券分析师对企业行为的影响进行系统的研究。

第二，围绕机构投资者对公司行为的影响研究中，本书选取了资本成本和应计盈余质量两个重要的方面，认为机构投资者可以通过监督和信息披露两方面的影响提升公司治理。同时，由于不同类型的机构投资者的影响可能存在差异，参考已有文献的做法，本书也对机构投资者的类型进行了相应区分，从而可以更深入地了解机构投资者的影响。

第三，围绕证券分析师对公司行为的影响研究中，进一步丰富了证券分析师的监督角色。近年来，国外文献逐渐认识到证券分析师所包含的"监督效应"和"压力效应"，通过实证研究发现，这两种效应在不同情况下均可能存在。尽管国内逐渐有研究开始关注到该类问题（李春涛等，2013；谢震和艾春荣，2012；谢震和熊金武，2014），但关于证券分析师与上市公司行为的研究还相对较少，且结论上也并不一致，因此，我国证券分析师到底扮演了何种角色也仍然是一个值得探讨的问题。本书的研究结果表明，随着分析师跟踪人数的增加，企业的税收激进程度和真实盈余管理活动均有显著下降，从而体现出了我国证券分析师的"监督效应"。不仅识别出了我国证券分析师的监督角色，丰富了国内相关领域的文献，同时也能够深入理解分析师的职能以及明确我国证券分析师作为外部治理的一种机制的存在。

第四，本书的研究加深了对上市公司与证券分析师之间互动关系的认识。以往的研究大多从分析师如何影响上市公司行为这一单方向进行考察。但事实上，无论是从分析师跟踪后对上市公司表现出的"治理"信号，还是分析师跟踪对投资者认知程度的改善（Merton，1987），上市公司同样需要吸引证券分析师的跟踪。通过利用汶川地震后捐款事件作为外生事件，研究了我国上市公司在完全失去分析师跟踪后的行为及其后果。结果反映出分析师的关注和预测对于向广大投资者传递上市公司信息、提高上市公司的投资者认知程度有着重要意义，即完全失去分析师跟踪的上市公司由于投资者认知程度较低，通过利用捐赠事件可以以更高概率在未来吸引分析师的关注。该部分从上市公司的角度出发，不仅可以进一步理解上市公司的策略性行为，同时也对证券分析师作为投资者关系管理的重要桥梁有更深刻的认识。

第二章
我国机构投资者和证券
分析师的背景介绍

第一节　机构投资者的概念与发展现状

一、机构投资者的界定

机构投资者（institutional investors）主要是指一些金融机构，包括银行、保险公司、投资信托公司、信用合作社、国家或团体设立的退休基金等组织。对于机构投资者的界定，比较权威的定义有两种：一种来自《新帕尔格雷夫货币与金融词典》，即机构投资者就是许多西方国家管理长期储蓄的专业化的金融机构。这些机构管理着养老基金、人寿保险基金和投资基金或单位信托基金，其资金的管理和运用都由专业化人员完成。然而，上述定义并没有包含产业基金、风险投资基金以及银行等重要的机构投资者，因此并不太完备。第二种定义来自美国的《Black 法律词典》，其将机构投资者定义为大的投资者，例如共同基金、养老基金、保险公司以及用他人的钱进行投资的机构等。在中国，机构投资者是指在金融市场从事证券投资的法人机构，主要有保险公司、养老基金和投资基金、证券公司、银行等。

关于机构投资者的范围或类型划分存在不同理解。巴纳德（Barnard，1991）将其分为广义和狭义两类。广义机构投资者不仅包括各种证券中介机构、证券投资基金、投资公司、养老基金、社会保险基金、保险公司，还包括各种私人捐款的基金会、社会慈善机构甚至教堂宗教组织等；而狭义的机构投资者则主要指各种证券中介机构、证券投资基金、养老基金、社会保险基金及保险公司。

从机构投资者对上市公司的影响角度而言，由于不同投资行为特征或基金的投资者风格存在偏误（Brown and Goetzmann，1997；Zhang et al.，2012），已有文献对于机构投资者的异质性进行了探讨。例如 Bushee 等（1998）把机构投资者划分为压力抵制型机构投资者和压力敏感型机构投资者，认为前者会着眼于长期回报，有动机参与公司治理，而后者往往并不会积极参与到公司治理决策中。颜和张（Yan and Zhang，2009）同样也根据机构投资者的交易行为，将机构投资者划分为长期投资者和短期投资者，类似地，前者更关注所投资公司的长期业绩，而后者更重视基金自身短期的盈利目标。正是由于机构投资者异质性的存在，在分析我国机构投资者对上市公司行为的影响时需要对不同类型的机构投资者进行区分，从而能够更深层次地了解不同机构投资者对上市公司可能发挥的不同作用。

二、我国机构投资者行业的发展与现状

在我国证券市场的发展初期，市场参与者主要是个人投资者。随着我国资本市场的不断发展，机构投资者在市场所占的比例也在日益壮大。我国机构投资者的发展历程大致可分为三个阶段。

第一个阶段是 1990~2000 年，机构投资者总体处于萌芽状态。这一时期市场上的机构投资者主要以证券公司为代表，证券公司以其自有资金投资于上市公司，同时这期间有较多不规范的私募基金出现，而其他类型的机构投资者尚未出现萌芽。

第二个阶段是 2001~2005 年，机构投资者进入发展阶段。2001 年 9 月，华安创新开放式证券投资基金成立，标志着证券投资基金进入新的发展阶段。2002 年底《合格境外机构投资者境内证券投资管理暂行办法》出台，标志着中国资本市场有限度向外资开放。《保险机构投资者股票投资管理暂行办法》的颁布又将保险机构引入股票市场。

第三个阶段是 2006 年至今，机构投资者进入了持续快速发展阶段。该时期机构投资者形成了以证券投资基金为主，保险公司、社保基金、合格境外机构投资者（QFII）、证券公司、信托公司、企业年金等其他机构投资者相结合的多元化发展模式。伴随着入市条件逐步放宽，我国机构投资者群体规模不断扩大，整体质量也不断提高，证券市场机构化的投资主体数量逐渐增多。

根据中国证券监督管理委员会的统计，2016 年度，我国证券市场上的基金达到 3429 只，基金期末总份额为 109753.37 亿份，基金资产净值达到 87395.54 亿元。证监会将基金类型主要划分为股票型、混合型、债券型、货币型、QDII 和短期理财债券型，不同类型基金的资产净值占比如图 2-1 所示，表现出我国机构投资者的结构呈现多元化发展趋势：

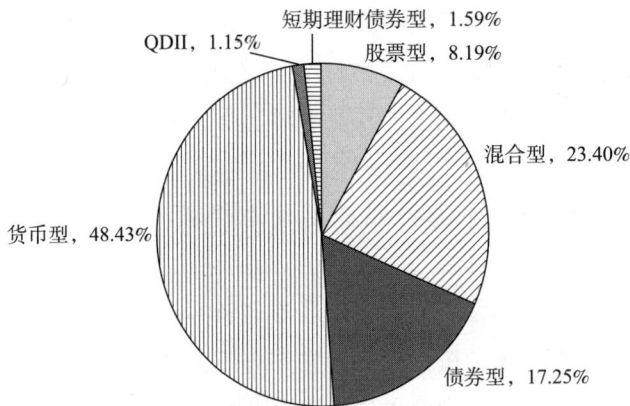

图 2-1　2016 年年度各类基金资产净值占比

资料来源：中国证券监督管理委员会。

图 2-2 展示了我国基金市场规模从 2007 年第一季度至 2016 年第四季度近十年的变化趋势，无论是从资产净值还是基金发行数量来看，都呈现逐年上升的趋势，甚至在近两年翻了约一倍。目前，机构投资者已逐步成为我国证券市场上首要的投资主体，对提高证券市场的效率发挥着至关重要的作用。我国正处于经济转型时期，资本市场也在不断完善，认清当前我国机构投资者的发展现状和行为特征，对我国资本市场健康稳定、可持续发展以及健全监管法律法规都具有极其重要的意义。

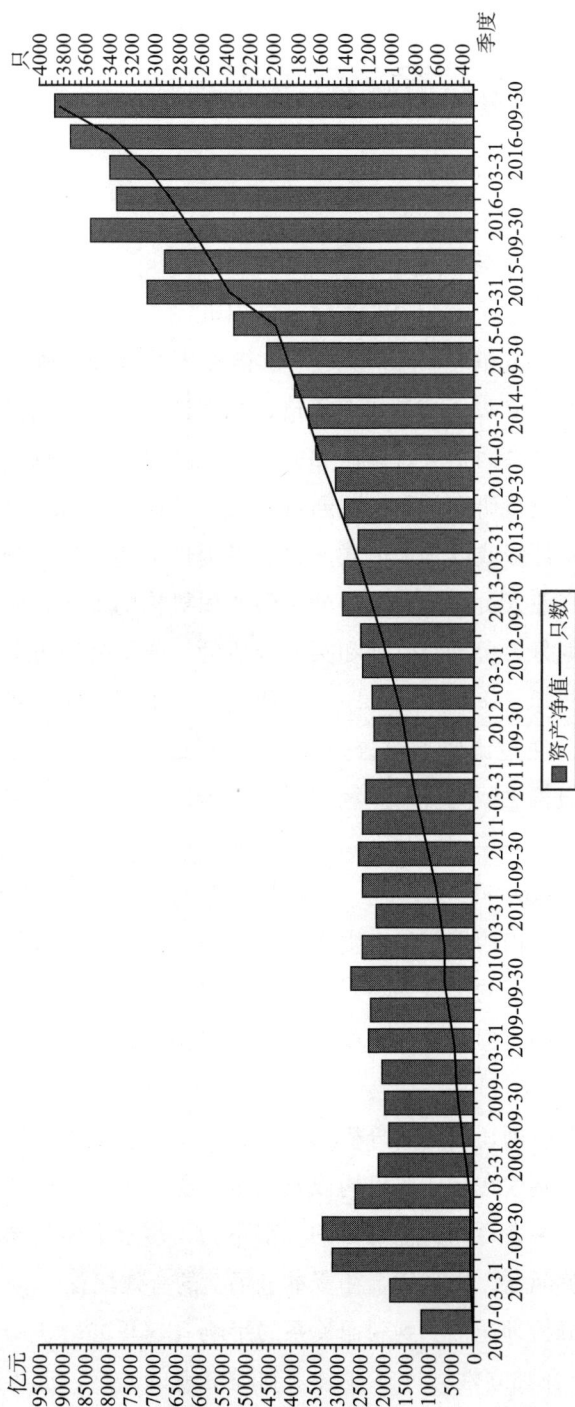

图2-2 基金市场规模变化趋势

资料来源：FinChina财汇金融大数据终端。

第二节 证券分析师的概念与发展现状

一、证券分析师的概念

证券分析师（securities analyst，通常也被称为股票分析师、财务分析师等）是依法取得证券投资咨询执业资格，并在证券经营机构任职，主要与证券市场相关的各种因素进行调研和分析，包括对证券市场、证券品种的价值及变动趋势进行研究预测，并通过发布证券研究报告、上市公司盈利预测、股票投资评级或以其他形式向投资者提供上述报告及分析、预测或建议等服务的专业人员。按照证券分析师所属机构的不同，证券分析师通常又被进一步划分为卖方分析师和买方分析师。通常公众投资者接触到的一般是卖方分析师（sell-side analyst），他们主要供职于券商或券商下属的证券研究机构，通过调研上市公司以及关注行业内上市公司的发展情况，以撰写研究报告、预测公司盈利等形式，为机构和个人投资者提供投资建议。

买方分析师（buy-side analyst）通常供职于投资机构，如共同基金等，他们同样也要为本机构的投资组合提供分析报告，但与卖方分析师不同的是，买方分析师所撰写的报告并不对外公开，仅供分析师所在的机构内部使用。买方分析师的目标是通过为所属机构提供报告，以帮助投资机构在证券市场上获利。

无论是卖方分析师还是买方分析师，都在资本市场上扮演着信息中介的角色，两者的区别仅在于所属机构以及服务对象，但在具体的工作内容上没有本质区别。两者存在的主要目的，都是为了缓解上市公司与投资者之间的信息不对称问题，提高资金在资本市场上的有效配置。

然而，由于分析师通常受到利益关系的影响（这里的分析师更多的是指卖方分析师），在独立性方面往往会受到投资者的质疑，近年来又出现了独立于券商机构，根据与客户签订服务合同或其他服务协议，向使用者提供研究报告的独立分析师。独立分析师往往能够发布较公正的报告。例如，有媒体报道，2010 年对苹果公司业绩表现的多数精准预测来自一位独立分析师撰写的研究报告①。

现有文献一般是围绕卖方分析师来进行讨论，因此本章以下部分如无特别之处，也专指卖方分析师。

二、证券分析师的工作内容

证券分析师通常包括两类：宏观与策略研究员和行业研究员。宏观研究员的主要研究内容是跟踪各种宏观经济和行业数据，以此为依据对宏观经济形势、政府可能采取的经济调控政策、利率、汇率、经济增长率等经济金融数据作出分析、预测和判断。策略研究员的主要研究内容是对国家政策进行分析后预判未来股市的整体运行，然后进行组合投资。而行业研究员的主要职责是通过对上市公司调研和行业景气分析，并运用财务模型和估值模型，给出公司价值分析报告。

证券分析师的主要工作内容包括研究和服务两个方面（郑方镳，2009；胡娜，2014）。研究主要是指搜集其所关注的行业及行业内上市公司的基本信息；与行业内的人士，如上市公司高管等建立信息沟通渠道；撰写行业研究报告和行业投资策略报告；研读上市公司财务报告；上市公司实地调研；撰写并发布公司调研报告；与上市公司人员保持日常沟通；跟踪上市公司发布的定期财务报告和重大经营信息，及时作出分析判断，撰写并发布公司点评报告。此外，证券分析师还需要提供盈余预测与投资评级建议。其中，盈余预测的具体内容包括对上市公司主营业务利润、每股盈余等财务数据的预测。而投资评级建议是指卖方分析师根据股票当前以及未来预期的收益情况给予的投资建议，具体包括买入、增持、推荐、中性、观望、减持和卖出等。

从服务对象来分类，证券分析师的服务可以分为对内服务和对外服务。其中，对内服务包括：为本公司的资产管理、证券投资部门提供报告

---

① 《不妨推行独立分析师制度》，载于《中国证券报》2011 年 5 月 5 日第 A04 版。

或咨询；为公司其他部门联系安排上市调研；为投资银行部门提供证券承销项目筛选和评估时的支持、项目承销时参加招股说明书的撰写、撰写所承销上市公司的投资价值分析报告；为公司的经纪业务部门提供咨询、参加营业部的专题报告会等。对外服务包括：向机构客户及时提供研究报告；到机构客户处上门交流和推荐股票品种或相应行业；组织上市公司联合调研；举办行业专题研讨会，邀请行业专家和上市公司代表与投资者交流；举办上市公司高管见面会；与机构客户保持日常联系，实时交流和沟通对行业和企业的观点等。

三、我国证券分析师行业的发展与现状

我国证券投资咨询业伴随着资本市场的发展而发展，在其发展历程中，有两个具有代表性的事件将分析师行业带入了新的发展阶段，分别是政府监管的引入和机构投资者的发展壮大。在 1990 年之前（1984 ~ 1990），中国证券市场尚未形成一个有形的交易市场。此时，证券分析师行业仍然处于萌芽和孕育阶段，虽然已经开始有人研究股票的市场行情，但并未形成稳定的证券咨询群体。从 1991 年开始，随着上海证券交易所和深圳证券交易所的建立，我国证券投资资讯行业也逐渐起步，发展历程大致可以分成以下三个阶段。

（1）起步阶段（1991 ~ 1997）。20 世纪 90 年代初，由于我国证券市场刚刚正式成立，证券咨询部门为适应证券公司的需要纷纷成立。但这一阶段的"咨询"仅仅是对公众投资者进行最基础的"入门指导"，因此与目前严格意义上的咨询存在很大差距。由于处于证券市场成立初期，对于证券分析师而言，除了发挥"入门指导"作用之外，并不能真正起到分析公司股票、向公众传递信息的作用。相反，此阶段的证券分析师往往多以"股评家"的身份出现，从业人员良莠不齐，同时由于市场缺乏监管，导致有些分析师与游资合作，资本市场上充斥着"内幕交易""庄家"等概念。在这种环境下，违规行为在整个分析师行业内屡见不鲜。

（2）规范阶段（1998 ~ 2001）。该阶段是证券分析师行业逐渐规范发展的阶段，主要表现为政府监管的引入。1997 年底发布的《证券、期货投

资咨询管理暂行办法》，开始对从业机构和人员实行资格审查，标志着证券分析师被正式纳入监管框架。1998年亚洲"金融危机"爆发之后，国内对金融风险的重视程度大大提高，并促成了1998年12月颁布《证券法》，从此，《证券法》成为了规范证券分析师行为的有效依据。随后，2000年7月16日颁布实施了《中国分析师职业道德守则》，并在2002年12月13日成立了证券业协会证券分析师委员会。这些政策以及相关法律条文的颁布使得证券分析师的管理日趋规范。

（3）快速发展阶段（2002年至今）。自2002年之后，我国资本市场经历了一系列重大变革。一方面，股权分置改革通过消除非流通股和流通股之间的制度差异，实现同股同权，促进了国有企业改制的进程。同时，随着机构投资者的不断发展与成熟，其对我国资本市场逐渐起到了举足轻重的作用，以往证券市场上充斥的散户投机事件也有所缓解。自此，我国证券分析师行业进入了快速发展阶段，出现了更明晰的分工，如宏观、策略和行业研究员。另一方面，受国外分析师的影响，国内证券分析师在专业知识以及投资理念上也更加成熟，从而能够为投资者提供较为专业的分析报告。

根据《中国证券业发展报告2014》，截至2013年底，全国共有证券公司115家。证券公司从业人员方面，截至2013年底，证券公司已注册从业人员已达22.28万人，其中证券投资咨询业务（分析师）占2610人，与2012年相比增加了159人。

关于证券公司发布研究报告情况，根据2013年中国证券业协会的专项调查统计，在参与调研的98家证券公司中，设有研究所（部、子公司）的88家证券公司，共发布研究报告162231篇，同比增长2.97%。其中，深度报告占14496篇，约占研究报告总数的8.94%。从研究报告的广度来看，主要包括宏观研究、策略研究、行业与公司研究、金融工程研究、综合研究、基金研究、债券及固定收益研究、买方研究、衍生品研究、特别覆盖研究、理财产品研究、大宗商品研究、汇率研究、数量与指数研究、财富研究、中小市值研究以及（金融）创新研究等。

同时，在2013年，从事发布研究报告业务的人员数量为3666人，其中具有5年及以上从业经验的员工人数为1383人，约占37.73%；具有博士及以上学历的员工人数为 400 人。

图 2 - 3 是券商研究所与证券分析师数量在 2004 ~ 2014 年之间的增长情况。可以看到，从 2004 年开始，券商和证券分析师数目均呈现不断上升的趋势，到 2010 年左右达到最高值，然后在随后的年份有略微下降但基本保持稳定。截至 2014 年底，提供卖方分析师报告的券商研究所已达到 58家，其中出具研究报告的分析师人数达到 1400 余人。

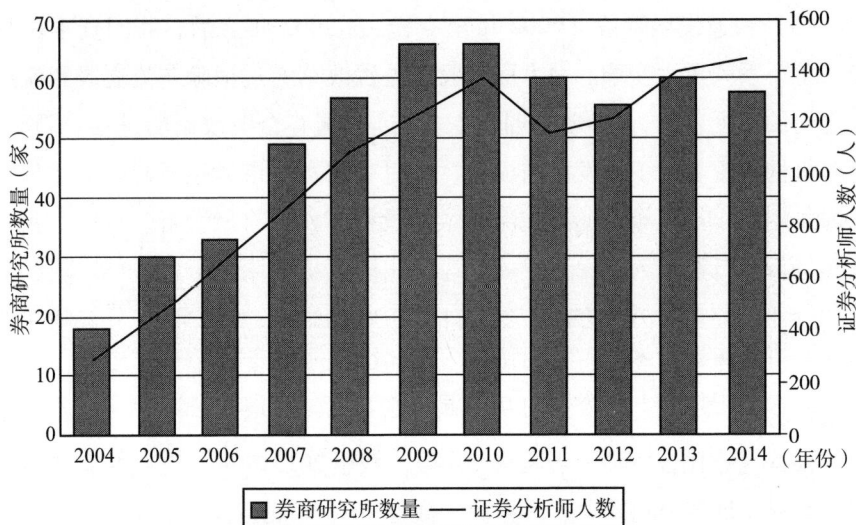

图 2 - 3　券商研究所与证券分析师数量的历年增长情况

资料来源：Wind 数据库。

可以看出，证券分析师行业在近 10 多年的快速发展阶段中，无论从规模还是质量都有长足进步，并进一步保证和促进我国资本市场的健康发展。

四、证券分析师与各市场主体的关系

上述部分明确了证券分析师的概念、工作内容以及证券分析师行业在我国的发展历程。本小节结合证券分析师与上市公司、券商以及投资者三者之间的关系以进一步明晰证券分析师与各市场主体的关系。

1. 证券分析师与上市公司

证券分析师通过发布对上市公司的研究报告、盈利预测、投资评级等，能够将上市公司的信息传递给投资者，从而具备了信息中介的职能。巴斯和赫顿（Barth and Hutton，2004）发现，分析师的预测修正能够提高企业应计项目中关于盈利持续性的信息。奥特洛斯基和罗尔斯登（Piotroski and Roulstone，2004）研究发现，分析师能提高股价中的行业信息含量。德里安和克斯克（Derrien and Kecskés，2013）发现，跟踪上市公司的分析师人数的减少将会提高公司的信息不透明度，进而影响企业的投融资决策。就国内的证券分析师而言，薛祖云和王冲（2011）发现，我国证券分析师在资本市场上，同时扮演了信息竞争和信息补充两种角色，即在盈余公告前更倾向于披露年报中尚未披露的信息，而在盈余公告后倾向于解读年报中的信息并对其进行补充。徐欣和唐清泉（2010）认为，分析师的跟踪能够为企业的研发活动提供信息，且有利于资本市场对企业研发活动价值的认同。同时，朱红军等（2007）和姜超（2013）均发现，我国证券分析师能够增加股票价格中公司特质信息含量，促进资本市场的效率。

证券分析师与上市公司的互动更多地表现为实地调研以及与管理层的沟通。格林等人（Green et al.，2014）发现与管理层的接触（文中考察地是券商主持的投资研讨会）能够提高分析师预测的准确度。因此，与上市公司的互动可能是证券分析师信息优势的一个重要来源。

利用同花顺数据库进行统计，发现 2014 年内石基信息（002153）和宋城演艺（300144）共被 82 个证券公司调研，是当年被券商调研最多的两个上市公司，其参与调研的人数分别为 105 和 90 人。从两只公司股票的具体情况来看，石基信息在 2014 年年初收盘价为 47. 26 元，年末收盘价为65. 60 元，涨幅达 38. 8%，其中在年中更达到了该股的历史最高价 91. 99元。而宋城演艺 2014 年年初收盘价为 19. 68 元，年末收盘价为 30. 12 元，涨幅达 53. 0%，且该股在年末已处于停牌阶段。因此，这在一定程度上表明证券分析师通过对上市公司的实地调研可以反映出上市公司具有某些特质信息。

当然，索提斯（Soltes，2014）认为，证券分析师与上市公司高管的私人互动可能不仅仅只体现在对公司信息的获取，其他方面可能还包括分析师可以将私人互动的有关信息引用到研究报告中，或有机会促进分析师与卖方客户的接触，或通过私人互动加深与上市公司高管的沟通了解。因此，这种互动实际上也为证券分析师与上市公司高管之间提供了一种交流途径。国内有证券分析师就提出，分析师应该与上市公司"和谐共存"①，按照分析师与上市公司的关系，可以把分析师分成三个层次，其中最高层次的分析师甚至能够作为上市公司编外的专家和顾问。

从文献来看，柯克（Kirk，2011）发现，没有分析师关注的公司会主动通过支付费用获得公司自身的研究报告，并且在获得研究报告之后，公司的机构持股比例、卖方分析师关注以及股票的流动性均有所提高。Bushee 和 Miller（2012）发现，缺少分析师关注的公司会通过雇佣投资者关系专家来向分析师们推销企业，并且这种行为能够帮助企业吸引更多的投资者。这些证据反映出上市公司也希望借以证券分析师作为与投资者之间的信息桥梁，提升自身在投资者之间的知名度。因此，总体来看，分析师与上市公司的关系实际上是一种相互影响、相互促进的关系。

2. 证券分析师与券商

一方面，证券分析师是依附并服务于券商的，两者在关系上属于雇佣与被雇佣的关系；但另一方面，证券分析师扮演着内部服务的角色，而券商也作为对分析师日常工作行为方面的管理和监督角色存在。

在上一小节介绍证券分析师的工作内容时已经提到，分析师的工作主要包括研究和服务，而证券分析师的内部服务即是为所属券商进行服务。例如，为券商的投资银行和承销部门撰写招股说明书；为券商的经纪部门提供咨询业务支持；为自营业务提供投资分析，等等。虽然证券分析师向投资者提供的多数报告为免费的，这也表明券商并不以研究报告作为收入来源之一，然而证券分析师的内部服务对于其他部门的发展提供了有效支持，这反映了证券分析师对于券商的重要意义。

相对地，券商对于下属的证券分析师具有管理和监督职能。例如，由中国证券业协会发布的《发布证券研究报告执业规范》就要求，"证券公

---

① 《分析师与上市公司"和谐共存"》，http://www.cs.com.cn/xwzx/11/201107/t20110722_2975210.html。

司、证券投资咨询机构发布证券研究报告，应当审慎使用信息，不得将无法确认来源合法合规性的信息写入证券研究报告，不得将无法认定真实性的市场传言作为确定性研究结论的依据。"此外，"证券公司、证券投资咨询机构应当从组织设置、人员职责上，将证券研究报告制作发布环节与销售服务环节分开管理，以维护证券研究报告制作发布的独立性"。

然而，仍然需要指出的是，由于证券分析师从属于证券公司，因此分析师发布研究报告或进行盈利预测、评级推荐时，其独立性难免会受到利益关系的影响。已有文献发现，证券分析师为了帮助券商招揽和拓展承销业务（Michaely and Womack，1999；Dechow et al.，2000；Lin et al.，2005；原红旗和黄倩茹，2007）、自营业务（Mola and Guidolin，2009；曹胜和朱红军，2011）、经纪业务（Agrawal and Chen，2008；Jackson，2005）以及股权投资业务（胡娜等，2014），会牺牲自身的独立性。因此，当证券分析师面临与所属证券公司之间的利益关系时，往往需要同时考量分析师的独立性是否会受到影响。

3. 证券分析师与投资者

证券分析师的主要职责包括外部服务，而服务的对象一般包括机构投资者和中小投资者。

与国外发达的资本市场不同，我国中小投资者在股票市场上占据了较大比例，因而对于中小投资者而言，如何有效地获取上市公司的信息对其形成投资决策有着重要意义。相对地，由于中小投资者并不一定具有完备的公司财务知识或投资分析技能，同时，中小投资者受限于信息渠道，也难以直接获得上市公司相关信息。因此，证券分析师就成为上市公司与中小投资者之间不可或缺的信息桥梁。分析师出具的研究报告可以帮助个人投资者熟悉上市公司的基本情况，而盈利预测和投资评级可以辅助中小投资者对将来的投资决策作出判断。

与中小投资者不同，机构投资者与证券分析师之间往往存在着更为复杂的关系。一方面，作为主要服务对象，证券分析师需要给机构投资者提供必要的且具有价值的研究报告。机构投资者作为买方机构往往还具有特殊权利，通常情况下，证券分析师需要满足机构投资者的一系列要求。

另一方面，证券分析师的职业生涯也往往掌握在机构投资者的手中。

首先，由于基金公司必须通过证券公司的交易席位才能进行证券买卖。基金公司可以选择证券公司并租用席位，然后定期将基金交易量按一定配比分给券商，同时给券商交易手续费，这就是基金分仓。在这个过程中，分析师对基金提供研究服务，而基金通过券商席位交易支付交易佣金作为分析师提供服务的补偿。然而，由于分析师的收入与其服务挂钩，基金分仓会严重影响证券分析师的独立性。莫拉和圭多林（Mola and Guidolin，2009）发现，当与分析师有关联关系的基金持有股票后，分析师会乐观地给予更频繁且更有力的评级。基于中国机构投资者与分析师的相关数据，顾等人（Gu et al.，2013）发现，由于基金能够通过分仓提供佣金这种途径像分析师施加压力，从而迫使分析师对基金持有的股票发布存在偏差的报告（主要为乐观报告）。弗思等人（Firth et al.，2013）也类似地发现，基金和券商的分仓关系会影响到证券公司下属的分析师的投资评级。

其次，与美国《机构投资者》杂志每年组织的各行业全美明星分析师（All - American）的评选类似，我国《新财富》杂志也在每年推出各行业年度最佳分析师榜单，而其评选方式主要是通过机构投资者给证券分析师进行投票打分选取。因此，为了维护与机构投资者的关系，证券分析师会选择发布对机构有利的盈利预测或投资评级。因此，机构投资者对证券分析师的影响会导致分析师出具的研究报告的独立性受到质疑。

五、证券分析师行业的评价与监管

本小节主要选取在我国最具影响力的《新财富》杂志每年评选的"最佳分析师"作为证券分析师行业的评价介绍。

《新财富》是由深交所和证券时报发起、广东新闻出版局信息中心、全景网络合办的大型商业财经类月刊。从 2003 年起，《新财富》首次借鉴国际惯例，参考国际通行的方法，由机构投资者筛选出包括宏观经济和债券研究在内的 26 个研究方向的"最佳分析师"（2005 年之后更改为 32个）。《新财富》"最佳分析师"的评选采用向证券分析师的服务对象——机构投资者发送问卷，由机构对参选分析师进行打分评价，汇总各分析师得分后得到"最佳分析师"的评选结果。而以 2014 年第十二届《新财富》

"最佳分析师"的评选为例,此次评选共吸引了 47 家券商的近 1500 位分析师、1100 余位销售服务经理报名参评,870 余家、2700 多位主流机构投资者参与投票。值得一提的是,在 2014 年的评选中,无论是参评券商还是参与投票的机构数量均创历届新高,同时还保持了投票主体 100% 的选票回收率。

由于获得"最佳分析师"的称号能够给证券分析师带来极大的利益,包括在公司内部升职、薪酬大幅上升①等。《新财富》"最佳分析师"的评选已经成为当前我国对证券分析师的最高评价。然而,不得不承认的是,证券分析师在评选前期的"拉票"行为对最后的评选结果会产生影响,从而导致有些"最佳分析师"名不副实②。因此,在保证《新财富》"最佳分析师"作为当前我国最具影响力的分析师第三方评价的同时,如何更有效地保证"最佳分析师"的名副其实是未来需要努力的方向。

虽然存在对证券分析师行业的第三方评价,但由于利益冲突等问题,证券分析师往往难以维持其独立性。2014 年 6 月 2 日,光大证券食品饮料行业分析师邢庭志发布了一篇题为《伊利将遭遇低温奶、常温酸奶和进口奶的全面冲击》的研究报告,在其报告发布之后,伊利股份大跌 7.75%。然而,对于邢庭志的报告,证券分析师群体却大多呈现反对意见,甚至一些分析师对他的研究报告进行了驳斥。与此同时,伊利股份发布公告称,公司进行了认真核查,公司生产经营一切正常。最终,无论是态度方面,还是专业性方面,邢庭志的报告均遭到了市场质疑。

另一个案例来自中信证券张明芳的"泄密门"。2014 年 6 月 6 日,由中信证券医药分析师张明芳及其团队所建立的微信群发出了这样一条信息:"丽珠集团将于下周二公布管理层限制股票 + 期权方案:以 2013 年扣非净利润为基数,2014～2016 年净利润同比增速分别不低于 15%、20%、30%,我们看好公司研发、销售能力及产品线,随着公司激励机制的完善,未来三年业绩增速逐年加速确定,维持'增持'评级。"

显然,张明芳发布的信息属于上市公司尚未公开的信息,根据相关法

---

① 《新财富最佳分析师赵晓光加盟安信:传年薪八百万》,http://finance. qq. com/a/20140319/021048. htm.

② 《"最佳分析师"灰色"票选"季》,http://www. infzm. com/content/94242.

律规定，证券分析师在发布研究报告时，不得以任何形式使用或泄露上市公司的内幕信息或未公开的信息，张明芳的这一行为明显违反了相关规定。

上述两个案例均表明，由于各种利益关系的驱使，当前我国证券分析师行业仍然存在许多"乱象"，需要政府部门通过不断完善政策法律法规来对证券分析师行业进行监管。

同时，还要加强构建证券分析师行业的自律体系。一方面，结合国外成熟资本市场中的经验，提升我国证券分析师的专业知识以及职业道德操守，遵守"独立诚信、谨慎客观、勤勉尽职、公正公平"的原则；另一方面，通过证券分析师委员会等相关组织机构，完善证券分析师行业的自律体系。此外，还要加强第三方对证券分析师行业的监督作用，如媒体报道、网络舆论等。

2014 年 5 月 9 日，国务院发布的《关于进一步促进资本市场健康发展的若干意见》（简称"新国九条"）表明，中小投资者合法权益的法律保护得到了高度重视。证券分析师由于向中小投资者提供上市公司的研究报告，成为公司与投资者之间重要的信息桥梁。只有对证券分析师行业进行有效监管，确保分析师在发布盈利预测或投资评级报告时的独立性，中小投资者的利益才会得到相应保护，从而体现资本市场的"公平、公开、公正"原则。

第三章
机构投资者与证券分析师的
相关研究进展和现状简述

第一节　机构投资者的相关文献综述

关于机构投资者的作用，本节分为两个部分来对这方面的文献进行回顾。

第一部分主要考察机构投资者与市场效率的影响研究。已有文献考察了机构投资者的投资行为对资产价格的影响。Cai 和 Zhang（2004）发现，机构投资者的交易行为对未来一个季度的股票收益具有负的预测作用。与之相对地，更多文献表明，机构持股与股票的未来收益之间呈现显著的正相关关系。例如，龚帕斯和迈特里克（Gompers and Metrick，2001）发现，机构持股与股票收益存在正相关关系，即机构投资者持股比例越高，将来的收益越高。他们将这种正相关关系归结于基金持股的需求冲击。诺夫辛格和西亚斯（Nofsinger and Sias，1999）同样也发现了机构投资者持股比例的变化能够预测回报率，但与龚帕斯和迈特里克（2001）不同的是，他们认为这种正相关关系包含了机构对未来收益的预测信息，即机构投资者拥有的信息优势。西亚斯等（Sias et al.，2006）证明了机构交易与收益的正相关关系可以被机构的信息优势解释。吉普森等（Gibson et al.，2004）和克曼纳（Chemmanur et al.，2009）均发现机构投资者会利用公司增发股票的信息在市场上进行交易。国内文献中，孔东民和柯瑞豪（2007）发现，在盈余公告前，机构有更大的优势获取公司信息，且持仓变化与盈余正相关。余佩琨等（2009）发现，机构投资者仓位的变化与股票收益同向变动，且在好消息公布之前机构投资者仓位增加，机构能够利用知情交易获得高收益。孔东民等（2014）发现基金的交易行为显著预测股票未来收益，且这种预测能力来自于信息优势而非需求冲击。此外，不同风格的基金在信息优势上存在显著差异，长期持有型基金具有最强的信息优势，短期分散型基金次之，短期集中型基金的信息优势最弱。

另外，还有一系列文献研究了我国机构投资者与市场稳定的关系。一方面，部分学者认为，机构投资者能够发挥稳定市场的功能。例如，祁斌等（2006）以2001~2004年间的A股交易数据发现，在控制公司规模的前提下，机构持股比例与股票波动性之间存在显著的负相关关系。胡大春等（2007）采用动态面板数据模型，发现基金偏好波动性高的股票，随着基金提高持股比例，对应的股票收益波动率减少。高昊宇等（2017）利用2006~2015年间中国市场的机构投资者持股数据，发现机构投资者的持有量增加显著减少了股票价格暴涨、暴跌的发生。然而，另一部分学者提出了不同的观点。何佳等（2007）认为，机构投资者随市场环境和结构变化对股价波动会产生不同的影响，但不能得出"机构投资者一定能够稳定股市"的结论。王磊等（2011）认为，基金在交易过程中表现出的羊群行为会加重市场过度反应。此外，机构投资者在交易行为中所表现出的过度自信认知偏差同样也会加剧个股的波动（陈日清，2011，2014）。因此，机构投资者同样也可能成为股市暴涨暴跌的助推器（陈国进等，2010；代昀昊等，2015）。

第二部分的文献研究了机构投资者对公司治理的影响。对于机构投资者发挥的作用，现有文献的结论并不完全一致。一方面，有文献认为机构投资者能够发挥监督作用，减少管理层的机会主义行为，从而缓解委托代理问题。例如，普劳斯（Prowse，1990）认为，机构投资者参与公司治理能对上市公司的盈余管理起到一定的监督作用。布劳斯和奇二（Brous and Kini，1994）认为，机构投资者巨额的投资和较高的专业水平使得机构投资者有动机和能力去积极地监控和约束公司的行为，进而提高公司的盈余质量。沃菲尔德等（Warfield et al.，1995）认为，机构投资者持股能降低

代理成本，从而减少管理层操纵盈余的可能性，进而提升盈余质量。布希
（Bushee，1998）认为，更专业的机构投资者通过对高管行为更严格地监
控，从而降低了管理层的机会主义动机。哈策尔和斯塔克斯（Hartzell and
Starks，2003）发现，机构投资者持股比例的集中度与高管薪酬的绩效敏感
度正相关，而与薪酬水平负相关。同时，机构持股比例集中度的变化会导
致随后激励薪酬的改变。这表明机构投资者的确会影响管理者的薪酬，从
而充当监管者的角色。费雷拉和马斯托（Ferreira and Mastos，2008）利用
全球 27 个国家的机构投资者持股数据，发现机构投资者更偏好于大规模和
治理良好的公司。此外，机构投资者为维护自身利益会直接与公司管理层
进行交涉，从而促进管理层决策的改变，或者通过卖出股票来影响管理者
的行为。阿加沃尔等（Aggarwal et al.，2011）利用全球 23 个国家的数据
也发现了类似的结论。国内文献方面，李维安和李滨（2008）基于中国上
市公司治理指数数据发现，机构投资者有助于提升上市公司综合治理水
平。程书强（2006）、高雷和张杰（2008）以及梅洁和张明泽（2016）均
发现机构投资者在一定程度上参与了上市公司治理，并有效抑制了管理层
的盈余管理行为。蔡宏标和饶品贵（2015）也发现，机构投资者对企业的
避税行为也存在明显的制约作用。此外，谭劲松和林雨晨（2016）认为，
机构投资者有助于通过改善公司治理水平从而提升公司的信息披露质量，
并发现机构投资者调研行为是其参与治理的方式之一。

另一方面，由于机构投资者的频繁交易使他们只关心短期利润，而不
能发挥积极的公司治理作用，相反还会刺激公司行为短期化。例如，格拉
芙（Graves，1988）认为，基金经理人根本不关注长期投资决策，因为他
们的薪酬主要依赖于季度业绩，因此，他们的交易行为会导致经理人行为
的短期化。弗鲁特（Froot et al.，1992）认为，由于公司管理层与投资者
之间存在着信息不对称，机构投资者基于他们多样化资产组合中的公司短
期表现而非长期估值来投资是更加经济高效的行为。布希（1998）发现短
期机构投资者偏好短期利润，这种偏好会影响公司股票价格，从而迫使公
司经营者关注短期利润（Bushee，2001，2004）。

产生上述两种相反观点的一个重要因素在于以往的文献将机构投资者
作为一个整体来看待，而忽略了其异质性的影响。近年来，逐渐有文献开

始讨论机构投资者的异质性对公司治理产生的不同影响。例如，凯克斯等（Kecskes et al.，2016）发现，长期机构投资者能够确保管理层选择更有利于股东财富最大化的企业社会责任活动进行投资。加力等（Ghaly et al.，2016）发现，投资期限较长的机构投资者能够显著提高企业的劳动投资效率，减少企业雇佣冗余和雇佣不足的情况。唐松莲和袁春生（2010）根据机构持股程度进行划分，发现持股较高时机构投资者能改善公司业绩，而持股较低的机构投资者对公司业绩会产生负面影响。李争光等（2015）将机构投资者划分为稳定型与交易型，发现与交易型机构投资者相比，稳定型机构投资者对提高会计稳健性的影响更加显著。李胜楠等（2015）发现，治理状况较差的基金公司存在上市公司高管"合谋"的可能；而当基金公司治理状况较好时，基金公司能够发挥"监督大股东"的治理作用。此外，刘京军和徐浩萍（2012）发现，短期机构投资者的交易变化加剧了市场波动，而长期机构投资者对稳定市场具有一定作用。因此，在考察机构投资者对上市公司行为的影响时，机构投资者的异质性是不可忽视的重要因素。

第二节　证券分析师的相关文献综述

作为资本市场上的重要角色之一，证券分析师的行为及其对上市公司的影响作用吸引了越来越多的学者进行研究。现有文献不仅能够丰富我们对分析师行为的理解，同时对于其他市场主体也具有一定的指导意义。对监管部门而言，了解分析师的行为及其有效性可以帮助监管者制定合适的政策或规章制度以规范分析师的工作职责，保证证券分析师的独立性。对上市公司而言，可以了解分析师的工作内容，从而有效地配合分析师的调研工作，并与分析师保持良好沟通。对于机构投资者而言，一方面，可以更好地利用分析师发布的研究报告或预测评级；另一方面，可以了解利益关系对分析师独立性的影响，从而在评选"最佳分析师"等名誉时更加注重分析师的能力以及报告的质量，减少"最佳分析师"的名不副实现象，促进证券分析师行业的不断发展。对于中小投资者而言，可以了解证券分析师作为信息中介的角色，如何有效披露和传递上市公司的信息。同时，对分析师利益冲突的理解能够让中小投资者在根据分析师报告或投资评级进行投资决策时更加理性。本节主要围绕以下四个方面的文献展开讨论：证券分析师行为及其有效性文献综述，证券分析师对上市公司的监督效应文献综述，证券分析师对上市公司的压力效应文献综述以及证券分析师与上市公司投资者关系管理的文献综述。

一、证券分析师行为及其有效性

由前面关于证券分析师工作内容的介绍，我们发现通常能够观察到的分析师的具体行为包括：分析师跟踪、分析师盈余预测和分析师对股票的投资评级。这些相关数据在数据库中均有非常详细的记录，如国外的 IBES（institutional brokers estimate system），国内的 Wind、同花顺、CSMAR 以及 RESSET 数据等。因此，现有文献对证券分析师行为及其有效性的研究也大多从这三个方面进行，本节同样从这三个方面分别进行文献综述。

（一）分析师跟踪

证券分析师，尤其是行业分析师，通常需要跟踪其负责的行业内的上市公司，从而了解公司的基本财务状况。由于分析师对上市公司的跟踪是一种选择性行为，分析师可能潜在地被上市公司的某种特征所吸引，或对某一类上市公司更具偏好。

首先，上市公司的基本特征会影响分析师跟踪。布尚（Bhushan，1989）利用美国上市公司的数据，较早地考察了影响证券分析师跟踪的因素。他发现，机构投资者的投资水平、公司股票的变化性、个股收益与市场收益的相关性以及上市公司的规模与分析师跟踪人数呈正相关，而内部人持股水平和公司的行业多元化与分析师跟踪人数呈负相关。马斯顿（Marstion，1997）以布尚（1989）为基础，利用英国上市公司数据进行了检验，发现影响分析师跟踪人数的因素基本一致，同时上市公司在海外上市也能增加分析师的关注。奥布赖恩和布尚（O'Brien and Bhushan，1990）发现分析师跟踪与机构持股比例和公司所处行业的增长率正相关。皮尔逊

（Pearson，1992）指出，分析师跟踪与股票的贝塔、公司价值以及同行业内的公司数目正相关，而与股票的异质波动（利用市场模型估计所得残差的标准差）负相关。布里克尔等（Briker et al.，1999）考察了影响证券分析师跟踪的影响因素发现，分析师跟踪人数与股票交易、股票发行以及公司的信息披露正相关，而与股票风险、内部人持股比例、机构持股比例以及公司业务的复杂性负相关。拉詹和瑟韦斯（Rajan and Servaes，1997）发现，公司股票首次公开上市的抑价现象会引起更多的分析师跟踪。巴斯等（Barth et al.，2001）发现，公司无形资产比例与分析师跟踪人数正相关，具体而言，当公司相对于同行业具有更多的研发和广告支出时，分析师跟踪人数也越多。此外，公司规模、成长性、股票交易量、股票发行以及被认识到的错误定价均与分析师跟踪人数正相关。而跟踪公司的分析师所属经纪公司的规模和分析师跟踪公司所需付出的努力水平均与分析师跟踪人数负相关。作者认为，该结果表明分析师在选择跟踪上市公司时会考虑跟踪的收益和成本。博瓦克尔和布拉歌斯（Boubaker and Labégorre，2008）利用法国上市公司的数据，考察了公司治理与分析师跟踪程度的关系，发现证券分析师更倾向于跟踪所有权与控制权分离度较高以及金字塔式控股结构的公司。

其次，上市公司的信息披露或透明程度会影响分析师跟踪。朗和伦德霍尔姆（Lang and Lundholm，1996）检验了公司的信息披露行为与证券分析师跟踪和盈利预测的关系，他们发现，具有更多信息披露政策的公司，能够吸引更多分析师的关注，同时能够提高分析师在盈余预测上的准确性。作者指出，公司的信息披露政策一方面可能增加对分析师报告的需求；另一方面，能够降低分析师在搜集信息过程中所耗费的成本。朗等（Lang et al.，2003）在考察美国跨国上市（cross listing）与非美国上市公司在信息环境上的差异时发现，在美国证券交易所跨国上市的公司会受到更多分析师的关注。布西曼等（Bushman et al.，2004）在研究中发现，公司的信息披露质量以及中小投资者的保护程度与分析师关注正相关。罗伯等（Lobo et al.，2012）发现，公司的盈余质量与分析师对上市公司的关注程度负相关。

此外，上市公司对分析师的需求也会影响分析师跟踪。布伦南和休

（Brennan and Hugher，1991）认为，私有的好消息会促使管理层吸引证券分析师的关注，从而通过分析师将公司的好消息散发给客户与投资者。他们以股票分割作为管理层拥有好消息的事件，发现股票分割的程度与分析师跟踪的人数正相关。巴斯等（Barth et al.，2001）考察了公司无形资产与分析师跟踪的关系，他们认为，由于无形资产的价值难以估计，同时对无形资产账面价值的估计也并不需要披露，拥有较多无形资产但缺少分析师跟踪的公司会因为信息透明程度较低，而使得股价无法反映公司的真实信息。作者进而发现，公司无形资产比例与分析师跟踪人数正相关。莱哈维（Lehavy et al.，2011）基于公司向美国证券交易委员会提交的10—K文件的可读性（readability）发现，由于投资者在理解报告可读性较差的公司时需要花费更多的成本，因此，当公司10—K报告的语法复杂程度越高，跟踪公司的分析师人数也会越多。

国内文献方面，林小驰等（2007）利用我国数据发现，海外证券分析师倾向于预测经营质量好且风险较小的公司，同时还倾向于预测治理结构较好的公司。白晓宇（2009）发现，上市公司信息披露政策越透明，则跟踪的分析师数量越多。范宗辉和王静静（2010）发现，分析师更倾向于选择盈余平滑程度较高且盈余操纵较少的公司进行跟踪。蔡卫星和曾诚（2010）研究了上市公司多元化水平与证券分析师关注度之间的关系发现，公司的多元化水平越高，证券分析师获取信息所付出的成本越高，从而减少了分析师跟踪人数。王宇超等（2012）发现，我国证券分析师倾向于跟进那些规模较大、机构持股比例较高且投资者关系管理水平较好的公司，而规避那些投资风险和业务复杂程度较高且内部人持股比例较大的公司。周泽将和杜兴强（2012）认为，新闻发言人作为上市公司的信息发布渠道，在保护利益相关者的知情权、提升信息透明度等方面发挥着重要作用，从而显著增加了证券分析师跟踪的概率和频率。崔玉英等（2014）发现，我国证券分析师会根据公司的前期盈余波动和长期成长能力来决定是否选择跟踪。具体而言，证券分析师跟踪人数与公司长期成长能力和前期盈余波动均成正比。李建强（2015）发现，高管更替事件会引起分析师跟踪数量的增加，分析师倾向于对好公司的高管变更和变更后业绩变好的公司进行跟踪。

　　分析师跟踪的有效性主要体现在分析师作为信息中介，对上市公司信息的传递效率。斯金纳（Skinner，1990）发现，当跟踪公司的分析师人数增加时，作为公司和投资者之间的信息中介，分析师不仅会搜集包括宏观经济和行业信息的市场信息，还会关注公司层面的特质信息。此外，分析师还会对信息进行加工和传递，以降低公司和投资者间的信息不对称程度，促进资源配置，提高市场效率。金和施罗德（Kim and Schroeder，1990）发现，随着跟踪公司的分析师人数增加，关于公司的信息会被更多地挖掘出来。布伦南和苏布拉马尼亚姆（Brennan and Subrahmanyam，1995）利用美国1998年的日内交易数据，发现较多的分析师跟踪人数能够降低市场中的逆向选择成本。权（Kwon，2002）发现更多的分析师跟踪能够扩大信息量，从而降低投资者、分析师和企业之间的信息不对称。罗尔斯登（2003）考察了分析师特征与市场流动性之间的关系，发现分析师能够提供公共信息，随着分析师跟踪人数的增加，市场的流动性也随之提高。该结论在一定程度上也反映了分析师跟踪能够增加市场上的信息含量。奥特洛斯基和罗尔斯登（Piotroski and Roulstone，2004）发现，随着分析师预测活动的增加，股票价格对行业信息的反映也有所提高。德里安和凯克斯（Derrien and Kecskés，2013）利用券商倒闭和合并而导致上市公司受到分析师关注人数变化的外生冲击事件，发现跟踪上市公司的分析师人数的减少将会提高公司的信息不透明度，进而影响企业的投融资决策。但利用股价同步性 R^2 作为信息含量的替代指标时，成和哈米德（Chan and Hameed，2006）发现，分析师跟踪人数与股价同步性呈正相关。

　　国内文献方面，朱红军等（2007）和姜超（2013）均发现，我国证券分析师能够增加股票价格的公司特质信息含量，提高资本市场的效率。薛祖云和王冲（2011）发现，我国证券分析师在资本市场上，同时扮演了信息竞争和信息补充两种角色，即在盈余公告前更倾向于披露年报中尚未披露的信息，而在盈余公告后倾向于解读年报中的信息并对其进行补充。李春涛等（2013）利用我国商业银行和普通工商企业进行对比，发现我国上市银行在财务透明度上优于非银行上市公司。此外，较多的分析师跟踪能够降低预测误差、增加股票价格的信息含量，从而增加公司的透明度。徐欣和唐清泉（2010）认为，分析师的跟踪能够为企业的研发活动提供信息，且有利于资本市场对企业研发活动价值的认同。陈露兰和王昱升（2014）发现，企业社会责任信息会影响证券分析师对上市公司的跟踪，同时，证券分析师的跟踪有助于资本市场认识企业社会责任信息的价值。

（二）分析师盈余预测

证券分析师盈余预测的具体内容包括对上市公司主营业务利润、每股盈余等财务数据的预测。早期关于盈利预测的研究主要集中在对分析师盈利预测的信息含量以及与时间序列模型等其他预测方法比较的相对准确性（Givoly，1985；O'Brien，1988；Brown and Rozeff，1978）。

近年来，更多的研究开始关注分析师盈余预测是否具有偏差、导致偏差的影响因素以及市场在进行股票定价时是否充分认识到分析师预测中存在的误差。

已有文献表明，分析师的盈余预测普遍存在乐观的现象。拉姆纳特等（Ramnath et al.，2008）对分析师盈利预测的相关文献进行了综述，发现分析师存在过度乐观偏差的现象，并且这种乐观偏差高估了可能的结果，而低估了不利事件可能发生的概率。例如，许年行等（2012）发现，分析师的乐观偏差会导致上市公司未来股价发生暴跌风险的概率增加。

对于导致分析师盈余预测偏差产生的原因，目前可以大致分为理性解释和不完全理性解释两类。理性解释方面认为，分析师盈利预测产生的乐观偏差，主要是受到了利益冲突的影响（吴超鹏等，2013）。由于投行部施加的压力，分析师可能向他们现有或潜在的客户（如机构投资者）发布存在偏差的报告来帮助投行部维持或获得新的客户资源，以此增加投行部的收入（Michaely and Womack，1999；Dugar and Nathan，1995；Lin and McNichols，1998；Mokoaleli et al.，2009；管总平等，2013）；而来自经济业务部的压力，也使得分析师通过发布有偏差的报告诱使投资者进行交易，从而帮助其产生更多的交易佣金（Irvin，2004；Jackson，2005；Agrawal and Chen，2004；Cowen et al.，2006；Ramnath et al.，2008）；同时，为了维持和公司管理层良好的关系，分析师也需要发布乐观有偏的盈余预测使得上市公司能够达到市场上的一致预期（Francis and Philbrick，1997；Das et al.，1998；Lim，2001；Ke and Yu，2006）。

而不完全理性的解释从行为金融的角度对分析师盈余预测偏差进行解释。德邦特（DeBondt，1990）指出，分析师的乐观偏差是由其对公司的好信息与坏信息的不同反应程度导致。伍燕然等（2012）发现，分析师的盈利预测偏差会受到投资者情绪或噪音交易的影响。同时，分析师的羊群行为也会导致盈余预测产生偏差（Trueman，1994；Clement et al.，2005；Song et al.，2009；蔡庆丰等，2011）。

当然，影响分析师盈余预测偏差的因素还包括但不限于：信息优势（李东昕等，2011）、上市公司信息披露质量（Nagar et al.，2003；方军雄和洪剑峭，2007）、上市公司财务报告的可读性（Lehavy et al.，2011）以及分析师个人特征因素（Mikhail et al.，1997，1999；Jacob et al.，1999；Clement，1999；Hong et al.，2000；Hong and Kubik，2003）。

对于分析师盈余预测的有效性，现有文献仍然存在争议。一部分学者认为，分析师的盈利预测具有信息含量（Givoly and Lakonishok，1979；Frankel et al.，2006）。而另外，一些文献认为分析师在进行盈余预测时并没有充分利用股价中包含的过去所有信息（Lys and Sohn，1990；Abarbanell，1991），这会使得投资者难以及时吸收分析师盈利预测的信息含量，从而导致对盈利预测或盈利预测修正产生漂移现象（Abarbanell and Bernard，1992；Zhang，2008；朱红军等，2008）。郭杰和洪洁瑛（2009）研究了中国的证券分析师在对上市公司进行盈余预测时预测行为是否有效的问题，发现不论分析师对公司盈余的预测比市场共识更加乐观或悲观，他们对公司盈余的预测行为都是无效的。

（三）分析师投资评级

证券分析师的投资评级建议是指分析师根据股票当前以及未来预期的收益情况给予的投资建议，具体包括买入、增持、推荐、中性、观望、减持和卖出等。

早期的文献研究表明，分析师的盈余预测和投资评级均会对股票价格产生影响（Givoly and Lakonishok，1979；Lys and Sohn，1990；Francis and Soffer，1997）。沃马克（Womack，1996）利用美国证券分析师的评级数据，发现分析师的买入和卖出评级能够引起显著的市场反应。对于"买入"评级而言，短期的股票超额收益能够达到 2.4%，而"卖出"评级的短期超额收益甚至达到了 -9.1%，并能够维持一段时间。巴伯等（Barber et al.，2001）根据分析师投资评级为标准构造了股票投资组合，发现"买入"评级中最高组的投资组合能够获得 0.35% 的月超额收益率，而"卖出"评级中最低组的投资组合能够获得 -0.64% 的月超额收益率。因此，通过买入"买入"评级组合、卖出"卖出"评级组合的套利策略，可以获得 0.99% 的月超额回报率。杰格迪什等（Jegadeesh et al.，2004）则发现，在不控制其他因素的条件下，分析师评级和评级变动均与股票回报率正相关。而在控制其他因素之后，分析师的投资评级与股票超额收益的关系不再显著，而投资评级的变动仍然能够带来显著的超额收益。阿斯奎斯（Asquith et al.，2005）检验了分析师投资评级变动的信息含量，发现分析师上调和下调投资评级能够引起显著的正向和负向市场反应。堡尼和沃马克（Boni and Womack，2006）发现行业内一致调高评级和一致调低评级包含了更多关于未来回报率的信息。豪等（Howe et al.，2009）发现分析师一致评级水平的变化能够预测下一季度的市场超额回报率。亨利和世图兹（Loh and Stulz，2011）发现明星分析师发布的推荐评级具有一定的市场影响力。

国内学者同样也发现了分析师评级与未来股票收益的关系（林翔，2000；丁亮和孙慧，2001）。肖萌和朱宏泉（2011）发现，分析师一致荐股意见对未来市场和行业的超额回报率均具有一定的预测能力，表明分析师一致评级变化在市场和行业层面上具有信息含量。王宇熹等（2012）从声誉角度出发，将明星分析师进一步分为顶级券商和非顶级券商两类，发现在不同的市场态势下，其评级的投资价值的差异也是不同的。

然而，尽管分析师的投资评级能够包含一定的信息含量，并根据其投资推荐获得一定收益，但由于受到利益冲突因素的影响，我国证券分析师的投资评级是否有效也仍然存在争议。原红旗和黄倩茹（2007）考察了券商承销业务对证券分析师独立性的影响，发现承销商分析师的投资评级显著高于非承销商分析师。同时，承销商分析师并不会因为自身具有信息优势而做出更准确地预测，该结果表明利益关系会影响分析师投资评级的客观独立性。吴超鹏等（2013）通过构建理论模型和实证检验，也发现证券分析师为了维护与基金等机构投资者以及公司内部投资银行部门的关系，倾向于发布偏乐观的股票评级。陈维等（2014）将"曾参与上市公司的IPO或身为上市公司大股东"的券商旗下分析师界定为上市公司的利益相关者，发现利益相关的分析师存在道德风险，会为公司内部人减持做出偏乐观的投资评级。赵良玉等（2013）发现在上市公司需要时发布乐观评级报告的分析师，其后的盈余预测更准确。进一步分析表明，以乐观报告换取私有信息的现象主要存在于私有信息价值更高的上市公司中，这说明分析师在一定条件下会在乎发布有偏差的评级报告对其声誉的影响。总体而言，在我国证券分析师行业还处于不断发展和完善的阶段，分析师的投资评级报告很可能因为某些利益关系而缺乏独立性，这不仅要求在学术研究上更深入地探讨影响分析师独立性的具体机制，同时也表明监管层需要进一步规范证券分析师行业的发展。

二、证券分析师的监督效应

延森和梅克林（Jensen and Meckling，1976）最早提出证券分析师具有公司治理作用，但由于资本市场上存在交易成本和代理问题，因而并不是完全有效的。证券分析师作为信息中介，一方面比一般投资者更具信息优势；另一方面，分析师促进了上市公司的信息披露，因此可以缓减上市公司与投资者之间的信息不对称问题，发挥分析师的监督效应。

莫耶等（Moyer et al.，1989）较早地利用实证检验的方法验证了延森和梅克林（1976）的假说，发现当公司存在潜在的代理问题时，证券分析师能够充当监管者的角色。通过考察证券分析师跟踪人数对公司的两权分离度、公司的增长率以及公司资产负债水平的影响，可以检验分析师对公司代理问题是否具有缓减作用。其中，公司的两权分离度使用大股东持股比例进行衡量，持股比例越低，两权分离越突出。此时，由于股东对管理层的约束能力降低，管理层与股东之间的利益冲突更为突出。股东为了加强对管理层的限制，继而产生了对证券分析师的需求，需要分析师作为信息中介为投资者提供公司的相关信息。与此类似，高增长率的公司由于面临发展的不确定性，公司的投资者也会对分析师的研究报告产生需求。而资产负债率较高时，债权人作为约束机制会加强对公司管理层的监督。

钟和乔（Chung and Jo，1996）基于莫耶等（1989）的研究考察了证券分析师跟踪人数对公司价值的影响。他们认为，当证券分析师跟踪人数增加时，公司会受到更强的外部监督，从而对管理层的机会主义行为构成了约束，有利于提升公司的价值。在控制了一系列影响公司价值的潜在因素之后，作者发现证券分析师与企业价值具有正向关系，支持了证券分析师跟踪能发挥外部治理作用的假设。

张等（Chang et al.，2000）发现与大陆法系国家（civil-law countries）相比，普通法系国家（common-law countries）中的分析师跟踪行为较少，反映分析师在弱投资者保护的国家区域中可能发挥了更重要的作用。与张等（2000）的发现类似，孙（Sun，2009）发现在投资者保护较弱的国家当中，分析师跟踪扮演了更重要的治理角色。

鲍恩等（Bowen et al.，2008）从上市公司再融资的角度出发，发现当上市公司进行再融资时，如果公司之前有更多的证券分析师进行跟踪，那么该公司再融资时的折价会更低，从而降低了公司的融资成本。该结论在一定程度上反映出证券分析师对公司信息环境的改善作用。

成和塞普拉曼亚姆（Cheng and Subramanyam，2008）考察了债券市场上，证券分析师关注与企业信用评级之间的关系。利用企业发行人的信用评级作为债务成本中的违约溢价成分的代理指标，作者推测，由于证券分析师的监督和信息中介角色，分析师跟踪人数与违约风险之间应表现为负相关关系。与他们的推测一致，作者发现随着分析师跟踪人数的增加，信用评级显著降低（较高的信用对应较低的取值），表明分析师跟踪降低了企业的违约风险。在控制了内生性之后，结果仍然一致。此外，作者还发现，分析师跟踪的治理效应在信息环境较好以及公司控制权较强时较弱。

米勒（Miller，2006）发现，媒体对于企业会计造假具有监管作用，而媒体主要的信息来源之一就是分析师对企业的报告。沿着米勒（2006）的思路出发，戴克等（Dyck et al.，2010）通过问卷调查的形式，对证券分析师揭露上市公司的财务舞弊行为进行了研究并发现，证券分析师通常以揭发者的身份首先察觉企业的欺诈问题。文中以康柏、摩托罗拉等公司作为案例，反映出证券分析师在揭露公司的财务舞弊行为中发挥了积极的作用。

于（Yu，2008）从公司信息披露质量的角度出发，考察证券分析师是否具有外部治理作用。他认为，证券分析师可以通过对公司信息的传播，提高公司管理层进行应计盈余操纵活动的成本，从而有效地发挥外部监督机制。实证结果表明，随着跟踪上市公司的分析师数目的增加，企业的应计盈余管理行为随之减少，公司信息披露质量得到提高。

伊拉尼和奥谢（Irani and Oesch，2013）利用券商合并的外生事件，发现分析师跟踪数目的减少会导致上市公司财务报告质量的恶化。格雷厄姆等（Graham et al.，2014）发现，当上市公司被较多的分析师跟踪时，其管理层会更加担心企业的税收筹划被媒体进行负面报道。布拉德利等（Bradley et al.，2014）检验了分析师以往的行业经历是否能够影响其对公司实施外部监督的能力。他们发现，该类分析师能够减少企业的盈余管理行为和进行此财务虚假报告的概率。同时，该类分析师的存在还能降低CEO的超额薪酬，并增加CEO强制更替的业绩敏感性。陈等（Chen et al.，2015）同样利用券商的倒闭和合并的外生事件，发现分析师跟踪人数的减少会导致股东对内部现金持有估值的降低，企业CEO具有较高的超额薪酬，管理层更容易执行有损企业价值的并购行为，并且更多地进行盈余管理活动。

国内方面，于忠泊等（2011）考察了媒体关注、机构投资者与分析师作为外部监督者的作用，发现分析师也是公司外部治理的重要力量，能够对公司的盈余管理行为起到一定的制约作用。袁春生（2012）发现分析师有助于减轻机构投资者被舞弊公司误导的程度。袁春生等（2013）指出，我国证券分析师能够识别出发生财务舞弊的公司，并通过股票投资评级向市场传递信息，因此具备对舞弊上市公司的警示能力。宫义飞和郭兰（2012）通过观察投资现金流敏感性的变化以验证我国证券分析师是否具有缓解公司外部融资约束的功能。结果发现，对于政府干预较少的国有控股公司，证券分析师能够显著降低其高投资现金流敏感性，缓解其面临的融资约束困境。而对于政府干预较为严重的国有控股公司及民营控股公司，证券分析师未能显著降低由代理问题引起的高投资现金流敏感性。该结论表明我国分析师的监督职能可能是以条件存在的。李春涛等（2013）

基于中国上市公司与分析师数据，同样也发现分析师跟踪能够降低企业的应计盈余管理行为。此外，分析师的存在对声誉较高的名企能够形成更有效的监督机制。李晓玲和任宇（2013）利用审计意见和会计盈余稳健性作为衡量审计监督质量的替代指标，发现证券分析师的关注与民营上市公司的审计监督质量负相关，表明证券分析师的关注与外部审计监督之间存在替代效应。

三、证券分析师的压力效应

尽管分析师跟踪存在监督效应，但不可否认的是，由于分析师的预测会对企业高管构成压力，这种"压力效应"最终会导致高管出现"短视"行为（Graham et al.，2005）。例如，上市公司的利润需要达到分析师对公司盈余的一致预期，否则会被投资者认为企业的业绩出现预期外的下降而导致不利的市场反应（Brown and Caylor，2005），或者是由于没有达到预期而引起高管更替（Mergenthaler et al.，2012）。

合和田（He and Tian，2013）利用券商倒闭或并购事件引起的分析师跟踪人数的外生变化，使用 DID 方法和工具变量回归考察了分析师跟踪与企业创新之间的关系，发现随着分析师跟踪人数的增加，企业会减少创新行为。他们认为，这是由于高管受到分析师的压力而更多地选择达到短期目标，从而减少了企业的长期创新投资项目。伊拉尼和奥谢（2014）同样发现，由于受到分析师的压力，高管会增加企业的真实盈余管理活动以提高短期业绩。这种"压力效应"在分析师跟踪人数较少以及接近零利润临界值的公司更为明显。

国内文献方面，谢震和艾春荣（2012）利用我国创业板公司数据，研究了分析师关注对公司研发决策的影响。结果表明，分析师关注给经理层带来了过大的压力，导致经理层为了提高短期业绩而减少研发投入，这与合和田（2013）的结论相似。同时，作者指出，可以通过利用控股股东或增加管理层的持股水平来减少"短视"行为。谢震和熊金武（2014）发现我国证券分析师关注与公司的盈余管理水平显著正相关，这同样也体现了分析师关注带来的"压力效应"。同时，这种"压力效应"随着经理人承受的市场压力的提高而减少，但随着分析师群体对公司迎合程度的提高而增加。

四、证券分析师与投资者关系管理

投资者关系管理（investor relations management，IRM）是证券市场发展的产物。投资者关系包括上市公司与股东、债权人、潜在投资者以及各类中介机构的关系。全美投资者关系协会（national investor relations institute）把投资者关系管理视为公司战略不可或缺的一部分，即通过运用金融、沟通学和市场营销学的方法来管理公司与金融机构及其他投资者之间的信息交流，实现企业价值最大化。中国证监会 2005 年颁布的《上市公司与投资者关系工作指引》将投资者关系工作定义为：公司通过信息披露和交流，加强与投资者及潜在投资者之间的沟通，增进投资者对公司的了解和认同，提升公司治理水平，实现公司整体利益最大化和保护投资者合法权益。从上述定义可以看出，针对投资者及各类中介机构的信息披露、交流和沟通是投资者关系的工作重点。

证券分析师是上市公司管理投资者关系的工作重点对象之一，这是因为中小投资者往往受限于专业知识和信息获取能力，难以维持与上市公司的沟通与互动。而分析师作为上市公司和投资者之间的信息中介，一方面，通过发布与上市公司相关的研究报告、盈余预测报告或投资评级报告，向外部投资者传递上市公司的信息，使投资者对上市公司更加了解；另一方面，证券分析师通过信息披露，也进一步帮助上市公司被其他潜在的投资者所熟悉。同时，证券分析师还能够将投资者的评价反馈给公司的管理层，促进企业的发展。因此，证券分析师的存在能够有效促进上市公司与投资者之间的双向沟通，帮助上市公司维持稳定的投资者关系。

由于证券分析师对上市公司的跟踪能够帮助上市公司被投资者熟悉（Merton，1987）。伊斯利等（Easley et al.，1998）认为，当分析师披露预测公告时，能够在投资者注意力有限的情况下吸引投资者对企业的关注。莫拉等（Mola et al.，2013）发现，完全失去分析师跟踪的公司，虽然与同行相比并没有表现出显著下降的业绩，但是却会在买卖价差、交易额和机构持股上存在恶化，同时还会增加公司退市的概率。他们认为这种结论与投资者认知假说（investor recognition hypothesis）是一致的。

因此，当上市公司面临分析师跟踪人数较少甚至全无时，实际上中断了与投资者沟通的"桥梁"，也难以继续维持和管理投资者的关系。当处于该情况时，上市公司会采取措施重新获得分析师的关注。柯克（Kirk, 2011）发现，没有分析师跟踪的上市公司会主动通过支付费用获得与公司自身相关的研究报告。在获得研究报告之后，公司的机构持股比例、卖方分析师关注以及股票的流动性均有所提高。布希和米勒（Bushee and Miller, 2012）也发现缺少分析师关注的公司会通过雇佣投资者关系专家来向分析师们推销企业，并且这种行为能够帮助企业吸引更多的投资者。德米罗格鲁和林盖特（Demiroglu and Ryngaert, 2010）通过研究至少一年没有被分析师关注的所谓"被忽视的"股票，发现这些股票在未来首次被分析师关注时具有较高的异常收益率。上述文献均表明，证券分析师作为上市公司投资者关系管理的重要组成部分，对投资者和上市公司而言有着重要意义。

第四章
机构投资者与企业权益资本成本的实证研究

第一节　问题的提出

随着机构投资者的不断成熟，其参与公司治理的行为也日渐增多[①]。一方面，机构投资者可以有效地监督公司管理层的行为，参与到公司治理的过程中，从"用脚投票"逐渐转变为"用手投票"。施莱弗和维什尼（Shleifer and Vishny，1986），吉兰和斯塔克斯（Gillan and Starks，2000），哈策尔和斯塔克斯（Hartzell and Starks，2003），费雷拉和马斯托（Ferreira and Mastos，2008），阿加沃尔等（Aggarwal et al.，2011）均发现机构投资者会通过直接参与治理来增加自身利益，这些治理行为包括执行能够获利的项目或者修正管理层的无效行为。另一方面，由于有更多的信息来源及分析处理信息的能力，机构投资者普遍被认为更具有信息优势（Walther，1997；Balsam，Bartov and Marquardt，2002；Jiambalvo et al.，2002；Utama and Cready，1997）。因此，机构投资者在交易过程中会包含相关上市公司的信息（Sias et al.，2006；Yan and Zhang，2009；Baik et al.，2010），起

[①]　例如，2010 年 3 月，双汇发展（000895. SH）《关于香港华懋集团有限公司等少数股东转让股权的议案》遭到分布于京、沪、深三地的数家大股东基金公司集体"倒戈"，以压倒性票数否决，其中嘉实、上投摩根、博时、南方、易方达等著名基金公司赫然在列；2012 年，富兰克林基金、天弘基金以及华夏基金等多家机构，已联名起草了一份提案，希望大商股份（600694. SH）董事会能给予管理层更多的现金激励等。

到信息披露的作用，从而降低上市公司与投资者之间的信息不对称程度。

而作为公司财务与资本市场的核心概念之一的资本成本，不仅是选择资金来源和决定投资取舍的主要标准，也是资本市场发展的考量指标（肖珉，2008）。以往的研究表明，公司治理行为与信息披露程度对资本成本均有一定影响作用（Chen et al., 2009; Easley and O'Hara, 2004; Lambert et al., 2007）。那么，一个直观的问题是，机构投资者对资本成本是否会产生影响呢？本章正是从机构投资者的角度来考察其对上市公司权益资本成本的影响作用。

与以往的研究相比较，本章的贡献主要体现在以下三个方面：第一，本章深入考察了机构投资者与公司权益资本成本之间的关系，为有关资本成本的影响因素提供新的证据。同时，还针对不同类型的投资者进行分析，以进一步明晰机构投资者的异质性对权益资本成本的影响差异。第二，本章考察了在中国股市这一新兴市场中，机构投资者对公司权益资本成本的影响，同时结合中国特有的产权制度，考察了国有企业与民营企业在权益资本成本上的差异。第三，本章考察了机构投资者对权益资本成本在不同公司治理以及信息透明度情况下的作用，从而阐明了机构投资者对权益资本成本影响的机制，并结合产权性质考察了不同作用机制下可能存在的差异。

本章其他内容安排如下：第二节为相关文献综述与研究假设的提出；第三节为数据来源、变量说明以及实证模型的构建；第四节为计量模型和实证分析结果；最后是本章小结。

第二节　研究假设

一、机构投资者与权益资本成本

早期文献认为机构投资者具有"投机效应"。第一，机构投资者面临着来自股东委托的严苛压力，他们有动机基于公司短期的财务表现来进行频繁交易,以向基金赞助商和监管部门展示他们谨慎投资的态度(Badri-nath et al. ,1989;Porter,1992);第二,由于公司管理层与投资者之间存在着信息不对称,机构投资者们基于他们多样化资产组合中的公司短期表现而非长期估值来投资是更加经济高效的行为(Froot et al. ,1992)。这些研究都表明,机构投资者的频繁交易和对短期效益的关注可能会导致公司管理层有盈余管理的动机,从而提供短视的、低质量的财务报告信息。

但机构投资者由于在投资决策以及信息搜集分析等方面具有专业优势而被视为"成熟投资者"(Bushee,1998;Bartov et al. ,2000;Jiambalvo et al. ,2002)。部分文献支持机构投资者的"监管理论",吉兰和斯塔克斯(2000)研究了公司治理议案与股东行为的积极性之间的关系,发现机构投资者的持股比例与投票结果具有显著的正相关关系。哈策尔和斯塔克斯(2003)发现,机构投资者持股比例的集中度与高管薪酬的绩效敏感度正相关,而与薪酬水平负相关。同时,机构持股比例集中度的变化会导致随后激励薪酬的改变。这表明机构投资者的确会影响管理者的薪酬,从而充当了监管者的角色。费雷拉和马斯托(2008)利用全球27个国家的机构投资者持股数据,发现机构投资者更偏好于大规模和治理良好的公司。此外,机构投资者会为维护自身利益直接与公司管理层进行交涉,从而促进管理层决策的改变,或者通过卖出股票来影响管理者的行为。阿加沃尔等(Aggarwal et al. ,2011)利用全球23个国家的数据也发现了类似的结论。李维安和李滨(2008)基于中国上市公司治理指数数据发现,机构投资者有助于提升上市公司的综合治理水平。钟等(Chung et al. ,2002)、程书强(2006)、高雷和张杰(2008)以及梅洁和张明泽(2016)均发现机构投资者在一定程度上参与了上市公司治理,并有效抑制了管理层的盈余管理行为。蔡宏标和饶品贵(2015)也发现,机构投资者对企业的避税行为也存在明显的制约作用。加力等(Ghaly et al. ,2017)发现,持有期限较长的机构投资者能够缓解企业的代理问题,进而提高企业劳动投资效率。

同时,还有一部分文献认为机构投资者拥有私人信息,并且在其交易过程中会包含所持有的信息(Sias et al. ,2006;Yan and Zhang,2009;Baik et al. ,2010),因而机构投资者能够降低企业与投资者之间的信息不对称程度。奥特洛斯基和罗尔斯登（2004）发现，机构投资者的交易行为会加快价格反映企业未来盈余信息的速度。阮等（Nguyen et al.，2011）利用 PIN 作为私人信息的代理测度，发现机构持股比例能够减少股价中包含的私人信息。高敬忠等（2011）也同样发现，机构投资者对于管理层的信息披露治理有积极作用。李祎等（2016）发现新会计准则实施后，上市公司的权益资本成本有所增加，但机构投资者的信息治理功能会显著降低上市公司的权益资本成本，从而表现出机构投资者降低公司信息风险的作用。谭劲松和林雨晨（2016）通过构建理论模型，也发现机构投资者的调研行为有助于提升公司的信息披露质量。

企业的治理行为以及信息披露同样对资本成本会产生影响。陈等（Chen et al.，2009）发现在新兴市场上，企业的治理行为能够显著降低权益资本成本。伯特森（Botosan，1997），Botosan 和 Plumlee（2002）通过对美国市场进行实证研究发现，权益资本成本随着年报披露质量的提高而下降。伊斯利和小源（Easley and O'Hara，2004）和朗伯等（Lambert et al.，2007）运用理论模型发现随着信息不对称程度的提高，企业资本成本也相应较高。同样，汪炜和蒋高峰（2004）通过利用披露公告的次数作为信息披露质量的代理变量，发现披露水平的提高有助于降低权益资本成本。曾颖和陆正飞（2006）则使用深圳证券交易所的信息披露考评指标作为信息披露质量的测度，发现具有再融资资格的上市公司信息披露质量与权益资本成本负相关。此外，沈洪涛等（2010）还发现，我国企业披露的环境信息也能显著地降低权益资本成本。

基于上述文献研究，如果机构投资者的确能够有效地参与到企业的治理行为，同时降低企业与投资者之间的信息不对称，起到提升信息透明度的作用，那么机构投资者对于企业的资本成本也必然会产生影响。据此，我们提出假说 1：

假说 1：随着机构持股比例的增高，公司权益资本成本降低。

二、所有权性质与权益资本成本

由于中国资本市场发展的独特环境，上市公司普遍可以分为国有企业与民营企业，这种产权制度的不同对于企业本身的性质也会带来差异。范等（Fan et al.，2007）发现1993年到2000年期间，28%的上市国有企业的CEO是具有政治关联的。这种政治关联使得国有企业具有一定的政府色彩，从而与民营企业相比，其破产风险相对较小。法乔（Faccio，2006）认为，由于当国有企业面临财务危机时，政府会提供补贴以帮助国有企业弥补亏损，从而使得国有企业具有较低的破产风险。同时，政府提供的帮助行为还包括减免税收，建立国有资产管理公司以释放国有企业的债务负担等。这表明政府实际上成为国有企业的保险提供者。同时，勃兰特和李（Brandt and Li，2003）发现，相较于民营企业而言，银行更愿意向国有企业提供贷款，其原因可能包括政治、税收等而非盈利能力。此外，范等（2007）还发现民营企业的管理层可能更在乎公司的盈利能力，而由于委托代理问题所导致的管理层与股东的利益目标不一致，国有企业的管理层可能会因为其他个人目标而忽视了股东的利益。徐浩萍和吕长江（2007）从政府角色和所有权性质的角度考察了其对权益资本成本的影响，他们发现对于非国有企业，政府对企业干预越少，投资者对企业行为和经营环境的可预期性提高，进而降低了企业的权益资本成本，即"可预期效应"。相反，对于地方政府控制的企业，政府减少对企业的干预，会减少政府对企业的保护，从而增加企业面临的风险，提高权益资本成本，即"保护效应"。蒋琰和陆正飞（2009）认为，中国特色的控股机制使得政府部门成为许多上市公司的控股股东，这实际上加剧了控股股东与其他股东的代理问题，而代理成本的增加造成了权益资本成本的提高。

综合以往的研究，我们不难发现，与民营企业相比，国有企业并没有更多的激励去争取更低的权益资本成本。而一旦机构投资者对国有企业与民营企业进行参股，如前文所述，机构投资者将会帮助企业监督公司的运营情况，提高公司的信息透明度。由于国有企业并不会过多地在意其股权资本成本的高低，因此在引入机构投资者之后，公司治理行为的显著提高将使得国有企业的权益资本成本比民营企业降低更多。

然而，值得注意的是，尽管第一大股东为非国家股股东的公司可能有着更高的企业价值和更强的盈利能力（徐晓东和陈小悦，2003），民营企

业仍然面临着大股东与小股东之间的第二类代理问题。例如，王力军
（2006）发现，民营上市公司第一大股东持股比例与公司价值呈倒 U 形关
系，说明当大股东持股比例较高时，大股东与小股东之间的利益问题可能
会损害公司价值。此时，机构投资者的参与也许能够缓解第二类代理问
题，从而降低权益资本成本。相对地，国有企业由于具有较低的债务融资
成本，会对权益资本成本起到锚定作用，而机构投资者的介入对国有上市
公司权益资本成本的影响可能有限。在这种情况下，机构投资者的介入将
使得国有企业权益资本成本降低的程度比民营企业少。

因此，这里提出一对竞争性假说。

假说 2a：控制其他条件不变，机构投资者的介入将使得国有企业权益
资本成本降低的程度比民营企业更大。

假说 2b：控制其他条件不变，机构投资者的介入将使得国有企业权益
资本成本降低的程度比民营企业更小。

三、机构投资者降低权益资本成本的作用机制及其在不同产权性质企业中的差异

施莱弗和维什尼（Shleifer and Vishny，1986）指出，大股东能够通过
参与公司的治理行为以减缓管理层与股东之间存在的代理问题。对于机构
投资者而言，无论是积极参与公司的治理议案（Gillan and Starks，2000），
还是通过影响高管行为（Hartzell and Starks，2003），都能有效地监督企
业，从而减少代理问题。因此，当企业自身的治理情况较差时，机构投资
者可能会加强自身作为监管者的角色，以维护自身利益，从而对于企业权
益资本成本的影响发挥更为显著的作用。

机构投资者作为"成熟的投资者"，不仅对企业的信息解读上要优于
个人投资者，同时，凭借机构投资者的"信息渠道"，其在交易过程中也
会包含所持有的信息（Sias et al.，2006；Yan and Zhang，2009；Baik et
al.，2010），例如伯默尔和凯莱（Boehmer and Kelley，2009）就发现，机
构投资者的主动交易能够促进股票市场上的价格效率。因此，对于信息透
明度较低的企业，机构投资者能够更好地发挥自身的信息优势，降低企业

与投资者之间的信息不对称，提升信息透明度，从而最终发挥降低上市公司权益资本的作用。

基于上述理由，可以预期机构投资者降低上市公司权益资本成本的作用，可能在公司治理较差或者信息不对称程度较高的企业中发挥地更加明显。因此，提出以下假说。

假说3：控制其他条件不变，当企业公司治理较差或信息不对称程度更高时，机构投资者的介入将使得企业权益资本成本降低的程度更大。

此外，产权性质不同的企业在公司治理以及信息披露上也存在一定差异。在公司治理方面，非国有企业往往能够比国有企业显示出特定的优势（胡一帆等，2005）。例如，已有文献发现，国有企业在应计盈余管理与真实盈余管理活动中都显著高于民营企业（孙亮和刘春，2010；顾鸣润等，2012）。与此同时，国有企业在实际经营过程中通常还面临着多重经营目标（Bai et al.，2000），这也将导致企业的治理问题不同于非国有企业。而在信息解读方面，奥特洛斯基和王（Piotroski and Wong，2010）较为详细地讨论了国有控股企业对公司信息披露环境上的影响。因此，在公司治理和信息解读这两种作用机制下，机构投资者的介入，对不同产权性质的企业权益资本成本的影响也可能存在差异，故提出假说4。

假说4：在公司治理和信息解读两种机制下，机构投资者对权益资本成本的影响作用在不同所有权性质的企业中存在差异。

第三节　数据来源与研究设计

一、数据说明

本书选取的样本为沪深两市上市公司，考虑到我国机构投资者发展较晚，从2005年以后才开始迅速发展，同时在计算公司权益资本成本测度时需要用到未来2期以及过去5期的财务数据，因此最终选取的样本期间为

2005～2014年。其中，公司财务数据以及机构持股比例数据均来自WIND数据库，贝塔系数、股票价格数据与公司治理相关数据来自CCER和CSMAR数据库。我们通过各年度公司年报手工收集整理得到公司最终控制人数据，并与CSMAR数据库的相关数据进行核对，将上市公司按照最终控制人分为国有企业与民营企业。同时，行业分类标准采用中国证监会（CSRC）的行业分类标准，将上市公司分为13个行业大类。由于制造业上市公司数量众多，因此对制造业行业采取按照二级分类细分，最终可分为22个行业类别。

此外，我们还按照如下规则对样本进行了处理：（1）剔除了金融类上市公司以及财务数据不完整的公司数据。（2）剔除最终控制人无法识别的公司数据。（3）为保证数据有效性并消除异常值对研究结论的影响，本文使用Winsorize的方法对所有连续变量在5%和95%上进行了处理。最终确定4659个观测值进入研究样本。

二、变量定义说明

（一）权益资本成本

我们采用格布哈特等（Gebhardt et al.，2001）提出的剩余收益折现模型（以下简称GLS模型）估计权益资本成本。该方法从权益资本成本的定义出发，认为企业内在价值等于账面价值的现值和剩余价值的现值之和。由于不需要事先确定风险载荷和风险溢价，也不需要假定事后收益率是事前收益率的无偏估计，该方法优于传统的基于市场风险定价模型的估计方法（Pastor et al.，2008；Chen et al.，2009）。叶康涛与陆正飞（2004）也指出GLS模型更适用中国资本市场。同时，毛新述等（2012）认为，伊斯顿（Easton，2004）提出的基于市盈率（PE Ratio）和市盈增长比率（PEG Ratio）的PEG和MPEG模型计算的权益资本成本能更好地捕捉各风险因素的影响。为了保证结果的稳健性，我们在稳健性检验部分中采用伊斯顿（2004）提出的PEG比率方法来测度企业的事前权益资本成本。

根据格布哈特等（2001），我们通过以下模型计算出权益资本成本 R_GLS：

$$P_t = B_t + \sum_{i=1}^{\infty} \frac{E_t(ROE_{t+i} - R\_GLS)B_{t+i-1}}{(1 + R\_GLS)^i} \tag{4.1}$$

其中，P_t 为股权再融资的潜在价格，采用第 t 期期末的股票价格进行计算。B_t 为第 t 期起初的每股净资产，R_GLS 为事前权益资本成本测度，ROE_{t+i} 为 $t+i$ 期的净资产回报率。尽管式（4.1）要求无限期的盈余预测，但是可通过终值计算而转换为下式：

$$P_t = B_t + \sum_{i=1}^{11} \frac{FROE_{t+i} - R\_GLS}{(1 + R\_GLS)^i}B_{t+i-1} + \frac{FROE_{t+12} - R\_GLS}{R\_GLS(1 + R\_GLS)^{11}}B_{t+11} \tag{4.2}$$

其中，$FROE$ 为预测的 ROE。根据 GLS 模型，在式（4.2）中，需要未来 12 期的 $FROE$。由于盈余预测信息在我国的运用并不普遍，仿照陆正飞、叶康涛（2004）和陈等（2011）的做法进行了相应处理，同时为使权益资本成本的计算更符合 GLS 模型的思路，使用未来 2 期的实际 ROE 代替 ROE 在 $t+1$ 与 $t+2$ 期的预测值 $FROE_{t+1}$ 和 $FROE_{t+2}$，$FROE_{t+12}$ 利用行业 ROE 的历史数据进行估计，这里使用 t 期过去 5 年行业 ROE 的算术平均值计算得到。对于剩余 $t+3$ 期至 $t+11$ 期的 $FROE$，使用线性差值的方法，由 $FROE_{t+2}$ 向行业平均 ROE 等差回归得到。

这里我们假设净资产、利润和股利分红服从"净盈余关系"，即 $B_{t+i} = B_{t+i-1} + FROE_{t+i} \times B_{t+i-1} \times (1 - pout_{it})$，其中 $pout_{it}$ 为预期股利支付利率，通过公司过去三年股利支付比率的中位数来测度。

而仿照伊斯顿（2004）提出的 PEG 比率方法，我们通过如下模型来测度权益资本成本 R_PEG：

$$P_t = \frac{FEPS_{t+2} - FEPS_{t+1} + R\_PEG \times FEPS_{t+1} \times pout}{R\_PEG^2} \tag{4.3}$$

其中，R_PEG 为通过 PEG 比率方法计算得到的权益资本成本测度，$pout$ 与前文定义一致，由公司过去三年股利支付比率的中位数计算得到，$FEPS_{t+1}$ 与 $FEPS_{t+2}$ 分别为未来一年和未来两年的 EPS 的预测值。同样，仿照陈等（2011），我们使用实际的未来两期 EPS 数据来代替预期值。同时，

该模型要求 $FEPS_{t+2} > FEPS_{t+1} > 0$。

(二) 机构持股比例变量

本书机构持股比例变量来自 Wind 数据库，具体而言，我们选取公司每年年末的基金持股比例作为机构持股比例的衡量指标。同时，由于参股公司的机构数目越多，公司受到机构监督以及信息披露的程度也更可能提高，因此在稳健性检验中，我们还将每年参股公司的基金数目作为替代指标进行检验。

(三) 其他控制变量定义

根据国内外已有的有关权益资本成本的研究（Botosan and Plumlee，2005；Hail and Leuz，2006；Kothari et al.，2009；陆正飞和叶康涛，2004；曾颖和陆正飞，2006），本书控制了公司财务特征、股权结构、公司治理指标等。具体的控制变量选择、说明和计算方法如表 4 - 1 所示。在研究中，本文还添加了行业和年份虚拟变量。

表 4 - 1　　　　　　　　　　　控制变量定义

变量名称	变量符号	变量定义
贝塔系数	Beta	当年股票的贝塔系数
公司规模	Size	上期期末总资产的自然对数
财务杠杆	Lev	负债总额/资产总额
盈利能力	Profit	净利润/期初期末平均总资产
经营风险	Op	近3年净利润标准差与均值的比率
换手率	To	当年成交股数/年末流通股数
成长性	Growth	扣除融资年度后历年平均的净资产增长率
第一大股东持股	Largest	年末第一大股东持股比例
上市年龄	Age	当年年份减去上市年份的自然对数
董事会规模	Board	董事会规模的自然对数
CEO 与董事长兼任	Dual	CEO 与董事长兼任情况，若兼任则取值为1，否则为0
独立董事占比	Ind_ratio	独立董事人数占董事会规模的比率

此外，在验证假说 1 部分时，为了厘清机构投资者降低权益资本成本的机制，我们还引入了知情交易概率与公司治理水平。其中，知情交易概率（*PIN*）是按照伊斯利等（2008）计算，相关的数据来于 CCER 高频分笔交易数据库。具体而言，假定市场交易由知情交易引起，且订单提交服从泊松分布。根据订单的买卖方向和订单数量，可以推测私人信息引致交易的发生概率。首先，确定单位时间的似然函数：

$$L(\theta \mid B, S) = (1 - \alpha) e^{-\varepsilon_b} \frac{\varepsilon_b^B}{B!} e^{-\varepsilon_s} \frac{\varepsilon_s^S}{S!} + \alpha\delta e^{-\varepsilon_b} \frac{\varepsilon_b^B}{B!} e^{-(\mu + \varepsilon_s)} \frac{(\mu + \varepsilon_s)^S}{S!} +$$

$$\alpha(1 - \delta) e^{-(\mu + \varepsilon_b)} \frac{(\mu + \varepsilon_b)^B}{B!} e^{-\varepsilon_s} \frac{\varepsilon_s^S}{S!} \tag{4.4}$$

其中，*B* 和 *S* 分别表示单位时间内的买单和卖单数量，其余的 5 个参数均为待定变量，即 $\theta = (\alpha, \mu, \delta, \varepsilon_b, \varepsilon_s)$ 需要利用极大似然法进行估计。这里，α 是信息事件发生概率，δ 是坏消息的概率，$1 - \delta$ 是好消息的概率，μ 表示知情者提交订单的到达率，ε_b 表示非知情者提交买单到达率，ε_s 表示非知情者提交卖单到达。在推断订单买卖方向的时候，我们采用李和里迪（Lee and Ready，1991）的方法进行确定，即如果当前交易价格大于前一买卖报价的中位数，则认为此交易属于买方发起的交易，否则，则认定为卖方发起的交易。如果在此准则下无法加以判断，则再往前追溯一笔交易直至可以加以判断为止；如果交易无法按照 Lee – Ready 算法识别，我们则将该类订单做抛弃处理（事实上，这一类的订单比例极小，低于 0.5%）。

在假设每个交易日的消息相互独立的情况下，我们可以给出一段时期内（设为 *I*）的似然函数，如下：

$$L(\theta \mid M) = \prod_{i=1}^{I} L(\theta \mid B_i, S_i) \tag{4.5}$$

两边取对数，根据优化程序很容易计算出 $(\alpha, \mu, \delta, \varepsilon_b, \varepsilon_s)$。然后求得 *PIN* 为：

$$PIN = \frac{\alpha\mu}{\alpha\mu + \varepsilon_b + \varepsilon_s} \tag{4.6}$$

第四节　实证结果分析

一、描述性统计

表 4 - 2 给出了主要变量的描述性统计及相关系数。由 Panel A 可知，上市公司的权益资本成本均值为 0.069，其区间为 0.005 ~ 0.287，这与陈等（2011）及毛新述等（2012）的结果相似。基金持股比例均值为 13.2%，平均来看，基金在上市公司的股东中占据着重要的地位。同时，基金持股比例的波动幅度范围在 0 ~ 72.6% 之间，标准差为 0.132，这体现出不同上市公司间的基金持股比例存在一定差异。根据公司治理指标可以看出，第一大股东持股比例均值为 37.6%，最高达到了 66.0%，说明我国"一股独大"的问题可能仍然很严重。同时，CEO 与董事长兼任约占 50%，这对于公司治理以及决策的独立性有一定影响。独立董事占比均值为 47.9%，对于监督大股东管理层和保护中小股东利益可能起着一定的积极作用。综合来看，这些治理指标体现出当前上市公司在自身的监管制度上仍然有进一步改进的空间。

从相关系数来看，基金持股比例与权益资本成本之间的相关系数为 -0.094，说明基金持股比例越高可能会提高机构投资者对公司的监督和信息披露行为，从而导致权益资本成本下降。权益资本成本与贝塔系数、财务杠杆正相关，表明市场风险以及财务风险越大，其权益资本成本也越高。同时，权益资本成本与公司的盈利能力、换手率负相关，表明营运情况越好，流动性风险越小，其权益资本成本也越低。此外，基金持股比例与贝塔系数的相关系数为负，说明随着基金持股比例的提升，可能有助于降低公司所面临的市场风险以及股价波动。

这里仅对变量直接存在的相关关系进行了简要分析，在下一节中，我们会根据设定的假说引入必要的控制变量来进一步考察机构投资者对权益资本成本的影响关系。

表 4-2　描述性统计及相关系数

Panel A: 描述性统计

变量	R_GLS	SOE	Fund	Beta	Lev	Profit	Growth	To	Op	Size	Largest	Age	Dual	Board	Ind_ratio
OBS	4659	4659	4659	4659	4659	4659	4659	4659	4659	4659	4659	4659	4659	4659	4659
SD	0.062	0.489	0.132	0.236	0.186	0.033	1.041	3.579	0.521	1.232	0.150	5.831	0.500	3.921	0.136
MEAN	0.069	0.604	0.090	1.102	0.486	0.038	-0.029	5.227	0.315	21.960	0.376	6.375	0.501	5.095	0.479
MIN	0.005	0.000	0.000	0.623	0.131	0.003	-3.240	0.639	-1.956	20.020	0.137	1.000	0.000	1.386	0.333
MEDIAN	0.052	1.000	0.026	1.110	0.491	0.028	0.170	4.281	0.299	21.760	0.361	2.890	1.000	2.079	0.500
MAX	0.287	1.000	0.726	1.529	0.832	0.140	2.116	14.640	1.246	25.590	0.660	24.000	1.000	22.000	0.857

Panel B: Person 相关系数矩阵

变量	R_GLS	SOE	Fund	Beta	Lev	Profit	Growth	To	Op
R_GLS	1.000								
SOE	-0.023	1.000							
Fund	-0.094	0.035	1.000						
Beta	0.048	-0.011	-0.232	1.000					
Lev	0.130	0.145	0.003	0.036	1.000				
Profit	-0.176	-0.006	0.469	-0.200	-0.336	1.000			
Growth	0.010	-0.019	0.166	-0.036	-0.046	0.135	1.000		
To	-0.296	-0.030	-0.079	0.167	-0.051	0.120	-0.061	1.000	
Op	0.040	-0.049	0.060	0.016	0.024	0.027	0.222	-0.023	1.000

续表

Panel B: Person 相关系数矩阵

Size	0.321	0.178	0.130	-0.072	0.446	-0.188	0.153	-0.373	0.100	1.000					
Largest	0.021	0.222	0.041	-0.070	-0.012	0.120	0.065	-0.108	-0.008	0.140	1.000				
Age	0.206	0.021	-0.172	0.046	0.120	-0.324	-0.070	-0.348	0.117	0.314	-0.081	1.000			
Dual	0.286	-0.148	-0.202	0.050	0.010	-0.380	0.011	-0.418	0.103	0.356	-0.050	0.710	1.000		
Board	0.323	-0.117	-0.185	0.033	0.068	-0.398	0.034	-0.445	0.096	0.444	-0.062	0.677	0.884	1.000	
Ind_ratio	-0.238	0.090	0.139	-0.046	-0.004	0.294	0.002	0.377	-0.067	-0.258	0.033	-0.549	-0.692	-0.732	1.000

注：OBS 为观测值数，MEAN 为平均值，MIN 为最小值，MEDIAN 为中位数，MAX 为最大值。

二、实证结果及分析

本书的目的是研究机构投资者对上市公司权益资本的影响作用。针对假说1，我们初步考察机构投资者与权益资本成本的关系，首先我们对所有样本公司按照基金持股比例从小到大的顺序分成3组，使用 T 检验与 Wilcoxon 检验比较了基金持股比例最低和最高两组样本数据的权益资本成本是否存在差异，结果如表4-3所示。

表4-3 分组检验

分组	*OBS*	*MEAN*	*Median*	*T - TEST P - Value*	*Wilcoxon Test P - Value*
Low Fund	1553	0.067	0.052		
Middle Fund	1553	0.075	0.055		
High Fund	1553	0.063	0.049		
Low - High	4659	0.004 *	0.003 **	0.061	0.011

注：Group 为分组情况，*Low Fund* 为基金持股比例最低的一组，*Middle Fund* 为基金持股比例位于中间的一组，*High Fund* 为基金持股比例最高的一组；*OBS* 为各组的观测值数量，*MEAN* 和 *Median* 分别为各组权益资本成本的均值和中位数，最后两列分别为 T 检验和 Wilcoxon 检验对应的 p 值，***，** 和 * 分别表示在0.01，0.05 和0.10 的显著性水平上拒绝零假设。

从表4-3的结果可以发现，无论是 T 检验还是 Wilcoxon 检验，基金持股比例最高与最低两组之间的权益资本成本均存在显著性的差异，这可以初步验证我们的假设1，即基金持股比例越高，上市公司的权益资本成本越低。

由于采用分组检验的方法并没有考虑到其他控制变量对权益资本成本的影响作用，因此我们进一步提出如下模型：

$$R\_GLS_{i,t} = \beta_0 + \beta_1 Fund_{i,t} + \beta' Control_{i,t} + \varepsilon_{i,t} \tag{4.7}$$

其中，$R\_GLS_{i,t}$ 为根据 GLS 模型计算得到的上市公司 i 在 t 期的权益资本成本，$Fund_{i,t}$ 为上市公司 i 在 t 期的基金持股比例，$Control_{i,t}$ 为相关控制变量，具体可参考表4-1中的相关说明，同时在控制变量中，我们还加入了行业和年度虚拟变量。

此外，我们还进一步探讨机构投资者的异质性是否在影响企业权益资本成本的作用上存在差异。以往的研究发现，基金的投资风格存在错误分类（Brown and Goetzmann，1997；Zheng et al.，2012），因此，本文在检验过程中并没有直接采用数据库中提取的基金分类，而是参照颜和张（Yan and Zhang，2009）所使用的分类方法，将基金按照换手率高低分成长期投资者和短期投资者。本部分检验提出的主要模型如下：

$$R\_GSLS_{i,t} = \beta_0 + \beta_1 LIO_{i,t} + \beta_2 SIO_{i,t} + \beta' Control_{i,t} + \varepsilon_{i,t} \qquad (4.8)$$

在式（4.8）中，LIO 与 SIO 分别代表长期投资者与短期投资者这两类基金各自持有的公司股票的比例。回归结果如表 4-4 所示。

表 4-4 权益资本成本与基金持股比例回归结果

变量	R_GLS			
	Reg-1	Reg-2	Reg-3	Reg-4
Fund	-0.017 *** (-3.78)	-0.048 *** (-8.78)		
LIO			-0.061 *** (-3.16)	-0.105 *** (-5.61)
SIO			-0.004 (-0.40)	-0.061 *** (-4.98)
Beta		-0.006 * (-1.95)		-0.007 ** (-2.05)
Lev		-0.016 *** (-3.40)		-0.017 *** (-3.54)
Profit		0.037 (1.50)		0.033 (1.32)
Growth		-0.001 (-1.54)		-0.001 (-1.55)
To		-0.000 (-0.94)		-0.000 (-0.94)

续表

变量	R_GLS			
	Reg – 1	Reg – 2	Reg – 3	Reg – 4
Op		0.001 (1.11)		0.001 (1.09)
Size		0.012 *** (13.03)		0.012 *** (13.02)
Largest		– 0.008 (– 1.58)		– 0.008 (– 1.58)
Age		– 0.000 * (– 1.76)		– 0.000 * (– 1.71)
Dual		0.003 (1.36)		0.003 (1.38)
Board		– 0.000 (– 0.48)		– 0.000 (– 0.52)
Ind_ratio		– 0.005 (– 0.86)		– 0.006 (– 0.87)
Constant	0.037 *** (9.33)	– 0.181 *** (– 9.42)	0.037 *** (9.20)	– 0.182 *** (– 9.41)
Year Effect	Yes	Yes	Yes	Yes
Industry Effect	Yes	Yes	Yes	Yes
Obs	4659	4659	4659	4659
R2. adj	0.442	0.470	0.442	0.470

注：本表按照式（4.7）进行回归。括号内为对应回归系数的 t 值，且对标准误已进行异方差调整。***，** 和 * 分别表示在 0.01，0.05 和 0.10 的显著性水平上拒绝零假设。

表 4 – 4 的 Reg – 1 与 Reg – 2 分别为针对模型（4.7）不加控制变量与加入控制变量后的回归结果，可以发现在两种情况下，上市公司的权益资本成本与基金持股比例之间均存在显著的负相关关系。这意味着，机构投资者的介入的确能够在一定程度上降低公司的权益资本成本，这可能体现在机构投资者能够监督和提升公司的治理行为，同时降低公司与投资者之

间的信息不对称程度①。在加入控制变量后，基金持股比例的回归系数为
−0.048，且在1%的水平下显著，这表明基金持股比例提高1个单位可以
使得权益资本成本下降0.048个单位。

表4−4的 $Reg-3$ 与 $Reg-4$ 为针对模型（4.8）的回归结果，其中
回归系数差值的联合检验（LIO 与 SIO 系数相等的原假设）的 p 值均为
0.080。结果表明，无论是长期投资者还是短期投资者，均能起到降低权
益资本成本的作用。但相较于短期投资者而言，长期投资者类别的基金
对于上市公司权益资本成本的影响作用更大。已有文献均发现，长期机
构投资者对于企业的监管作用可能更为明显，例如凯克斯（Kecskes et
al.，2016）发现，长期机构投资者能够确保管理层选择更有利于股东财
富最大化的企业社会责任活动进行投资。加力等（2016）发现，投资期
限较长的机构投资者能够显著提高企业的劳动投资效率，减少企业雇佣
冗余和雇佣不足的情况。结合上述结果，长期投资者可能更注重自身投资
的利益，进而更为频繁地参与到公司的治理行为以及更努力地获取信息，
降低企业与投资者之间的信息不对称程度，从而对权益资本成本的降低作
用更大。

为了验证假说2中的一对竞争性假说，我们提出如下模型：

$$R\_GLS_{i,t} = \beta_0 + \beta_1 Fund_{i,t} + \beta_2 SOE_{i,t} + \beta_3 Fund_{i,t} \times SOE_{i,t} + \beta' Control_{i,t} + \varepsilon_{i,t}$$

$$(4.9)$$

其中，SOE 为虚拟变量，如果公司为国有企业则取值为1，若为民营
企业则取值为0，在本书的所有样本中，国有企业占比为60.4%，民营企
业占比为39.6%。在模型（4.9）中，我们还引入了基金持股比例与虚拟
变量 SOE 的交互项，以探究机构投资者对权益资本成本的影响效果在国有
企业与民营企业之间的差异。回归结果如表4−5所示。

---

① Bushee（1998）认为，更专业的机构投资者通过对高管行为更严格的监控，从而降低了
管理层的机会主义动机，这种监管效应既直观地体现在公司治理中，又隐性地反映在股票市场中
的信息获取和信息传播中。Chung 等（2002）认为，机构投资者能监督管理层的盈余管理行为，
机构投资者持股比例越高的公司，其发生盈余管理的可能性越低。

表 4 - 5   机构投资者在国有与民营企业中的影响差异

变量	R_GLS		
	Reg - 1 (SOE = 0)	Reg - 2 (SOE = 1)	Reg - 3 (ALL)
Fund	-0.033 *** (-3.93)	-0.062 *** (-7.51)	-0.039 *** (-5.37)
SOE			0.003 ** (2.02)
Fund × SOE			-0.020 ** (-2.20)
Beta	-0.000 (-0.06)	-0.008 ** (-2.15)	-0.006 ** (-2.08)
Lev	-0.021 *** (-3.08)	-0.010 * (-1.80)	-0.014 *** (-3.21)
Profit	-0.043 (-1.17)	0.048 * (1.69)	0.027 (1.22)
Growth	0.000 (0.18)	-0.002 (-1.58)	-0.001 (-1.02)
To	-0.000 (-1.00)	-0.000 (-0.78)	-0.000 (-0.99)
Op	-0.001 (-0.50)	0.003 * (1.84)	0.001 (0.96)
Size	0.008 *** (6.63)	0.013 *** (11.89)	0.011 *** (13.98)
Largest	-0.003 (-0.49)	-0.008 (-1.31)	-0.006 (-1.29)
Age	-0.000 ** (-2.19)	-0.000 (-0.29)	-0.000 * (-1.82)
Dual	0.003 (1.49)	0.000 (0.08)	0.003 * (1.75)
Board	-0.000 (-0.04)	-0.000 (-0.51)	-0.000 (-0.34)

续表

变量	R_GLS		
	Reg – 1 （*SOE* = 0）	*Reg* – 2 （*SOE* = 1）	*Reg* – 3 （*ALL*）
Ind_ratio	– 0.013 （ – 1.25）	– 0.008 （ – 1.17）	– 0.004 （ – 0.60）
Constant	– 0.110 *** （ – 4.11）	– 0.201 *** （ – 8.60）	– 0.182 *** （ – 10.34）
Year Effect	Yes	Yes	Yes
Industry Effect	Yes	Yes	Yes
Obs	1847	2812	4659
R2. adj	0.562	0.448	0.474

注：括号内为对应回归系数的 t 值，且对标准误已进行异方差调整。***，** 和 * 分别表示在 0.01，0.05 和 0.10 的显著性水平上拒绝零假设。

表 4 – 5 的前两列分别是对民营企业样本和国有企业样本回归的结果，我们发现无论是国有企业还是民营企业，机构投资者的介入对公司权益资本成本均有降低作用，并且基金持股比例的回归系数均在 1% 的显著性水平下与权益资本成本显著负相关。在民营企业的样本中，随着基金持股比例提高 1 个单位，公司的权益资本成本降低 0.033 个单位。而在国有企业的样本中，基金持股比例提高 1 个单位可以降低权益资本成本 0.062 个单位。仅从回归系数上比较，可以看出对于国有企业而言，机构投资者对于权益资本成本的影响作用要大于民营企业。

为了进一步验证假说 2，我们在回归模型中引入了基金持股比例与 *SOE* 虚拟变量的交互项。从结果可以看出，交互项的系数为 – 0.020，在 5% 的水平下显著，说明相对于民营企业而言，基金持股比例每增加 1 个单位，国有企业的权益资本成本平均而言要减少 0.020 个单位。

由于国有企业与民营企业在融资渠道、破产风险、代理问题以及公司特征等方面具有差异（Fan et al.，2007；Faccio，2006；Brandt and Li，2003；蒋琰和陆正飞，2009），相较于民营企业而言，国有企业本身可能并不太关注权益资本成本的高低。因此，机构投资者的介入，无论是通过监督公司的治理行为，或者是降低公司的信息不对称程度，对于国有企业的权益资本成本的影响都可能更大。因此，实证结果支持了假说2a，即机构投资者的介入将使得国有企业权益资本成本降低的程度比民营企业更大。

如假说1所述，机构投资者对上市公司权益资本成本的降低作用可能主要体现在公司治理与信息披露两个方面。为了验证是否存在这样的机制，我们通过对上市公司的公司治理以及信息不对称情况进行分组回归以检验假说3。同时，还将在不同分组的样本中引入机构持股比例与所有权性质的交互项，以进一步探讨机构投资者降低权益资本成本的作用机制在不同产权性质的企业中可能存在的差异。

我们将利用主成分分析法计算得到的上市公司治理水平分为两组[①]，考虑到不同行业的公司在治理水平上具有差异，因此我们按照行业—年度的治理水平进行分组，将当年位于同行业治理水平中位数以上的上市公司样本列入 *High CG* 组，即治理水平较高组，而将剩余的样本列入 *Low CG* 组，即治理水平较差组。

类似地，我们同样对上市公司的知情交易概率（*PIN*）进行分组，考虑到知情交易概率直接使用股票市场上的交易数据估计得到，因此我们直接按照 *PIN* 的大小进行平均分组，*Low PIN* 表示知情交易概率较低，即公司的信息透明度较高组，而 *High PIN* 表示知情交易概率较高，即公司的信息透明度较低组。

我们在每一组样本公司内重新按照模型（4.7）进行回归，由于利用主成分分析法计算得出的公司治理指数（*CG*）已经包含了相关治理变量的信息，因此在对治理水平进行分组的回归检验中，我们省去了公司治理变量。回归结果如表4-6所示。

---

① 由于公司治理机制包含的内容较广，我们选取了以下指标通过主成分分析法构建了一个公司治理指数：（1）公司的董事长是否兼容总经理；（2）独立董事比例；（3）高管持股比例；（4）第一大股东持股比例；（5）第二至第十大股东持股比例的平方和；（6）第一大股东与第二大股东持股比例的比值；（7）是否同时发行 B 股或 H 股；（8）是否国有控股。

表 4 - 6　　　　机构投资者对权益资本成本的作用机制分析

变量	R_GLS			
	CG		PIN	
	Low CG	High CG	Low PIN	High PIN
Fund	- 0. 058 *** (- 8. 24)	- 0. 038 *** (- 4. 36)	- 0. 025 *** (- 6. 10)	- 0. 045 *** (- 10. 67)
Beta	- 0. 009 ** (- 1. 98)	- 0. 004 (- 0. 83)	0. 000 (0. 21)	0. 003 (1. 21)
Lev	- 0. 012 * (- 1. 95)	- 0. 019 ** (- 2. 54)	- 0. 008 ** (- 2. 32)	- 0. 006 * (- 1. 69)
Profit	0. 019 (0. 56)	0. 043 (1. 20)	- 0. 052 *** (- 3. 50)	0. 022 (1. 18)
Growth	- 0. 001 (- 1. 01)	- 0. 002 (- 1. 34)	0. 002 *** (3. 51)	0. 001 * (1. 72)
To	- 0. 000 (- 0. 49)	- 0. 000 (- 0. 73)	- 0. 001 *** (- 5. 53)	- 0. 001 ** (- 2. 01)
Op	0. 002 (1. 09)	0. 000 (0. 26)	0. 001 (0. 84)	0. 001 (1. 18)
Size	0. 011 *** (9. 42)	0. 011 *** (8. 64)	0. 007 *** (9. 95)	0. 010 *** (13. 74)
Largest			- 0. 012 *** (- 3. 43)	- 0. 019 *** (- 4. 96)
Age	- 0. 000 * (- 1. 77)	0. 000 (0. 52)	- 0. 007 *** (- 5. 16)	- 0. 013 *** (- 6. 06)
Dual			0. 001 (0. 61)	- 0. 003 ** (- 2. 02)
Board			0. 000 (0. 18)	- 0. 003 (- 1. 10)
Ind_ratio			- 0. 012 (- 1. 43)	- 0. 018 * (- 1. 72)
Constant	- 0. 184 *** (- 6. 99)	- 0. 181 *** (- 6. 53)	- 0. 065 *** (- 4. 10)	- 0. 103 *** (- 6. 15)

续表

变量	R_GLS			
	CG		PIN	
	Low CG	High CG	Low PIN	High PIN
Year Effect	Yes	Yes	Yes	Yes
Industry Effect	Yes	Yes	Yes	Yes
Obs	2602	2057	1290	1289
R2. adj	0.500	0.439	0.637	0.575

注：括号内为对应回归系数的 t 值，且对标准误已进行异方差调整。***，** 和 * 分别表示在 0.01，0.05 和 0.10 的显著性水平上拒绝零假设。

由表 4 - 6 可知，基金持股在公司治理水平较差（Low CG）以及信息透明度较低（High PIN）组中，均表现出对权益资本成本更大的降低作用。对回归系数的比较检验结果显示，以公司治理水平和知情交易概率的分组中，基金持股比例的系数均表现出显著差异（第一列与第二列中系数相等的原假设，p 值为 0.072；第三列与第四列中系数相等的原假设，p 值为0.016）。上述结果在一定程度上表明，机构投资者能够通过降低信息不对称或者提高公司治理水平的途径来降低权益资本成本，从而支持了假说3。

针对假说4，这里主要在不同分组的样本中引入机构持股比例与所有权性虚拟变量的交互项，以进一步探讨机构投资者降低权益资本成本的作用机制在不同产权性质的企业中可能存在的差异。结果如表 4 - 7 所示。

表 4 - 7　不同产权性质下机构投资者对权益资本成本的作用机制分析

变量	R_GLS			
	CG		PIN	
	Low CG	High CG	Low PIN	High PIN
Fund	- 0.067 *** (- 5.54)	- 0.034 *** (- 3.54)	- 0.021 *** (- 3.56)	- 0.036 *** (- 6.82)
SOE	- 0.003 (- 0.93)	0.002 (1.00)	- 0.002 (- 1.57)	0.000 (0.20)

续表

变量	R_GLS			
	CG		PIN	
	Low CG	High CG	Low PIN	High PIN
Fund × SOE	0.000 (0.00)	−0.011 (−0.84)	−0.008 (−1.23)	−0.016 ** (−2.55)
Beta	−0.008 * (−1.89)	−0.006 (−1.39)	0.000 (0.06)	0.003 (1.16)
Lev	−0.013 ** (−2.05)	−0.014 ** (−2.19)	−0.008 ** (−2.41)	−0.007 * (−1.72)
Profit	0.011 (0.32)	0.032 (1.03)	−0.054 *** (−3.65)	0.020 (1.08)
Growth	−0.001 (−0.96)	−0.001 (−0.92)	0.002 *** (3.51)	0.001 * (1.70)
To	−0.000 (−0.36)	−0.000 (−0.76)	−0.001 *** (−5.50)	−0.001 ** (−2.00)
Op	0.002 (0.95)	0.000 (0.18)	0.000 (0.68)	0.001 (1.23)
Size	0.012 *** (9.67)	0.011 *** (9.44)	0.007 *** (10.27)	0.010 *** (13.92)
Largest			−0.010 *** (−2.77)	−0.018 *** (−4.41)
Age	−0.000 (−1.27)	0.000 (0.67)	−0.007 *** (−4.79)	−0.012 *** (−5.78)
Dual			0.001 (0.31)	−0.003 ** (−1.99)
Board			0.001 (0.49)	−0.002 (−0.87)
Ind_ratio			−0.011 (−1.30)	−0.018 * (−1.67)
Constant	−0.188 *** (−7.14)	−0.166 *** (−7.08)	−0.072 *** (−4.51)	−0.108 *** (−6.39)
Year Effect	Yes	Yes	Yes	Yes
Industry Effect	Yes	Yes	Yes	Yes
Obs	2602	2057	1290	1289
R2. adj	0.499	0.434	0.639	0.577

注：括号内为对应回归系数的 t 值，且对标准误已进行异方差调整。***，** 和 * 分别表示在 0.01，0.05 和 0.10 的显著性水平上拒绝零假设。

从表4-7可知，在治理机制方面，机构投资者在两种产权性质企业中的影响没有明显差异。而在信息解读机制方面，当上市公司的信息透明度较低时，相对于民营企业，机构投资者在国有企业中产生的影响更大。当企业信息透明度较高时，机构投资者在两种产权性质企业中的影响没有明显差异。

三、稳健性检验

为了保证本文结果的稳健性，在这一部分，我们主要针对前文的假设做了如下稳健性检验。

第一，由于机构投资者与上市公司的权益资本成本之间存在一定的内生性问题，即并不是因为机构投资者的介入而降低了资本成本，而是由于公司具有较低的权益资本成本从而吸引了机构投资者。为了尽可能地控制这种"自选择"问题，我们采用了赫克曼（Heckman，1979）的两阶段回归模型。首先，我们设立了基金持股的虚拟变量 *Fund_Dummy*，通过估计基金是否持股的 Probit 模型。当公司的基金持股比例大于0 则取值为1，否则为0。其次，由于股票的动量效应会影响机构投资者的持股比例（Gompers and Metrick，2001），但对于权益资本成本的影响并不明显，因此在第一阶段的回归中还引入了外生变量 *Momentum_12_3*，表示上市公司去年第一季度到第三季度的持有期收益，以满足 Heckman 模型的 Exclusion Restriction 要求。选择该外生变量是因为，股票过去的收益会潜在影响基金是否持有股票。同时，为避免动量效应对资本成本的可能影响，我们还避开了上年第四季度的收益。

表4-8 给出了 Heckman 模型的第一阶段估计及诊断性结果，由第一列结果可以发现，股票过往的收益对机构持股有显著的正向影响。同时，第二列中给出了权益资本成本对 *Momentum_12_3* 的回归结果，我们发现 *Momentum_12_3* 的估计系数不显著，表明股票过往的收益对权益资本成本的作用不明显，从而表明我们选取的外生变量是可靠的。

第二，使用估计得到的基金持股的概率以计量自选择系数 *lambda*，再将自选择系数 *lambda* 纳入第二阶段的回归模型，结果如表4-9所示。

考虑到权益资本成本的测度并不局限于前文用到的 GLS 模型，因此，本文使用伊斯顿（2004）提出的 PEG 比率模型计算的权益资本成本作为替代变量。同时，由于使用基金持股比例来衡量机构投资者还存在一定的偏误，我们还使用了机构持股比例 INS 以及持有上市公司股票的基金数目 Log_Num 作为基金持股比例的替代变量，结果如表 4 – 10 所示。

在表 4 – 9 与表 4 – 10 给出的回归结果中，各表的第一列验证假说 1，即机构投资者对权益资本成本的影响作用。第二列与第三列验证假说 2，即机构投资者在不同产权性质企业中对权益资本成本的影响。第四~第七列验证假说 3，即机构投资者在不同公司治理或信息不对称程度的企业中，发挥作用的差异。最后四列验证假说 4，即探讨机构投资者对权益资本成本的影响作用在不同所有权性质的企业中存在的差异。

总体而言，机构投资者的参与对权益资本成本有显著的降低作用，且这种作用在民营企业中影响更大。同时，在对公司治理和信息不对称进行分组后，结果均表明，机构投资者在公司治理程度较低以及信息不对称程度较高的企业中发挥了更明显的作用，从而凸显了机构投资者从监管和信息优势两个方面对权益资本成本的影响机制。最后，尽管在显著性上略有差异，稳健性检验的结果仍然表明机构投资者对权益资本成本的影响作用在不同所有权性质的企业中存在差异。因此，可以说明前文的结论是比较稳健的。

表 4 – 8   Heckman 一阶段估计与诊断性回归结果

变量名	Heckman 一阶段估计	诊断性回归
	Fund_Dummy	R_GLS
Fund		-0.049^{***} (-8.77)
Momentum_12_3	0.094^{**} (2.00)	-0.001 (-0.53)
Beta	0.243 (1.54)	-0.006^{*} (-1.83)

续表

变量名	Heckman 一阶段估计	诊断性回归
	Fund_Dummy	R_GLS
Lev	−1.236 *** (−5.56)	−0.016 *** (−3.37)
Profit	12.271 *** (8.53)	0.039 (1.57)
Growth	0.111 *** (3.85)	−0.001 (−1.49)
To	−0.045 *** (−3.83)	−0.000 (−0.79)
Op	0.121 ** (2.25)	0.001 (1.10)
Size	0.826 *** (17.38)	0.012 *** (12.84)
Largest	−0.475 ** (−2.12)	−0.008 (−1.54)
Age	−0.053 *** (−5.38)	−0.000 * (−1.68)
Dual	−0.006 (−0.07)	0.003 (1.38)
Board	0.048 (1.27)	−0.000 (−0.44)
Ind_ratio	0.108 (0.35)	−0.006 (−0.88)
Constant	−14.428 *** (−14.29)	−0.072 *** (−6.72)
Year Effect	Yes	Yes
Industry Effect	Yes	Yes
Obs	4598	4598
Pesudo R2/R2. adj	0.371	0.468

注：括号内为对应回归系数的 t 值（或 z 值）。***，** 和 * 分别表示在 0.01，0.05 和 0.10 的显著性水平上拒绝零假设。

表4-9　Heckman 检验结果

R_GLS

变量	Reg-1	Reg-2 (SOE=0)	Reg-3 (SOE=1)	Reg-4 (Low CG)	Reg-5 (High CG)	Reg-6 (Low PIN)	Reg-7 (High PIN)	Reg-8 (Low CG)	Reg-9 (High CG)	Reg-10 (Low PIN)	Reg-11 (High PIN)
Fund	-0.051*** (-7.64)	-0.045*** (-3.95)	-0.054*** (-6.68)	-0.057*** (-6.46)	-0.043*** (-4.20)	-0.024*** (-5.51)	-0.047*** (-10.32)	-0.067*** (-4.31)	-0.038*** (-3.00)	-0.019*** (-3.05)	-0.039*** (-6.83)
SOE								-0.004 (-1.17)	-0.002 (-0.52)	-0.001 (-0.98)	-0.000 (-0.32)
Fund×SOE								0.013 (0.79)	-0.009 (-0.57)	-0.009 (-1.26)	-0.015** (-2.19)
Beta	-0.008** (-2.19)	-0.006 (-0.91)	-0.010** (-2.42)	-0.010** (-2.16)	-0.004 (-0.82)	-0.001 (-0.43)	0.003 (1.00)	-0.010** (-2.10)	-0.005 (-0.86)	-0.002 (-0.58)	0.003 (0.99)
Lev	-0.012** (-2.24)	-0.023** (-2.43)	-0.008 (-1.17)	-0.007 (-0.93)	-0.019** (-2.26)	-0.005 (-1.15)	-0.003 (-0.62)	-0.007 (-0.94)	-0.019** (-2.31)	-0.005 (-1.21)	-0.003 (-0.66)
Profit	0.051 (1.56)	-0.058 (-1.02)	0.078** (2.01)	0.037 (0.86)	0.039 (0.83)	-0.073*** (-3.72)	0.033 (1.59)	0.035 (0.81)	0.033 (0.69)	-0.077*** (-3.89)	0.030 (1.44)
Growth	-0.001* (-1.85)	-0.002 (-1.20)	-0.002** (-1.97)	-0.001 (-1.22)	-0.002* (-1.67)	0.001** (2.11)	0.002* (1.87)	-0.001 (-1.17)	-0.002* (-1.68)	0.001** (2.14)	0.002* (1.89)
To	-0.000 (-0.56)	0.000 (0.34)	-0.000 (-0.82)	-0.000 (-0.31)	-0.000 (-0.29)	-0.001*** (-3.38)	-0.000 (-0.90)	-0.000 (-0.32)	-0.000 (-0.26)	-0.001*** (-3.31)	-0.000 (-0.92)
Op	-0.000 (-0.12)	-0.004 (-1.40)	0.002 (1.15)	0.001 (0.64)	-0.003 (-1.23)	-0.001 (-0.49)	0.000 (0.40)	0.001 (0.56)	-0.003 (-1.23)	-0.001 (-0.65)	0.001 (0.47)

续表

变量	Reg-1	Reg-2 (SOE=0)	Reg-3 (SOE=1)	Reg-4 (Low CG)	Reg-5 (High CG)	Reg-6 (Low PIN)	Reg-7 (High PIN)	Reg-8 (Low CG)	Reg-9 (High CG)	Reg-10 (Low PIN)	Reg-11 (High PIN)
						R_GLS					
Size	0.011*** (9.96)	0.007*** (3.42)	0.013*** (10.30)	0.011*** (7.90)	0.010*** (6.75)	0.003*** (3.01)	0.010*** (10.96)	0.011*** (7.95)	0.010*** (6.83)	0.003*** (3.13)	0.010*** (11.12)
Largest	-0.007 (-1.27)	0.002 (0.24)	-0.007 (-1.11)			-0.008** (-2.10)	-0.019*** (-4.73)			-0.006 (-1.54)	-0.017*** (-3.99)
Age	-0.000 (-1.30)	-0.000 (-0.33)	-0.000 (-0.20)	-0.000 (-1.41)	0.000 (1.09)	-0.005*** (-2.76)	-0.011*** (-4.90)	-0.000 (-0.96)	0.000 (1.19)	-0.004** (-2.46)	-0.011*** (-4.59)
Dual	0.003 (1.34)	0.004 (1.20)	0.000 (0.06)			0.002 (1.31)	-0.003 (-1.64)			0.002 (1.05)	-0.003 (-1.60)
Board	-0.000 (-0.58)	0.001 (1.09)	-0.001 (-1.20)			0.001 (0.44)	-0.002 (-0.85)			0.002 (0.68)	-0.002 (-0.55)
Ind_ratio	0.003 (0.29)	0.014 (0.97)	-0.007 (-0.64)			0.007 (0.65)	-0.019 (-1.59)			0.008 (0.79)	-0.018 (-1.52)
Lambda	-0.005 (-0.91)	-0.020** (-2.12)	0.005 (0.75)	0.003 (0.39)	-0.017** (-2.27)	-0.015*** (-4.58)	-0.004 (-1.14)	0.003 (0.45)	-0.017** (-2.27)	-0.015*** (-4.64)	-0.004 (-1.09)
Constant	-0.174*** (-7.42)	-0.099** (-2.31)	-0.205*** (-7.40)	-0.185*** (-5.97)	-0.156*** (-4.81)	-0.005 (-0.24)	-0.093*** (-5.10)	-0.187*** (-5.99)	-0.162*** (-4.91)	-0.011 (-0.47)	-0.100*** (-5.43)
Year Effect	Yes	Yes	Yes	Yes	Yes	Yes	Yes	Yes	Yes	Yes	Yes
Industry Effect	Yes	Yes	Yes	Yes	Yes	Yes	Yes	Yes	Yes	Yes	Yes
Obs	4598	1829	2769	2554	2044	1274	1277	2554	2044	1274	1277

注：括号内为对应回归系数的z值。***，** 和 * 分别表示在0.01，0.05 和0.10 的显著性水平上拒绝零假设。

表4-10 替代测度的稳健性检验结果

Panel A: 利用PEG比率模型计算的权益资本成本 R_PEG 作为替代变量

变量	Reg-1	Reg-2 (SOE=0)	Reg-3 (SOE=1)	Reg-4 (Low CG)	Reg-5 (High CG)	Reg-6 (Low PIN)	Reg-7 (High PIN)	Reg-8 (Low CG)	Reg-9 (High CG)	Reg-10 (Low PIN)	Reg-11 (High PIN)
Fund	-0.067*** (-7.74)	-0.061*** (-4.19)	-0.068*** (-6.24)	-0.062*** (-5.51)	-0.060*** (-5.71)	-0.031** (-2.04)	-0.106*** (-6.57)	-0.061*** (-3.24)	-0.067*** (-5.10)	-0.002 (-0.09)	-0.086*** (-4.26)
SOE								-0.009** (-2.26)	-0.006 (-1.94)	-0.006 (-1.17)	0.006 (1.11)
Fund×SOE								0.000 (0.02)	0.013 (0.79)	-0.053** (-2.14)	-0.039* (-1.72)
Obs	4659	1847	2812	2602	2057	1290	1289	2602	2057	1290	1289
R2. adj	0.207	0.185	0.222	0.211	0.197	0.216	0.210	0.213	0.198	0.223	0.211

Panel B: 使用机构持股比例 INS 作为基金持股比例的替代变量

变量	Reg-1	Reg-2 (SOE=0)	Reg-3 (SOE=1)	Reg-4 (Low CG)	Reg-5 (High CG)	Reg-6 (Low PIN)	Reg-7 (High PIN)	Reg-8 (Low CG)	Reg-9 (High CG)	Reg-10 (Low PIN)	Reg-11 (High PIN)
INS	-0.023*** (-5.85)	-0.015** (-2.28)	-0.029*** (-5.75)	-0.032*** (-6.27)	-0.010* (-1.66)	-0.017*** (-5.80)	-0.033*** (-9.80)	-0.031*** (-5.86)	-0.006 (-0.70)	-0.013*** (-3.20)	-0.029*** (-7.15)
SOE								-0.003 (-0.96)	-0.000 (-0.14)	-0.000 (-0.22)	-0.000 (-0.20)
INSXSOE								0.007 (1.17)	-0.008 (-0.92)	-0.006 (-1.48)	-0.007 (-1.50)
Obs	4659	1847	2812	2602	2057	1290	1289	2602	2057	1290	1289
R2. adj	0.465	0.520	0.444	0.495	0.435	0.636	0.570	0.530	0.435	0.638	0.571

续表

Panel C: 使用持有上市公司股票的基金数目 *Log_Num* 作为基金持股比例的替代变量

Log_Num	-0.007*** (-10.12)	-0.005*** (-5.82)	-0.007*** (-8.43)	-0.008*** (-8.96)	-0.006*** (-5.24)	-0.004*** (-7.61)	-0.005*** (-8.66)	-0.007*** (-6.51)	-0.006*** (-4.79)	-0.004*** (-5.65)	-0.004*** (-6.30)
SOE								-0.003 (-1.12)	-0.006* (-1.77)	-0.002 (-1.24)	0.001 (0.37)
Log_Num × SOE								0.001 (0.89)	0.001 (0.66)	-0.000 (-0.63)	-0.001* (-1.69)
Obs	4659	1847	2812	2602	2057	1290	1289	2602	2057	1290	1289
R2. adj	0.472	0.564	0.449	0.500	0.441	0.643	0.564	0.534	0.441	0.644	0.565

注：括号内为对应回归系数的 t 值，且对标准误已进行异方差调整。***，** 和 * 分别表示在 0.01，0.05 和 0.10 的显著性水平上拒绝零假设。限于篇幅，本表只报告了关键变量的系数。

本 章 小 结

本章针对我国资本市场上机构投资者对上市公司权益资本成本的影响问题，以 2005~2014 年上市公司为样本进行实证检验。研究结果发现，基金持股比例与上市公司权益资本成本之间存在显著的负相关关系，表明机构投资者的确能够降低公司的权益资本成本。在进一步对基金进行分类之后，结果表明相对于短期投资者而言，长期投资者更能降低公司的权益资本成本。

同时，我们也对不同所有权性质的企业分别进行了研究，发现相较于民营企业而言，机构投资者的介入对国有企业在权益资本成本上的影响作用更为明显。这可能是由于国有企业在权益资本成本的控制上并不如民营企业那样注重，同时，国有企业由于代理问题等一系列特征而导致权益资本成本可能较高。因此，当机构投资者参股国有企业之后，由于机构投资者的监督行为和信息披露行为而导致国有企业的权益资本成本有更明显的减少。

此外，本章发现，在信息透明度较低以及公司治理水平较差的样本中，机构投资者对上市公司的权益资本成本的影响作用更大，这从公司治理与信息解读两个方面，为机构投资者降低上市公司权益资本成本的作用机制提供了实证证据。进一步地，在公司治理机制方面，当上市公司治理水平较高时，相对于民营企业，机构投资者在国有企业中产生的影响更大。而在信息解读机制方面，当上市公司的信息透明度较低时，相对于民营企业，机构投资者在国有企业中产生的影响更大。

本章在以往文献的基础上，对机构投资者与上市公司权益资本成本的关系研究进行了补充。本章的结果表明，机构投资者对上市公司中的治理行为与信息披露行为有着极其重要的作用。虽然在我国的资本市场上，仍然有部分基金在进行投机交易的行为，但是如何更有效地发挥机构投资者作为提高市场效率以及促进上市公司规范发展中所扮演的角色作用，是今后值得进一步研究和探讨的问题。

第五章
机构投资者与企业应计盈余质量的实证研究

第一节　问题的提出

在资本市场中，上市公司披露的财务报告是利益相关者做出相应决策的重要依据，而公司盈余则是财务报告中重要的财务指标之一。近年来，国内外一系列重大舞弊和上市公司会计造假违规案件频频曝光，使得盈余质量（earnings quality）这一问题在学术界和实务界都得到了越来越多的关注，但是大部分研究都局限于如何衡量盈余质量、盈余质量的影响因素以及盈余质量的经济后果等。而本章则结合资本市场两个重要的问题，即信息不对称与机构投资者中的共同基金，从这一较新的视角对公司盈余质量问题进行研究。

信息不对称通常指市场中的参与者之间掌握着不同的信息，我们知道会计信息能够向资本市场各参与方提供相对准确的财务信息，以帮助他们了解公司的经营管理行为，进而降低投资者和管理层之间的信息不对称性（Armstrong，Guay and Weber，2010；Bhattacharya et al.，2011）。反之，信息环境对会计信息很可能也会产生一定的外部性：在有效的信息披露制度下，公司信息不对称程度就会降低，能为公司的财务报告和会计盈余质量提供一个透明的信息环境，监管层受到有力监督更倾向于提供高质量的会计报告，从而进一步促进公司盈余质量的提高（James E. Hunton，2006；

夏立军和鹿小楠，2005）。

与此同时，机构投资者也在公司治理中扮演着越来越重要的角色。美国的资本市场已经基本上由机构投资者所主导；同样，自我国1998年发行第一只证券投资基金开始，十多年间机构投资者迅猛发展，形成以证券投资基金、券商、保险基金、社保基金、QFII、企业年金、信托公司等为代表的多元化格局。目前，我国机构投资者已经在超过半数的上市公司中成为前十大股东。那么，这些日益壮大的机构投资者能否改善公司的治理结构呢？机构投资者具有较为雄厚的资金实力和信息发现优势，在投资决策运作、信息搜集分析等方面都由专业人士处理，他们擅于发现公司的盈余质量高低以及公司实际的发展状况，并对公司的经营等活动进行监督。然而，在机构投资者对公司盈余质量的影响方面，目前的研究仍存在很大的争议。一方面，他们可以利用其专业优势，监督上市公司管理层的经营运作，参与到公司治理的过程中去，有效地抑制操纵应计利润的盈余管理行为（Prowse，1990；Brous and Kini，1994；Warfield et al.，1995；程书强，2006）；另一方面，在机构投资者迅猛发展的同时，出现了一些关于机构投资者负面影响的讨论，对机构投资者的实际作用提出了质疑，认为机构投资者的羊群和短视效应会加剧上市公司的盈余管理程度，导致盈余质量的降低（Graves，1988；Porter，1992；邓可斌和唐小艳，2010）。

由于跟西方国家资本市场相比，我国上市公司长期存在非流通股"一股独大"的现象，机构投资者未能充分发挥其作用。赵涛和郑祖玄（2002）认为，我国机构投资者占比相对较小，市场信息披露机制和监管手段不够完善，机构投资者具有更高昂的信息搜寻和解读成本，故投资者与上市公司间信息不对称程度的不同，很可能也会进一步影响机构投资者和盈余质量之间的关系。

那么，在我国资本市场中，信息环境的透明程度能否作用于公司盈余质量呢？随着我国共同基金参与热情的不断升温，不同种类和特点的共同基金在公司治理方面所扮演的角色是否存在差异呢？这两个重要因素会如何共同影响盈余质量？这些问题在学术界均未得到完整和清晰的解答，这也是本章试图探讨的问题。此外，以往的研究中普遍将共同基金视为一个整体分析，而未根据其不同的投资行为特征来分类或是基金的投资风格存在偏误（Brown and Goetzmann，1997；Zheng et al.，2012），这样可能将不同种类的基金参与公司治理所带来的不同影响混为一谈。本章依据颜和张（2009）的基金分类方法，将我国共同基金分为长期和短期基金，进而区分出不同特征的基金对公司盈余质量的影响。

本章其他内容安排如下：第二节为相关文献综述与研究假设的提出；第三节为数据来源、变量说明以及实证模型的构建；第四节为计量模型和实证分析结果；最后是本章小结。

第二节　文献综述与研究假设

一、信息不对称与盈余质量的相关文献和假说

盈余质量是反映上市公司盈利水平的一个测度，反映了公司盈利能力与其现金流的匹配程度，若匹配程度不高，则说明公司可能存在潜在的运营问题。信息不对称通常是指市场的参与者之间掌握着不同的信息，而这种信息的差别能够进一步影响投资者的决策行为。国内外文献已表明，公司盈余质量的高低与信息环境息息相关。戴伊（Dye，1988）和蒂特曼（Titman，1988）均指出，股东与管理层之间的信息不对称程度是盈余管理存在的必要条件。席佩尔（Schipper，1989）认为，盈余管理实际上是管理层利用其信息优势有目的地操纵对外财务报告，以谋取某些私人利益，其结果往往与企业所有者利益相背离，造成盈余质量的降低，而随着信息不对称程度的降低，管理层进行盈余管理的可能与空间都会大为减少。理查德森（Richardson，2000）用实证方法验证了这个观点，他发现以买卖价差和分析师预测偏差衡量的信息不对称程度与盈余管理程度正相关。亨顿（Hunton，2006）用实验方法，对 62 名财务经理和 CEO 设置不同的条件观测其何时销售何种可售证券，发现当综合收益报告更加透明的条件下，参与者认为报告使用者能识别出其盈余管理行为，对股价有害且损害报告声誉；而当综合收益报告透明度较低的情况下，参与者认为盈余管理

被识别的可能性低，对管理者声誉也无影响，故操纵盈余的行为会增加，带来较低的盈余质量。乔和基姆（Jo and Kim，2007）通过分析 SEO 公司发行前的信息披露效率与盈余管理行为之间的关系，发现披露信息越频繁的公司，其透明度越高，信息不对称程度越低，盈余管理的程度也越低，并且股票发行后的业绩越好。由以上分析可知，国外学者普遍认为盈余管理的程度是随着信息不对称程度的增加而增加的。

从国内文献来看，关于盈余质量与信息环境之间的实证文献还比较缺乏。已有文献包括，杨德明（2005）通过委托—代理模型分析预测信息披露与盈余管理的关系，发现管理层披露预测信息在一定程度上减少了管理层与投资者间的信息不对称程度，将有利于减少管理层盈余管理行为。夏立军和鹿小楠（2005）用沪深交易所发布的公开谴责公告作为公司透明度的代理变量，检验了公司透明度对盈余管理的影响，发现越不透明的公司盈余管理程度越高，说明投资者与上市公司之间的信息不对称程度也会反过来影响上市公司操纵财务报告的程度。方军雄和洪剑峭（2006）发现，信息披露透明度的提高能显著改善盈余质量报告的质量，从而使得报告盈余更加接近经济利润。

纵观国内外研究成果，我们认为，正是由于投资者与上市公司之间的信息不对称，导致上市公司管理层有着机会主义的思想，拥有会计盈余信息优势的上市公司管理层为了在交易活动中取得主动权，往往会通过会计政策及信息披露内容的调整来达到自己私人利益或少数群体利益的目的。因此，通过信息披露透明度的提高来降低信息不对称程度，能有效规范大股东的利益侵占行为，改善公司治理行为，并能够抑制管理层的盈余操纵行为，提高公司报告的会计质量，从而降低投资者的投资风险。据此，我们提出假说1。

假说1：上市公司信息不对称程度越低，则盈余质量越高。

二、机构投资者与盈余质量的相关文献和假说

机构投资者通常因为较雄厚的资金实力，在投资决策运作、信息搜集分析等方面都由专业人士处理而被视为"成熟投资者"（Bushee，1998；

Bartov et al. ，2000；Jiambalvo et al. ，2002）。然而，他们所展现出的专业性在是否能提升财务报告质量这一议题上，国内外学者却一直争议不断。

由于早期资本市场并不完善，信息不对称程度严重，且早期的机构投资者在资金和专业技术上仍存在很大的欠缺，机构投资者既没有动力也没有能力参与公司的治理，他们的行为更类似于"交易者"而非"持有人"。国外早期文献也认为机构投资者比起公司治理更关心当期的利润，大多数机构投资者仍是短期投机者，并不注重长期投资。当上市公司的业绩令人失望时，他们更倾向于"用脚投票"抛售股票消极退出，而上市公司的管理层为了挽留住这些重要的机构投资者持股时，就会加大盈余操纵行为来提高账面盈余，故当短视和投机性质的机构投资者大量持股时，公司管理层为了维持大股东的稳定，会促使公司提供低质量的会计信息。例如，格拉夫（Graves，1988）认为，基金经理人根本不关注长期投资决策，因为他们的薪酬主要依赖于季度业绩，因此，他们的交易行为会导致经理人行为的短期化。弗鲁特等（1992）认为，由于公司管理层与投资者之间存在着信息不对称，机构投资者基于他们多样化资产组合中的公司短期表现而非长期估值来投资是更加经济高效的行为。综上所述，机构投资者的频繁交易和对短期效益的关注可能会导致公司管理层有盈余管理的动机，从而提供短视的、低质量的财务报告信息。

随着国外资本市场日趋发展成熟，法律法规的进一步完善以及机构投资者规模和自身素质的不断提升，使机构投资者"用脚投票"的成本大大增加。相对抛售股票消极退出的方式，越来越多的机构投资者开始通过提出股东议案或征集代理投票权等方式积极地参与到公司治理的行列中去，因为相对于个人投资者而言，机构投资者更有能力通过监督管理层行为从而获得可观的回报。对应的，国外一部分学者支持机构持股会促使公司提供高质量的会计信息，如普罗斯（1990）认为，机构投资者参与公司治理能对上市公司的盈余管理起到一定的监督作用。布劳斯和基尼（1994）认为，机构投资者巨额的投资和较高的专业水平使得机构投资者有动机和能力去积极地监控和约束公司的行为，进而提高公司的盈余质量。沃菲尔德等（1995）认为，高管持股或机构投资者持股能降低代理成本，从而减少管理层操纵盈余的可能性，进而提升盈余质量。布希（1998）认为，更专业的机构投资者通过对高管行为更严格的监控，从而降低了管理层的机会主义动机。这种监管效应既直观地体现在公司治理①上，又隐性地反映在股票市场中的信息获取和信息传播上②。这样看来，由于机构投资者更倾向于积极地监控和约束公司的行为，确保公司高管专注于企业长期价值的最大化而非个人短期利益，机构投资者的参与会促使公司提供高质量的会计信息。例如，早期研究表明拥有更高的美国投资与研究协会（AIMR）披露名次的公司拥有更多的机构持股（Bushee and Noe，2000），且当机构持股比例越高时，公司管理层越不愿意通过削减研发开支来阻止盈余的下降。钟等（2002）证明，机构投资者能监督管理层的盈余管理行为，机构投资者持股比例越高的公司发生盈余管理的可能性越低。

近年来，一些国外前沿文献按机构投资者历史投资行为的特征分类进行研究，为我们开创了新思路。刘和彭（Liu and Peng，2006）根据布希（1998）分类方法将基金分为三类③，实证表明，财务报表中的应计利润的准确性与短期机构投资者持股比例负相关，而与长期机构投资者持股比例正相关，说明短期机构投资者的介入确实使盈余质量恶化而长期机构投资者对管理层的监管作用确实行之有效。洪（Koh，2007）指出盈余管理行为有正向（调高应计利润）和负向（调低应计利润）之分，长期机构投资者由于更关注公司的长远发展，故有动力去积极地抑制正向盈余管理行为，而短期机构投资者由于短视行为，他们更在乎股票当期收益或当期业绩薪酬奖金，往往会支持公司掩盖其亏损或低利润的正向盈余管理行为；短期机构投资者与负向盈余管理无显著相关性。

随着我国个人投资者逐渐被机构投资者所替代，国内文献对机构投资者的作用也进行了细致深入的研究，结论也存在着一些争议：程书强

---

① 例如，在19世纪90年代早期，一些机构投资者（如：加州公共养老基金（CalPERS）、普南管理公司、摩根大通）四处游说罢免那些规模大业绩却很差的公司的总裁，包括柯达、IBM、西屋电器、波登、美国运通以及美国通用公司（Kahn and Winton，1998）。

② 早期的文献表明股价中包含了相对更多的远期盈余信息（Jiambalvo et al.，2002），以及当机构投资者持股比例较高时，无效的盈余定价就会减少（Bartov et al.，2000）。

③ Bushee（1998）将机构投资者分为三类：（1）短线集中型，投资集中度高，换手率高，对收入变化几乎没有反应；（2）短线分散型，投资集中度保持在平均水平，换手率较高，高动能策略；（3）长线指数型，投资分散，换手率低，低动能策略。由于受国内基金数量和指标所限，后文我们选用 Yan 和 Zhang（2009）的基金分类方法。

（2006）发现，会计盈余信息的及时性与机构持股的比例正相关，而盈余信息的盈余管理程度与机构投资者持股比例负相关，但他没有考虑盈余质量与机构持股之间的内生性问题。高雷等（2008）用 2003～2005 年中国上市公司数据研究表明，机构投资者在一定程度上参与了上市公司治理，并有效抑制了管理层的盈余管理行为。黄谦（2009）认为，中国投资者持股与盈余管理间呈现倒 U 型的关系，当机构持股比例较低时，机构监管效率降低，机构投资者为追逐短期利益而促使公司进行盈余管理；当机构持股比例较高时，作为长期策略的机构投资者往往更多地关注公司治理，才会积极地监管盈余管理。而邓克斌和唐小艳（2010）对机构投资者是否真的有助于降低盈余管理提出了质疑，他们发现：机构投资者持股比例与盈余管理绝对值显著正相关，且国有控股企业相关性较非国有控股企业更为显著，说明中国仍以短视的机构投资者居多，非但不能制约盈余管理反而进一步推动了企业的盈余管理。

通过以上分析，我们发现对于中国资本市场这一新兴市场，机构投资者是否短视这一问题是争论的焦点。如果机构投资者的重点在于追求短期利润，则我们有理由相信他们有动机支持企业管理层操纵盈余，而使上市公司盈余质量降低，反之则反。但至今国内学者少有通过对基金投资行为进行分类，来研究不同特征机构投资者的参与是如何影响上市公司的盈余质量的。我们试图探讨这样一个问题，故提出以下假说 2、假说 3：

假说 2：长期共同基金持股比例与上市公司盈余质量正相关（监督效应）。

假说 3：短期共同基金持股比例与上市公司盈余质量负相关（投机效应）。

三、两者共同影响盈余质量的相关文献和假说

目前，国内外的研究大都从单方面来考察信息环境或机构持股对盈余质量的影响效果，很少有研究从信息不对称与机构投资者之间的关系，来深入分析其对盈余质量的影响。而针对我国资本市场现状，我国基金在面临不同公司所具有的不同的信息不对称程度时，是否会有不同的行为？例

如，对于信息不对称程度较低的公司，长期基金是否更倾向于以监管的角色出现，而对于信息不对称程度较高的公司，短期基金会是否更倾向于以投机获利的方式出现？因此，考虑到信息不对称的不同也会影响共同基金的投资行为，我们按信息不对称程度进行分组，进一步研究信息不对称、共同基金对公司盈余质量的影响，故提出假说4、假说5。

假说4：信息不对称程度较低时，长期共同基金持股比例的上升会显著提升公司盈余质量（监督效应）。

假说5：信息不对称程度较高时，短期共同基金持股比例的上升会显著降低公司盈余质量（投机效应）。

第三节　数据来源与研究设计

一、数据说明

本书选取的样本为沪深两市上市公司，由于我国机构投资者发展较晚，而从2004年以后在数量和规模上得以快速扩张，故我们所选取的样本期间为2004年1月1日~2010年12月31日。其中公司财务数据以及机构持股比例数据均来自Wind数据库，股票收益数据与公司治理相关数据来源于CCER数据库中的股票收益数据库和上市公司治理结构数据库。同时，行业分类标准采用中国证监会（CSRC）的行业分类标准，将上市公司分为13个行业大类。由于制造业上市公司数量众多，因此对制造业行业采取按照二级分类细分，最终可分为22个行业类别。

在选择股票样本时，我们剔除了金融类公司、创业板上市公司、ST和PT的上市公司以及财务数据不完整的公司数据。为保证数据有效性并消除异常值对研究结论的影响，本书利用Winsorize的方法对样本1%和99%的异常值进行处理。最终在进行面板数据回归时，确定有7664个观测值进入研究样本。

二、变量说明

本书的主要目的是通过实证模型来研究盈余质量与信息不对称、长短期共同基金三者之间的关系。模型中包含的变量为：

1. 盈余质量（*EQ*）

对于盈余质量的定义与测度，学术界存在很大的争议。许多学者从不同的视角来衡量盈余质量，包括盈余及时性、平稳性、持续性（Hunt et al, 1996；Lev and Thiagajan, 1993）等。但这些衡量盈余质量的方法并不针对单个公司，更多的是用来衡量某一群体或整个国家公司的盈余质量。实证研究中多采用盈利，经营现金流和应计项目（accruals）之间的关系来计量公司层面的盈余质量，本研究侧重于从应计额的角度来衡量盈余质量，采取具有代表性的衡量盈余质量的模型 Dechow 和 Dichev（2002，以下简称 *DD* 模型）会计模型和扩展的 Ball 和 Shivakumar（2005，以下简称 *BS* 模型）的分段非线性回归模型。

DD 模型从应计和现金流之间的概念关系出发，采用当期应计与过去一期、当期和未来一期现金流之间的映射关系来衡量盈余质量。该模型涵盖了盈余管理与经济变化对盈余质量的联合影响，相对于盈余管理模型而言更具有吸引力，且根据弗朗西斯、拉丰、奥尔森和席佩尔（Francis, Lafond, Olsson and Schipper, 2005），*DD* 模型（2002）是衡量盈余质量最有效的方法。如下：

$$\Delta WC_t = \alpha_0 + \alpha_1 CFO_{t-1} + \alpha_2 CFO_t + \alpha_3 CFO_{t+1} + \varepsilon_t \qquad (5.1)$$

DD 模型计算盈余质量的原理是测度应计项目与现金流量的匹配程度，认为当应计利润中包含的不能被经营活动现金流所解释的部分（ε_t）比较稳定时，应计利润质量较好，此时投资者对未来经营活动现金流预测的不确定性较小，而有助于预测未来现金流的会计信息是高质量的；反之则盈余质量较差。

DD 模型需要企业至少具有连续七年的年报信息。在式（5.1）中，ΔWC_t 是公司在 t 年的营运资金应计利润，为营业利润与经营活动现金流量之差；CFO_{t-1}、CFO_t 和 CFO_{t+1} 分别表示 $t-1$ 期、t 期和 $t+1$ 期的经营活

动现金流量。所有变量均除以平均总资产以减少公司规模效应。用方程 (5.1) 分行业分年度回归得到每年每家公司的残差 ε_t，ε_t 反映了 t 期与现金流不相关的异常应计项目（abnormal accruals）。在上述模型中普遍可采取两种方法来计算盈余质量：一是采用 ε_t 的绝对值来计量；二是用每家公司从第 $t-4$ 年到第 t 年残差的标准差 $std(\varepsilon_t)$ 来计量盈余质量，若近五年内会计盈余中异常应计项目波动较弱，则说明会计盈余的风险较小，盈余质量较高。

由于许（Koh，2007）指出负向盈余管理和正向盈余管理是存在明显差异的，负向盈余管理是公司管理层担心未来公司业绩变差而采取的掩盖目前较好业绩的稳健性会计处理行为，当前调低盈余将亏损预先集中在某一年度，在未来某一年度再通过调高利润实现业绩的盈利；而正向盈余管理则是因为公司管理层用调高利润的方式来掩盖当前的较差业绩。这两种方式虽均是欺诈投资者的行为，并使上市公司的盈余质量变差，但它们各自实施的动机和渠道都存在差异，我们希望通过区分正向和负向盈余来将共同基金的行为区分开来，故在本书中我们直接取 ε_t 的原始值作为盈余质量指标 DD_eq。当 $\varepsilon_t>0$ 时，意味着账面营运资金应计利润 ΔWC_t 大于以连续三年经营活动现金流计算出来的实际应计利润，表明存在着人为调高应计利润的可能，即发生正向盈余管理行为 DD_eq(+)，反之则发生负向盈余管理行为 DD_eq(-)。当 $|DD\_eq|$ 越高时，正向或负向盈余管理程度均越高，则盈余质量会越差。

2. 信息不对称（InfoAsy）——基于特质风险的标准差（SD）

根据迪尔更斯（Dierkens，1991）以及孔东民、付克华（2005）的做法，我们分年度来对样本公司日回报率做市场模型的回归检验，然后将该回报率与市场模型所决定的正常回报率之差的标准差（SD），即经过市场调整的超额回报率的标准差来作为信息不对称的代理变量，也即相应年度时间序列 ε_t' 的标准差，其计算公式为：

$$\varepsilon_t' = r_{it} - \hat{r}_{it} \tag{5.2}$$

其中，r_{it} 为公司在相应年度的每日真实回报，$\hat{r}_{it}$ 为基于以下市场模型估计出来的股票年度正常回报。

$$\hat{r}_{it} = \hat{\alpha}_i + \hat{\beta} r_{mt} \tag{5.3}$$

其中，$\hat{\alpha}_i$ 和 $\hat{\beta}$ 是基于每家样本公司前 1 年的股票数据估计出来的。

3. 机构投资者（*Insti*）分类——长短期共同基金（*Long/Short_ratio*）

以往的研究大多未按机构投资者投资特征分类，且研究表明基金的投资风格尚存在偏误（Brown and Goetzmann，1997；Zheng et al.，2012），因此，本书在检验过程中没有直接采用数据库中提取的基金分类，而是参照颜和张（2009）所使用的分类方法，在机构投资者过去一年中投资组合流动率的基础上，将其分成长期投资者和短期投资者。

首先，计算每只基金 k 的总买入或总卖出：

$$CR\_buy_{k,t} = \sum_{\substack{i=1 \\ S_{k,i,t} > S_{k,i,t-1}}}^{N_k} \left| S_{k,i,t} P_{i,t} - S_{k,i,t-1} P_{i,t-1} - S_{k,i,t} \Delta P_{i,t} \right| \quad (5.4)$$

$$CR\_sell_{k,t} = \sum_{\substack{i=1 \\ S_{k,i,t} \le S_{k,i,t-1}}}^{N_k} \left| S_{k,i,t} P_{i,t} - S_{k,i,t-1} P_{i,t-1} - S_{k,i,t} \Delta P_{i,t} \right| \quad (5.5)$$

其中，$CR\_buy_{k,t}$ 和 $CR\_sell_{k,t}$ 分别代表总买入和总卖出，$P_{i,t}$ 和 $P_{i,t-1}$ 是基金 k 所持有的股票 i 在时刻 t 和 $t-1$ 的价格，$S_{k,i,t}$ 和 $S_{k,i,t-1}$ 是基金 k 所持有的股票 i 在时刻 t 和 $t-1$ 的股份数，$\Delta P_{i,t}$ 代表在 t 时刻股票 i 价格相对于上一时期的变化。当在时刻 t，基金 k 持有的股票 i 少于时刻 $t-1$ 时，表明基金 k 卖出了股票 i，将股票 i 的资金变化计入总卖出，反之计入总买入。

然后，计算每只基金的流动率（CR，churn rate）：

$$CR_{k,t} = \frac{\min(CR\_buy_{k,t}, CR\_sell_{k,t})}{\sum_{i=1}^{N_k} \frac{S_{k,i,t} P_{i,t} + S_{k,i,t-1} P_{i,t-1}}{2}} \quad (5.6)$$

基于基金过去一年的换手率计算出平均流动率：

$$AVG\_CR_{k,t} = \frac{1}{2}\left(CR_{k,t} + CR_{k,t-1}\right) \quad (5.7)$$

最后，将基金按照 AVG_CR 的大小分成三组，最低的一组即为长期投资者，最高的一组视作短期投资者。*Long_ratio* 和 *Short_ratio* 分别代表了长期投资者与短期投资者这两类共同基金各自持有的上市公司股票的比例。

4. 其他控制变量

国内外大量文献都证实了有效的公司治理结构有助于上市公司会计信息质量的改善，主要集中在以下两个思路：一是委托代理理论，研究了公司治理结构中管理层持股比例与信息含量的关系，克拉森（Klassen，1997）、沃菲尔德等（Warfield et al., 1995）都支持资本市场的压力促使管理层持股比例低的公司倾向于选择增加盈余的会计政策，从而降低了盈余的信息含量；二是从外部大股东的视角，研究其在公司治理中的作用和对盈余质量的影响，卡普兰和明顿（Kaplan and Minton，1994）以及康和达萨尼（Kang and Shivdasani（1995）等的文献都支持由于外部大股东具有较为强烈的动机获取公司信息并对管理层进行监督，故在公司治理中起到了积极的作用。对此，为了控制公司治理因素对盈余质量的影响，我们选择了以下五个治理变量，分别从董事会的治理机制和股权结构的角度来控制公司治理因素：

董事长总经理两权设置情况（*Duality*）：虚拟变量，两职合一时为1，否则为0；

外部董事的比例（*Out_ratio*）：公司独立董事占董事会的比例；

第一大股东持股比例（*Top*1）：第一大股东持股量占总股本的比例；

第二~第十大股东持股比例（*Top2_10*）：第二~十大股东持股总量占总股本的比例；

CR_5 指数（*CR_5*）：公司前五位大股东持股比例之和。

基于金融学研究的习惯，我们还控制了三个常见的变量，分别如下。

公司规模（ln*Size*）：公司规模越大的上市公司在股东结构、投资运作、信息搜集、公司治理等方面将会更具有优势，大的公司相较小公司而言，更愿意接受各方监管，信息披露制度也比较健全。但由于大公司规模庞大治理相对困难，管理层的短视投机和"合谋"的现象可能严重，大的公司更容易发生盈余操纵和盈余管理。取样本上市公司每年的总资产的对数，得到 ln*Size* 即为上市公司规模的替代变量。

市值账面比（ln*MB*）：市值账面比经常用来衡量股票的高估程度。市值账面比较高的股票，往往更具成长价值，从而会有更为广泛的投资者关注其公司的盈余信息发布。我们剔除该值小于0的样本，然后对其取对数得到 ln*MB*。

换手率（*TO*）：高的换手率一般意味着高的股票流动性，进出市场比较容易，具有较强的变现能力，我们取基于流通股份计算的年度换手率。

哈金、崔奇和暗利（Hakim，Triki and Omri，2008）发现在控制了股票规模、股票收益以及波动性等变量之后，高质量的盈余信息与市场的高流动性之间存在显著的正相关关系。

第四节　实证分析

一、描述性统计

首先根据 DD 模型计算出每个公司的异常应计项目，即 DD_eq。表 5-1 列出了各年度的描述性统计。可以看到，由于 $|DD\_eq|$ 的值与实际盈余质量的变化呈反向对应关系，故数据表明我国上市公司的盈余质量自 2004 年以来经历了先下降后逐渐回升的趋势，在 2007 年达到了底端。

表 5-1　　　　　　　盈余质量绝对值（$|DD\_eq|$）统计

Year	Obs	Mean	Std	Min	P25	P50	P75	Max
2004	935	0.034	0.042	0.000	0.008	0.019	0.041	0.259
2005	1013	0.032	0.040	0.000	0.007	0.017	0.039	0.259
2006	1028	0.035	0.044	0.000	0.009	0.021	0.041	0.259
2007	1061	0.041	0.049	0.000	0.011	0.025	0.049	0.259
2008	1160	0.037	0.047	0.000	0.008	0.021	0.045	0.259
2009	1201	0.038	0.048	0.000	0.009	0.022	0.045	0.259
2010	1266	0.036	0.044	0.000	0.011	0.024	0.040	0.259

注：Obs 为该年度的样本量；Mean 为样本的平均值，均值越高表明盈余质量越差；Std 为样本的标准差；Min 为样本的最小值；P25 为样本的 25 分位数；Median 为样本的中位数；P75 为样本的 75 分位数；Max 为样本的最大值。

表 5-2 给出了主要变量的描述性统计。由描述性统计部分可以看出，DD 模型异常应计项目 $|DD\_eq|$ 的均值为 0.036，波动幅度范围在 0 ~

0.259之间。信息不对称指标 SD 的均值为0.024，标准差为0.006，表明不同公司之间的信息不对称存在着一定的差异。此外，长短期基金持有上市公司股票的比例也不尽相同，长期基金持股比例均值为0.021，而短期基金持股比例均值为0.036，说明将基金按投资特征分类是具有比较显著的区分度的。根据各个公司治理指标的描述性统计结果可以看出，我国上市公司股权集中度较高，第一大股东持股比例均值为37.9%，最高达到75.1%，而第二~第十大股东持股比例均值仅为18.6%，故在我国"一股独大"问题可能仍然严重。在公司治理结构中，平均而言，我国上市公司独立董事所占比例还是相对较高的，均值达到55.4%，对于监督大股东管理层和保护中小股东利益方面可能起着一定的积极作用；但同时，我国上市公司董事长和总经理两职合一的比例均值为9.8%，不利于公司盈余质量的提升。

从各变量的皮尔逊相关系数矩阵来看，信息不对称、长短期基金持股和盈余质量之间也存在着显著的相关关系，盈余质量指标 $|DD\_eq|$ 与 SD 以及长短期基金持股 $Long/Short\_ratio$ 之间的相关系数均显著为正，可能表明信息不对称程度增加时盈余质量降低，而不论是长期还是短期基金的参与都反而使上市公司的盈余质量越差。公司规模、账面市值比与异常应计项目之间的相关系数显著为正，可能表明投机因素占了主导地位；而相关系数显著为负的换手率也验证了高流动性与高盈余质量之间的正相关关系，这正好与哈金，崔奇和暗利（2008）的发现一致。在 DD 模型的公司治理控制变量中，$Top1$ 和 CR_5 与异常应计项目显著正相关，可能说明高额持股的公司大股东有动机通过管理参与实施有利于自己但损害其他股东利益的输送行为（刘峰，2004）。而利益输送的直接后果是造成盈余质量的下降，正如伯特兰（Bertrand et al.，2002）认为的，"掏空"可能会降低整个经济的透明度，并歪曲会计收益数字。

可以看到，大部分变量与我们的预期结果还是比较相符的，但是这里只是对变量进行简单的线性相关关系分析，在下一节中我们会根据设定的假说引入必要的控制变量以及变量的差分回归来进一步考察信息不对称和长短期基金对上市公司盈余质量的具体影响。

表5-2 描述性统计及相关系数矩阵

Panel A: Summary Statistics

	$|DD\_eq|$	SD	Long_ratio	Short_ratio	TO	Duality	Out_ratio	Top1	Top2 10	CR 5	lnSize	lnMB
N	7664	7664	7664	7664	7664	7664	7664	7664	7664	7664	7664	7664
Mean	0.036	0.024	0.021	0.036	6.612	0.098	0.554	0.379	0.186	0.531	21.844	1.126
Std. Dev	0.045	0.006	0.041	0.066	4.097	0.297	0.108	0.157	0.129	0.151	1.109	0.699
Min	0.000	0.012	0.000	0.000	0.787	0.000	0.250	0.090	0.010	0.198	19.838	-0.177
P25	0.009	0.020	0.000	0.000	3.392	0.000	0.500	0.251	0.076	0.423	21.031	0.594
P50	0.021	0.024	0.000	0.001	5.679	0.000	0.500	0.360	0.164	0.538	21.736	1.086
P75	0.043	0.028	0.023	0.043	9.003	0.000	0.600	0.501	0.278	0.640	22.509	1.591
Max	0.259	0.039	0.210	0.314	18.980	1.000	0.900	0.751	0.551	0.910	25.356	3.434

Panel B: Correlation Matrix

	$|DD\_eq|$	SD	Long_ratio	Short_ratio	TO	Duality	Out_ratio
$|DD\_eq|$	1						
SD	0.023**	1					
Long_ratio	0.143***	0.040***	1				
Short_ratio	0.242***	0.061***	0.567***	1			
TO	-0.075***	0.551***	-0.103***	-0.147***	1		
Duality	-0.021*	0.029**	0.002	0.012	0.028**	1	
Out_ratio	0.029**	0.081***	-0.022*	0.005	0.107***	0.042***	1

续表

Panel B: Correlation Matrix

	$\mid DD\_eq\mid$	SD	Long	Short	TO	Duality	Out_ratio	Top1	Top2_10	CR5	LnSize	LnMB
Top1	0.041***	-0.127***	0.052***	0.077***	-0.127***	-0.049***	-0.042***	1				
Top2_10	-0.020*	0.035**	0.180***	0.168***	-0.068***	0.046***	0.01	-0.455***	1			
CR5	0.021*	-0.127***	0.118***	0.132***	-0.180***	-0.020***	-0.043***	0.717***	0.274***	1		
LnSize	0.365***	0.074***	0.392***	0.498***	0.089***	-0.027***	0.076***	0.180***	-0.005	0.153***	1	
LnMB	0.038***	0.466***	0.240***	0.219***	0.393***	0.049***	0.080***	-0.092***	0.132***	-0.032***	0.370***	1

注：本表 Panel A 中列出了各变量的描述性统计。$\mid DD\_eq\mid$为用 DD 模型测度的异常应计项目绝对值，值越高表明盈余质量越低；SD 是用日数据计算的基于特质风险的标准差；Long 和 Short 是分别代表长期投资者和短期投资者的共同基金持股比例。其余为控制变量，包括 LnSize：公司规模的自然对数；LnMB：公司的市值账面比自然对数；TO：股票日均换手率；Top1：第一大股东持股比例；Duality：虚拟变量，董事长与总经理两职合一，取 1，否则取 0；Out_ratio：独立董事占董事会的比例；CR_5：公司前五大股东持股比例之和；Top2_10：第二至十大股东持股比例之和。Panel B 中列出了各变量之间的皮尔逊相关系数，***，**，*分别表示在 1%、5% 和 10% 的显著性水平下显著。

二、实证结果及分析

本章的目的是研究信息不对称、长短期基金以及两者共同对上市公司盈余质量的影响。针对假说1，我们研究信息不对称与盈余质量的关系，提出模型（5.8）：

$$DD\_eq_{i,t} = \alpha_i + \beta_1 SD_{i,t} + \beta_2 Con\_Var_{i,t} + \varepsilon_{i,t} \tag{5.8}$$

考虑到信息不对称与盈余质量间的内生性，即信息不对称的加剧会导致上市公司盈余质量的降低，而上市公司公布高质量的盈余信息又会减少股东与高管间的信息不对称性，我们采用差分回归来控制这种内生性，提出模型（5.9）：

$$\Delta DD\_eq_{i,t} = \alpha_i + \beta_1 \Delta SD_{i,t} + \beta_2 Con\_Var_{i,t} + \varepsilon_{i,t} \tag{5.9}$$

在模型（5.8）和（5.9）中，$DD\_eq_{i,t}$表示公司i在t期的异常应计项目，$\Delta DD\_eq_{i,t}$表示公司i在t期与$t-1$期的盈余质量的异常应计项目数值之差。为了区分出正向盈余与负向盈余的差别，我们在采用$|DD\_eq_{i,t}|$的同时，还根据$DD\_eq_{i,t}$是否大于0进行分组回归，得到$DD\_eq_{i,t}(+)$和$DD\_eq_{i,t}(-)$。$SD_{i,t}$表示公司i在t期的信息不对称程度，同样$\Delta SD_{i,t}$表示公司i在t期与$t-1$期的信息不对称程度之差，$Con\_Var_{i,t}$为公司i在t期的其他控制变量，包括公司规模（$LnSize$）、市值账面比（$LnMB$）和换手率（TO）以及五个公司治理变量（$Top1$、$Duality$、Out_ratio、CR_5、$Top2\_10$），回归结果如表5-3、表5-4所示。

由表5-3和表5-4我们可以发现，不论在当期回归还是差分回归中，异常应计项目的绝对值$|DD\_eq|$（$|D\_DD\_eq|$）与信息不对称变量$SD(D\_SD)$均呈显著正相关关系，这表明当信息不对称程度越高时，公司的盈余质量越差，该结论与我们的假说1相符合。

具体来看，因为我们已经知道正向盈余与负向盈余是不同的，通过对DD_eq分组，我们发现正向盈余$DD\_eq(+)$与信息不对称程度显著为正，且在差分回归中也得到验证，而负向盈余$DD\_eq(-)$仅在当期回归中与信息不对称程度显著为负，说明当公司信息环境透明度很差时，公司管理层的正向盈余管理行为和负向盈余管理行为均增多，造成公司盈余质量的下滑。但在差分回归中，负向盈余行为未得到验证的原因可能是在现实生活中，那些处于信息优势并拥有更多私人信息的公司管理层，为了实现自身利益最大化并吸引高质量的投资者，有动力隐瞒自身的运营问题，从而进行盈余操纵虚构利润导致公司报告的盈利与其实际收入严重不符的正向盈余管理行为，进而使公司的盈余质量恶化。例如，人们熟知的安然事件或是银广夏事件，这些公司伪造盈余信息之所以成功，就是因为两权分离下股东和经理人之间信息不对称情况严重，尤其是广大中小股东和投资者由于监督成本相对较高而信息严重匮乏，无法辨别出公司的真实盈余，直接导致内部人利用信息不对称操纵盈余最大限度掠夺短期收益。而实际经营情况中，即使企业面临着严重的信息不对称环境使得他们有能力去做掩盖公司目前较好业绩的稳健性会计行为，他们恐怕也缺乏动机去这么做，因为这样的负向盈余管理行为会给企业的短期收益带来负面影响，从企业声誉、投资者信心、企业经营的长期发展考虑，企业均会更少地使用负向盈余管理行为。

综上，正如我们假说 1 所述，不论企业采取的是正向还是负向盈余管理行为，企业的高信息不对称程度均会带来企业盈余质量的显著下降。因此，为了降低公司管理层的盈余管理程度，使得盈余报告与实际经济利润更接近，有关部门应加强对上市公司的监管力度，提高信息披露的水平和质量，降低投资者与上市公司之间的信息不对称程度。

表 5 - 3　　　　　　　　信息不对称与盈余质量的回归结果

	$\lvert DD\_eq \rvert$	$DD\_eq(+)$	$DD\_eq(-)$
SD	0.532 *** (5.670)	0.608 *** (3.074)	- 0.306 *** (- 2.880)
TO	- 0.000 *** (- 2.619)	- 0.001 *** (- 3.341)	- 0.000 (- 0.437)
$Duality$	0.002 (0.808)	0.006 (1.393)	0.002 (0.824)
Out_ratio	- 0.006 (- 1.338)	0.003 (0.297)	0.011 ** (2.145)

续表

	$|DD\_eq|$	$DD\_eq(+)$	$DD\_eq(-)$
$Top1$	-0.077^{***} (-3.146)	-0.024 (-0.472)	0.032 (1.079)
$Top2\_10$	-0.057^{***} (-2.770)	-0.037 (-0.861)	0.019 (0.784)
CR_5	0.059^{**} (2.504)	0.044 (0.923)	-0.006 (-0.217)
$\ln Size$	0.006^{***} (6.293)	0.023^{***} (10.839)	0.004^{***} (2.907)
$\ln MB$	0.000 (0.102)	-0.013^{***} (-4.238)	-0.005^{***} (-3.445)
$Constant$	-0.096^{***} (-4.691)	-0.460^{***} (-10.202)	-0.114^{***} (-4.471)
Obs	7664	3018	4646
$R-squared$	0.030	0.096	0.018

注：本表是基于式（5.8）的回归。回归系数下括号内的数据代表了回归系数的标准误。$|DD\_eq|$ 为用 DD 模型测度的异常应计项目绝对值，值越高表明盈余质量越低；$DD\_eq(+)$ 和 $DD\_eq(-)$ 是按照 DD_eq 的原始值是否大于 0 进行的分组；SD 是用日数据计算的基于特质风险的标准差；$LnSize$ 是公司规模的自然对数；$LnMB$ 是公司的市值账面比的自然对数；TO 是股票日均换手率；$Duality$：虚拟变量，董事长与总经理两职合一，取 1，否则取 0；Out_ratio：独立董事占董事会的比例；$Top1$：第一大股东持股比例；$Top2\_10$：第二至十大股东持股比例之和；CR_5：公司前五大股东持股比例之和；Obs 为观测值数量；$R-squared$ 为 R2；*、** 和 *** 分别表示 10%、5% 和 1% 的显著性水平。

表 5 - 4　　　　　　　　信息不对称与盈余质量的差分回归结果

	Difference		
VARIABLES	$D\_|DD\_eq|$	$D\_DD\_eq(+)$	$D\_DD\_eq(-)$
D_SD	0.350^{***} (3.246)	0.871^{***} (2.935)	0.074 (0.498)
TO	0.000 (1.449)	0.001 (0.973)	-0.002^{***} (-5.202)

	Difference		
VARIABLES	$D\_\mid DD\_eq\mid$	$D\_DD\_eq(+)$	$D\_DD\_eq(-)$
Duality	0.000 (0.111)	0.005 (0.549)	0.002 (0.376)
Out_ratio	0.003 (0.441)	0.019 (0.924)	0.008 (0.750)
Top1	-0.081 ** (-2.061)	0.016 (0.154)	-0.002 (-0.034)
Top2_10	-0.054 (-1.638)	0.018 (0.208)	-0.012 (-0.245)
CR_5	0.089 ** (2.338)	0.056 (0.551)	-0.026 (-0.474)
lnSize	0.000 (0.121)	0.002 (0.345)	0.004 (1.411)
lnMB	0.003 (1.339)	0.005 (0.802)	0.003 (0.990)
Constant	-0.017 (-0.484)	-0.078 (-0.790)	-0.073 (-1.370)
Obs	6103	2342	3761
R - squared	0.008	0.024	0.013

注：本表是基于式（5.9）的差分回归。回归系数下括号内的数据代表了回归系数的标准误。$D\_\mid DD\_eq\mid$ 为用 DD 模型测度的异常应计项目绝对值与上年数值之差；$D\_DD\_eq(+)$ 和 $D\_DD\_eq(-)$ 是按照 D_DD_eq 的原始值是否大于 0 进行的分组；D_SD 是用日数据计算的基于特质风险的标准差与上年数值的差分；$LnSize$ 是公司规模的自然对数；$LnMB$ 是公司的市值账面比的自然对数；TO 是股票日均换手率；$Duality$：虚拟变量，董事长与总经理两职合一，取 1，否则取 0；Out_ratio：独立董事占董事会的比例；$Top1$：第一大股东持股比例；$Top2\_10$：第二至十大股东持股比例之和；CR_5：公司前五大股东持股比例之和；Obs 为观测值数量；$R - squared$ 为 $R2$；*、** 和 *** 分别表示 10%、5% 和 1% 的显著性水平。

针对假说 2，我们同样利用面板回归模型的固定效应模型对其进行验证，同样，考虑到盈余质量与机构持股之间的内生性，即机构投资者也很可能是因为企业盈余质量低而减少对其投资，我们同样采用差分回归的方法缓解内生性，提出下列式（5.10）、式（5.11）：

$$DD\_eq_{i,t} = \alpha_i + \beta_1 Insti_{i,t} + \beta_2 Con\_Var_{i,t} + \varepsilon_{i,t} \qquad (5.10)$$

$$\Delta DD\_eq_{i,t} = \alpha_i + \beta_1 \Delta Insti_{i,t} + \beta_2 Con\_Var_{i,t} + \varepsilon_{i,t} \qquad (5.11)$$

其中，$Insti_{i,t}$ 为作为机构投资者的长期或短期基金 i 在第 t 期的持股情况，而 $\Delta Insti_{i,t}$ 是长期或短期基金 i 在第 t 期与第 $t-1$ 期的持股比例之差，其他变量与前文一致。回归结果如表 5-5、表 5-6 所示。

表 5-5　　　　　　　　　长短期基金与盈余质量的回归结果

	| DD_eq |	DD_eq(+)	DD_eq(-)	| DD_eq |	DD_eq(+)	DD_eq(-)
Long_ratio	-0.008 (-0.584)	0.000 (0.013)	0.054 *** (3.005)			
Short_ratio				0.037 *** (3.930)	0.031 ** (2.012)	0.002 (0.165)
TO	-0.000 (-0.125)	-0.001 ** (-2.271)	-0.000 * (-1.849)	0.000 (0.196)	-0.001 ** (-2.023)	-0.000 ** (-2.046)
Duality	0.002 (0.940)	0.006 (1.394)	0.002 (0.803)	0.002 (0.873)	0.005 (1.260)	0.002 (0.748)
Out_ratio	-0.006 (-1.243)	0.003 (0.261)	0.012 ** (2.173)	-0.006 (-1.221)	0.003 (0.269)	0.011 ** (2.076)
Top1	-0.061 ** (-2.394)	-0.010 (-0.185)	0.003 (0.106)	-0.092 *** (-3.623)	-0.041 (-0.792)	0.024 (0.797)
Top2_10	-0.039 * (-1.826)	-0.020 (-0.459)	-0.010 (-0.373)	-0.070 *** (-3.241)	-0.052 (-1.158)	0.010 (0.409)
CR_5	0.040 * (1.673)	0.025 (0.507)	0.021 (0.750)	0.069 *** (2.846)	0.055 (1.102)	0.003 (0.101)
lnSize	0.006 *** (6.072)	0.023 *** (10.810)	0.004 *** (3.041)	0.005 *** (5.545)	0.022 *** (10.627)	0.004 *** (3.120)
lnMB	0.001 (0.896)	-0.011 *** (-3.696)	-0.006 *** (-4.163)	0.001 (0.564)	-0.012 *** (-3.966)	-0.005 *** (-3.803)

续表

	|DD_eq|	DD_eq(+)	DD_eq(-)	|DD_eq|	DD_eq(+)	DD_eq(-)
Constant	-0.082 *** (-4.038)	-0.449 *** (-9.951)	-0.122 *** (-4.831)	-0.071 *** (-3.445)	-0.440 *** (-9.721)	-0.126 *** (-4.935)
Obs	7664	3018	4646	7664	3018	4646
R - squared	0.025	0.092	0.018	0.027	0.094	0.015

注：本表是基于式（5.10）的回归。回归系数下括号内的数据代表了回归系数的标准误。$\|DD\_eq\|$ 为用 DD 模型测度的异常应计项目绝对值，值越高表明盈余质量越低；$DD\_eq(+)$ 和 $DD\_eq(-)$ 是按照 DD_eq 的原始值是否大于 0 进行的分组；$Long\_ratio$ 和 $Short\_ratio$ 分别代表了长期投资者与短期投资者这两类共同基金各自所持有的上市公司股票的比例；$\ln Size$ 是公司规模的自然对数；$\ln MB$ 是公司的市值账面比的自然对数；TO 是股票日均换手率；$Duality$：虚拟变量，董事长与总经理两职合一，取 1，否则取 0；Out_ratio：独立董事占董事会的比例；$Top1$：第一大股东持股比例；$Top2\_10$：第二至十大股东持股比例之和；CR_5：公司前五大股东持股比例之和；Obs 为观测值数量；$R - squared$ 为 $R2$；* 、** 和 *** 分别表示 10%、5% 和 1% 的显著性水平。

表 5-6 　　　　　　　长短期基金与盈余质量的差分回归结果

	Difference					
	D_|DD_eq|	D_DD_eq (+)	D_DD_eq (-)	D_|DD_eq|	D_DD_eq (+)	D_DD_eq (-)
D_Long_ratio	0.015 (1.111)	0.024 (0.850)	0.081 *** (3.586)			
D_Short_ratio				0.014 (1.351)	0.042 ** (1.972)	0.002 (0.090)
TO	0.001 ** (2.444)	0.001 (1.544)	-0.002 *** (-5.197)	0.001 ** (2.406)	0.001 (1.600)	-0.002 *** (-5.321)
Duality	0.000 (0.137)	0.005 (0.559)	0.002 (0.372)	0.001 (0.163)	0.005 (0.590)	0.002 (0.385)
Out_ratio	0.002 (0.290)	0.016 (0.798)	0.007 (0.730)	0.002 (0.290)	0.015 (0.754)	0.007 (0.724)
Top1	-0.079 ** (-1.996)	0.019 (0.179)	-0.021 (-0.359)	-0.085 ** (-2.111)	-0.016 (-0.146)	-0.002 (-0.026)
Top2_10	-0.050 (-1.520)	0.024 (0.267)	-0.031 (-0.649)	-0.055 (-1.641)	-0.007 (-0.072)	-0.011 (-0.225)

	Difference					
	$D\_\mid DD\_eq\mid$	D_DD_eq (+)	D_DD_eq (–)	$D\_\mid DD\_eq\mid$	D_DD_eq (+)	D_DD_eq (–)
CR_5	0.092 ** (2.397)	0.056 (0.550)	– 0.008 (– 0.142)	0.096 ** (2.487)	0.084 (0.816)	– 0.025 (– 0.454)
ln*Size*	– 0.001 (– 0.857)	– 0.003 (– 0.688)	0.003 (1.290)	– 0.001 (– 0.683)	– 0.002 (– 0.381)	0.003 (1.333)
ln*MB*	0.004 ** (2.070)	0.011 * (1.850)	0.002 (0.790)	0.004 * (1.925)	0.009 (1.540)	0.003 (1.087)
Constant	0.013 (0.377)	0.014 (0.147)	– 0.063 (– 1.206)	0.008 (0.232)	– 0.009 (– 0.092)	– 0.067 (– 1.298)
Obs	6103	2342	3761	6103	2342	3761
R – squared	0.006	0.018	0.018	0.006	0.020	0.013

注：本表是基于式（5.11）的差分回归。回归系数下括号内的数据代表了回归系数的标准误。$D\_\mid DD\_eq$ 为用 DD 模型测度的异常应计项目绝对值与上年数值之差；$D\_DD\_eq(+)$ 和 $D\_DD\_eq(-)$ 是按照 D_DD_eq 的原始值是否大于 0 进行的分组；D_Long_ratio 和 D_Short_ratio 分别代表了长期投资者与短期投资者这两类共同基金各自所持有的上市公司股票的比例与上一年数值之差；ln*Size* 是公司规模的自然对数；ln*MB* 是公司的市值账面比的自然对数；*TO* 是股票日均换手率；*Duality*：虚拟变量，董事长与总经理两职合一，取 1，否则取 0；*Out_ratio*：独立董事占董事会的比例；*Top*1：第一大股东持股比例；*Top*2_10：第二至十大股东持股比例之和；*CR_5*：公司前五大股东持股比例之和；*Obs* 为观测值数量；*R – squared* 为 $R2$；*、** 和 *** 分别表示 10%、5% 和 1% 的显著性水平。

由表 5 – 5 和表 5 – 6 的回归结果来看，一方面，作为长期投资者的共同基金和以短期投资盈利为目的的短期基金对公司盈余的影响是存在明显区别的。可以看到，在当期或是差分回归中，作为长期投资者的基金持股比例与公司的负向应计项目值均呈显著负相关关系，意味着长期基金的存在会减缓公司的负向盈余管理行为，的确起到了对公司管理层的"监管效应"。他们借助自身的信息优势，能够与上市公司进行更好的沟通，大规模的投资和注重长期收益的视野也促使他们积极地参与公司治理，对公司管理层进行合理监督，迫使公司管理层减少利润操纵等损害会计信息公允性的行为，进而提高会计盈余的质量，从而获得超额回报，作为长期基金承担监督成本和不确定风险的补偿。这与我们的假说 2 "监管效应" 相符。

另一方面，我们也发现短期基金的投资行为有很大差异，表 5 – 5 中短期基金持股比例与公司的应计项目绝对值以及正向应计项目均呈显著正相关关系,在差分检验中绝对值项虽不显著,但符号也与我们预期一致。可见短期投资者持股的增加反而会显著降低上市公司的盈余质量,特别是正向盈余管理行为显著提升。这与我们预先提出的假说3"投机效应"相符合,也恰恰反映了我国资本市场上的部分机构投资者的实际情况,相对于长期价值投资者,他们更倾向于支持管理层通过盈余管理来掩盖亏损或低利润,以期望在短期内出售股票进而获利。实证中我们也发现短期基金与负向应计项目并不显著,因为负向盈余管理不利于管理层获得短期收益,负向盈余管理会暂时压低股价,使其持有股票市值下降,而管理层持股比例固定,也不能趁低吸入更多股票,因此相对于正向盈余管理行为,他们很少有动机进行压低利润的负向盈余管理行为从而降低公司财务报告的质量。

根据薄仙慧和吴连生(2009)基于中国上市公司混合面板数据的实证研究结果,他们发现机构投资者对盈余管理的抑制作用仅显著体现在非国有公司中,并无助于降低国有控股企业的盈余管理水平。邓克斌和唐小艳(2010)对其原因解读为国有控股公司享有更多的政治资源,而短期内这些政治资源与盈余管理息息相关,短视的机构投资者不会促使国有控股企业降低盈余管理。由于研究视角的关系,我们在此并没有探讨这些短期基金是否作用在国有股或非国有股中,但是通过区分长短期基金,我们确实可以将它们各自在公司治理中所起的作用区分开来。我们认为,中国资本市场作为一个新兴市场,又根植于中国转轨经济中,导致中国资本市场存在很多待完善的方面,市场投机性较强,市场监管和相关法律制度对投资者的利益保护较弱;而机构投资者在政府推动下快速发展,本身也呈现良莠不齐的发展态势。在中国市场这样一个特定的条件下,不可否认存在着大量短视的机构投资者,无论这种短视源于机构投资者本身还是政治干预等因素,他们凭借自身的信息优势和专业化的管理,通过频繁的交易短暂持有公司股票和与管理者合谋等手段操纵盈余,的确降低了公司的盈余质量。

最后,针对假说4、假说5,我们按上市公司信息不对称程度分成不对称程度较低(*Low*)和不对称程度较高(*High*)两组,并分别考察在不同的信息环境中长短期基金持股比例对盈余质量的影响。考察方法同样分为当期回归和差分回归,回归结果如表5-7、表5-8所示。

表 5 – 7　　信息不对称分组后长短期基金与盈余质量的回归结果

	Low						High					
	|DD_eq|	DD_eq(+)	DD_eq(-)	|DD_eq|	DD_eq(+)	DD_eq(-)	|DD_eq|	DD_eq(+)	DD_eq(-)	|DD_eq|	DD_eq(+)	DD_eq(-)
Long_ratio	-0.002 (-0.075)	0.001 (0.016)	0.066** (2.369)				-0.017 (-0.815)	0.000 (0.004)	0.013 (0.412)			
Short_ratio				0.033** (2.356)	0.002 (0.093)	0.004 (0.189)				0.042*** (2.586)	0.025 (0.907)	-0.037 (-1.513)
TO	-0.000 (-1.392)	-0.001** (-2.432)	-0.000 (-0.838)	-0.000 (-1.142)	-0.001** (-2.374)	-0.000 (-1.000)	-0.000 (-0.422)	-0.001 (-1.335)	-0.000 (-1.173)	-0.000 (-0.126)	-0.001 (-1.213)	-0.000 (-1.324)
Duality	0.002 (0.561)	0.002 (0.372)	0.001 (0.144)	0.002 (0.471)	0.002 (0.357)	0.000 (0.103)	0.002 (0.591)	0.009 (1.202)	0.004 (1.051)	0.002 (0.579)	0.009 (1.206)	0.004 (1.088)
Out_ratio	0.012 (1.627)	0.013 (0.877)	-0.007 (-0.856)	0.012* (1.668)	0.013 (0.875)	-0.007 (-0.865)	-0.022** (-2.984)	-0.006 (-0.316)	0.033*** (3.957)	-0.022*** (-2.964)	-0.006 (-0.315)	0.033*** (3.945)
Top1	-0.091** (-2.200)	-0.028 (-0.345)	0.089* (1.658)	-0.114*** (-2.761)	-0.029 (-0.362)	0.116** (2.144)	-0.039 (-1.014)	0.028 (0.320)	-0.048 (-1.043)	-0.080** (-2.052)	-0.002 (-0.020)	-0.022 (-0.483)
Top2_10	-0.047 (-1.345)	-0.029 (-0.431)	0.050 (1.128)	-0.071** (-2.023)	-0.031 (-0.447)	0.075* (1.690)	-0.034 (-1.011)	-0.024 (-0.326)	-0.053 (-1.330)	-0.073** (-2.171)	-0.053 (-0.685)	-0.028 (-0.700)
CR_5	0.075* (1.885)	0.049 (0.646)	-0.068 (-1.319)	0.096** (2.420)	0.051 (0.655)	-0.091* (-1.772)	0.025 (0.665)	0.007 (0.084)	0.070 (1.604)	0.063* (1.681)	0.035 (0.414)	0.046 (1.049)

续表

	Low						High					
	$\lvert DD\_eq \rvert$	$DD\_eq(+)$	$DD\_eq(-)$	$\lvert DD\_eq \rvert$	$DD\_eq(+)$	$DD\_eq(-)$	$\lvert DD\_eq \rvert$	$DD\_eq(+)$	$DD\_eq(-)$	$\lvert DD\_eq \rvert$	$DD\_eq(+)$	$DD\_eq(-)$
$lnSize$	0.012*** (6.413)	0.024*** (6.922)	-0.002 (-0.691)	0.011*** (6.304)	0.024*** (6.980)	-0.002 (-0.811)	0.005*** (3.261)	0.024*** (7.119)	0.008*** (4.271)	0.004*** (2.653)	0.023*** (6.876)	0.008*** (4.594)
$lnMB$	-0.003 (-1.090)	-0.005 (-0.965)	-0.001 (-0.406)	-0.003 (-1.394)	-0.005 (-1.015)	0.000 (0.010)	0.003 (1.635)	-0.013*** (-2.880)	-0.008*** (-4.196)	0.003 (1.515)	-0.013*** (-2.917)	-0.008*** (-4.179)
$Constant$	-0.217*** (-5.541)	-0.494*** (-6.434)	0.004 (0.076)	-0.211*** (-5.396)	-0.494*** (-6.459)	0.009 (0.166)	-0.047 (-1.635)	-0.469*** (-6.638)	-0.214*** (-5.861)	-0.029 (-0.989)	-0.458*** (-6.393)	-0.228*** (-6.194)
Obs	3834	1606	2228	3834	1606	2228	3830	1412	2418	3830	1412	2418
$R-squared$	0.039	0.110	0.018	0.041	0.110	0.014	0.025	0.114	0.032	0.028	0.115	0.034

注：本表是按信息不对称程度分组后基于式（5.10）的回归。回归系数下括号内的数据代表了回归系数的标准误。$\lvert DD\_eq \rvert$为用 DD 模型测度的异常应计项目绝对值，值越高表明盈余质量越低；$DD\_eq(+)$和$DD\_eq(-)$是按照DD_eq的原始值是否大于 0 进行的分组；$Long\_ratio$和$Short\_ratio$分别代表了长期投资者与短期投资者这两类共同基金各自所持有的上市公司股票的比例；$lnSize$是公司规模的自然对数；$lnMB$是公司的市值账面比的自然对数；TO是股票日均换手率；$Duality$：虚拟变量，董事长与总经理两职合一，取 1，否则取 0；Out_ratio：独立董事占董事会的比例；$Top1$：第一大股东持股比例；$Top2\_10$：第二至十大股东持股比例之和；CR_5：公司前五大股东持股比例之和；$R-squared$为$R2$；*、**和***分别表示 10%、5%和 1%的显著性水平。

表 5 - 8　信息不对称分组后长短期基金与盈余质量的差分回归结果

	Low						High					
	$D\_\|DD\_eq$	$D\_DD\_eq(+)$	$D\_DD\_eq(-)$	$D\_\|DD\_eq$	$D\_DD\_eq(+)$	$D\_DD\_eq(-)$	$D\_\|DD\_eq$	$D\_DD\_eq(+)$	$D\_DD\_eq(-)$	$D\_\|DD\_eq$	$D\_DD\_eq(+)$	$D\_DD\_eq(-)$
D_Long	-0.026 (-1.169)	-0.036 (-0.789)	0.105*** (2.826)				0.041* (1.907)	0.091* (1.829)	0.088** (2.462)			
D_Short				0.012 (0.756)	0.011 (0.355)	-0.019 (-0.639)				0.019 (1.160)	0.050 (1.323)	-0.012 (-0.403)
TO	0.000 (0.435)	-0.001 (-0.716)	-0.002*** (-3.999)	0.000 (0.448)	-0.001 (-0.747)	-0.002*** (-4.115)	0.001** (2.208)	0.001 (0.767)	-0.001** (-2.218)	0.001** (2.168)	0.001 (0.874)	-0.001** (-2.225)
Duality	-0.002 (-0.401)	0.017 (1.219)	0.003 (0.331)	-0.002 (-0.384)	0.017 (1.281)	0.003 (0.403)	-0.001 (-0.216)	-0.012 (-0.719)	-0.002 (-0.277)	-0.001 (-0.168)	-0.009 (-0.588)	-0.002 (-0.273)
Out_ratio	0.026** (2.208)	0.048* (1.675)	-0.007 (-0.421)	0.026** (2.237)	0.048* (1.689)	-0.006 (-0.352)	-0.015 (-1.271)	-0.006 (-0.167)	0.027* (1.722)	-0.016 (-1.326)	-0.012 (-0.315)	0.026* (1.690)
Top1	-0.117* (-1.757)	-0.140 (-0.849)	0.019 (0.176)	-0.125* (-1.866)	-0.143 (-0.861)	0.046 (0.409)	-0.049 (-0.802)	0.060 (0.316)	-0.086 (-1.003)	-0.048 (-0.771)	0.039 (0.201)	-0.055 (-0.634)
Top2_10	-0.084 (-1.506)	-0.143 (-1.026)	-0.032 (-0.359)	-0.092 (-1.635)	-0.146 (-1.040)	-0.006 (-0.067)	-0.028 (-0.540)	0.024 (0.148)	-0.099 (-1.353)	-0.025 (-0.474)	0.013 (0.077)	-0.066 (-0.894)
CR_5	0.150** (2.303)	0.209 (1.300)	-0.087 (-0.814)	0.156** (2.391)	0.209 (1.299)	-0.108 (-1.000)	0.053 (0.901)	0.070 (0.381)	0.093 (1.136)	0.050 (0.854)	0.085 (0.456)	0.066 (0.803)

续表

	Low						High					
	D_|DD_eq|	D_DD_eq(+)	D_DD_eq(-)	D_|DD_eq|	D_DD_eq(+)	D_DD_eq(-)	D_|DD_eq|	D_DD_eq(+)	D_DD_eq(-)	D_|DD_eq|	D_DD_eq(+)	D_DD_eq(-)
lnSize	0.002 (0.519)	-0.008 (-1.184)	-0.002 (-0.297)	0.002 (0.640)	-0.008 (-1.100)	-0.001 (-0.253)	-0.001 (-0.639)	0.003 (0.472)	0.008** (2.387)	-0.001 (-0.551)	0.005 (0.638)	0.008** (2.395)
lnMB	0.003 (0.796)	0.030*** (2.936)	0.009 (1.308)	0.002 (0.536)	0.029*** (2.736)	0.010 (1.513)	0.003 (1.133)	-0.003 (-0.296)	-0.002 (-0.454)	0.003 (1.151)	-0.003 (-0.355)	-0.001 (-0.199)
Constant	-0.072 (-1.095)	0.116 (0.730)	0.072 (0.626)	-0.079 (-1.185)	0.108 (0.674)	0.062 (0.535)	0.028 (0.612)	-0.113 (-0.756)	-0.192*** (-2.764)	0.025 (0.532)	-0.134 (-0.894)	-0.198*** (-2.836)
Obs	3067	1269	1798	3067	1269	1798	3036	1073	1963	3036	1073	1963
R - squared	0.010	0.033	0.035	0.010	0.032	0.028	0.009	0.024	0.020	0.008	0.020	0.015

注：本表是按应计项目不对称程度分组后基于式（5.11）的差分回归。回归系数下括号内的数据信息代表了回归系数的标准误差。$D\_|DD\_eq|$ 为用 DD 模型测度的异常应计项目绝对值与上年数值之差；$D\_DD\_eq(+)$ 和 $D\_DD\_eq(-)$ 是按照 D_DD_eq 的原始值是否大于 0 进行的分组；D_Long 和 D_Short 分别代表了长期投资者与短期投资者这两类共同基金各自所持有的上市公司股票的比例与上一年数值之差；$lnSize$ 是公司规模的自然对数；$lnMB$ 是公司的市值账面比的自然对数；TO 是股票日均换手率；$Duality$：虚拟变量，董事长与总经理两职合一，取 1，否则取 0；Out_ratio：独立董事占董事会的比例；$Top1$：第一大股东持股比例；$Top2\_10$：第二至十大股东持股比例之和；CR_5：公司前五大股东持股比例之和；Obs 为观测值数量；$R-squared$ 为 $R2$；*、** 和 *** 分别表示 10%、5% 和 1% 的显著性水平。

由表 5−7 和表 5−8 的回归结果可以看出，当信息不对称程度较 *Low* 的时候，作为长期机构投资者的共同基金均与负异常应计项目显著正相关，表明在信息环境较好的条件下，长期基金依然能够起到缓解负向盈余管理、提升公司盈余质量的作用，符合假说 4。但当信息不对称程度提升到 *High* 的情况时，当期回归中表明长期基金的行为与盈余质量并无显著关系，而差分回归中甚至长期基金也出现盈余管理的行为，可见扩张信息渠道、增强上市公司与投资者间信息透明度对促进我国资本市场上长期机构投资者健康发展的重要性。

再者，不论信息不对称程度高低与否，短期基金均体现出了显著的投机性。在信息不对称程度 *Low* 组，短期基金持股比例每增加一单位会使公司盈余质量下降 3.3%，在信息不对称程度 *High* 组，更是使盈余质量下降 4.2%，说明当短期基金参与到那些信息不对称程度更高的公司时，他们会更容易或更倾向于发挥其短视投机获利的特点，在更大程度上操纵盈余，从而使得信息不对称更高的情况下，盈余质量会随着短期机构投资者的加入而进一步降低，与我们的假说 5 相符。

综合长短期基金的表现，我们可以发现，虽然短期基金利用其信息优势频繁交易导致管理层操纵盈余质量的情况时有发生，但是当信息渠道扩张、信息透明度增强的时候，长短期基金均会起到缓解公司盈余质量恶化的作用，上市公司发布的盈余信息将会相对真实可信。说明当存在机构持股时，提高信息透明对于缓解对盈余质量的操纵具有重要意义。由此我们可以通过增强信息披露和信息透明度来阻止因机构投资者操纵和投机行为而导致的公司盈余质量的下降。

本 章 小 结

本章以 2004~2010 年间沪深两市 A 股一般上市公司为样本，以德肖和迪切夫（Dechow and Dichev，2002）的 *DD* 模型作为盈余质量的计量模型，选取基于特质风险的标准差作为信息不对称的测度，依据颜和张（2009）的基金分类方法，将我国共同基金分为长期和短期基金，将长短期基金各自持有上市公司股票的比例作为机构持股的测度指标，控制了基础变量和公司治理因素，来研究信息不对称的大小以及长短期共同基金的行为是如何影响上市公司的盈余质量的，并按信息不对称程度分类，研究两者对公司盈余质量的交互影响。

研究发现，上市公司信息不对称程度的降低能够提高公司的盈余质量，故提高信息的披露度，扩张信息发布和获取渠道，能够有效地监督和促使管理层发布真实可靠的盈余信息，从而改善上市公司盈余质量。而由于我国资本市场投机性较强，我国共同基金在快速发展的同时本身也呈现出良莠不齐的发展态势，以长期价值投资的长期基金投资者和以短期获利为目标的短期基金投资者皆层出不穷。实证表明，一方面，长期基金的确能够发挥出其对上市公司管理层进行监管的作用，至少能有效地减少管理层掩盖公司目前较好业绩的负向盈余管理行为，使公司盈余质量显著上升；另一方面，短期基金也确实更注重短期投机利益，支持管理层人为调高应计利润或是与管理层合谋等手段掩盖公司当期的低利润，主要通过正向盈余管理行为操纵公司盈余，他们持股的增加会导致盈余质量的显著下降。

进一步对信息不对称程度分组研究发现，由于长短期基金的投资风格和目标差异，当信息不对称程度较低时，长期基金的监管作用得到了很好的施展，使盈余质量提升，而短期基金的投机操纵作用使得盈余质量下滑；而随着信息不对称程度的提升，长期基金的监管作用大大削弱，而短期基金对盈余的操纵却愈来愈甚，使公司盈余质量进一步变差。由此说明完善上市公司的信息披露制度和规范我国机构投资者的行为对于提升上市公司治理意义重大。

第六章
分析师跟踪与企业税收激进研究

第一节　问题的提出

企业通过税收筹划可以达到节税或合理避税的目的，从而可以减少企业需要承担的税负，有利于提升企业价值和最大化股东权益（Graham and Tucker，2006）。然而，企业在实际避税活动中，往往会涉及"暗箱操作"，即通过一系列具有复杂性且不透明的交易来掩饰其避税行为，从而加剧了企业的信息不对称程度。而管理层也会将避税行为作为其行使机会主义的工具（Desai，2005）。因此，越来越多的文献发现，企业的避税行为非但不能提升企业价值，反而由于加剧了企业内部的代理问题和信息不对称，对企业的价值具有负向影响（Chen et al.，2014；陈旭东和王雪，2011）。此外，在委托代理的框架下，由于较多的避税行为往往反映了企业潜在的代理冲突，从而进一步影响了企业的各项活动，包括银行贷款利差（Hasan et al.，2014）、投资效率（刘行和叶康涛，2013；王静等，2014）等。同时，由于避税活动中的不透明性，潜在隐藏的坏消息可能导致企业股票在未来具有更高的崩盘风险（Kim et al.，2011；江轩宇，2013）。

以往的研究从解决企业内部的代理冲突或提高公司治理的角度出发，发现国税局或地方政府的税收征管能力能够显著影响企业的税收激进行为（Hoopes et al.，2012；江轩宇，2013；张玲和朱婷婷，2015）。同时，作为外部治理机制，机构投资者和审计监督均能够在一定程度上抑制企业的税收激进行为（Cheng et al.，2012；陈东和唐建新，2013；金鑫和雷光勇，2011）。

本章拟从分析师跟踪的角度，考察分析师跟踪对企业税收激进程度的影响。一方面，证券分析师具有较多的行业知识和投资经验，能够较好地解读企业复杂的财务信息，从而迅速地发现企业存在的问题，进而对企业发挥监管作用（李春涛等，2014）。另一方面，分析师通过跟踪上市公司并发布盈利预测报告的形式，扮演了信息披露的角色，从而增加了上市公司的信息透明度（Roulstone，2003；Kelly and Ljungqvist，2012；Balakrishnan et al.，2014）。因此，分析师跟踪能够了解企业复杂的避税活动，同时降低因避税行为而导致的信息不透明度。这均表明分析师跟踪能够对企业税收激进行为起到监督效应。

然而，由于分析师的预测还会对企业高管构成压力，上市公司高管会为了避免利润无法达到分析师的一致预期，而被迫采取行为调整利润（Graham et al.，2005；Irani and Oesch，2014）。高管的这种"短视"行为，会迫使他们选择通过避税活动调整企业利润以达到分析师的一致预期。这反映了分析师跟踪对企业税收激进行为的压力效应。因此，本章通过实证检验以考察分析师跟踪到底是会抑制还是会增加企业的税收激进行为。

本章的贡献主要体现在以下几个方面。

首先，本章的结论支持了分析师跟踪的"监督效益"。尽管国外有不少文献在探讨证券分析师的治理作用（Chen et al.，2015），国内有关分析师对上市公司的监管和治理作用仍然还较为缺乏，因此本书的结论对我国分析师所扮演的监管角色提供了补充证据。

其次，现有文献大多考察了企业避税行为或税收激进程度的经济后果（Kim et al.，2011；Chen et al.，2014；Hasan et al.，2014；陈旭东和王雪，2011；刘行和叶康涛，2013；江轩宇，2013），而对企业税收激进程度的影响因素也多从税收征管或企业内部的委托代理问题出发。本章选择分析师跟踪的角度，体现了外部治理机制对企业税收激进程度的影响作用。

最后，本章从多个方面讨论了信息传递效率对分析师跟踪与企业税收激进程度关系的边际效应。这对于改善上市公司的信息环境，从而促进外部治理机制的监督效果有着重要的指导意义。

本章其他内容安排如下：第二节为相关文献综述与研究假设的提出；第三节为数据来源、变量说明以及实证模型的构建；第四节为实证分析结果；第五节为扩展性分析；第六节为稳健性分析；最后是本章小结。

第二节　理论依据与研究假设

一、企业税收激进

企业实施税收筹划的主要方式包括节税和避税，而企业在节税与避税中的"暗箱操作"行为则被称为税收激进活动。企业通过税收筹划能够使现金流支出最小化，从而保证股东权益的最大化（Graham and Tucker，2006）。因此，企业通过避税能够减小税负，有利于提升企业价值。

然而，企业税收激进行为往往会由于避税活动中的复杂性而降低了企业的信息透明度，进而会加剧企业内部的代理问题和信息不对称。因此，近年来，更多的文献开始在委托代理的框架下考察企业避税行为的影响（Hanlon and Heitzman，2010）。德赛（Desai，2005）结合案例分析，为管理层如何将避税行为作为其行使机会主义的工具提供了详细证据。德赛和达马帕拉（Desai and Dharmapala，2006）发现，为了进行避税活动，企业会采用复杂且不透明的交易来加以掩饰，这为管理层实施盈余操纵、关联交易等利益侵占行为提供了机会。他们指出，企业避税行为与管理转移是相互补充的关系，通过给予管理层更多的激励措施（如股权激励）能够减少避税行为，使得管理层与股东的利益达到一致。陈等（2010）发现，与非家族企业相比，家族企业往往具有更低的避税行为，这意味着家族企业的管理者倾向于选择放弃避税带来的利益，而通过减少避税行为以降低潜在的代理冲突问题带来的成本。此外，瑞金和威尔逊（Rego and Wilson，2012）指出，股东通常认为企业的避税行为更可能属于产生风险的活动，而并不会给企业增加价值。哈桑等（Hasan et al.，2014）发现，较高的税收激进行为会提高企业获得银行贷款的利差。国内方面，吕伟等（2011）

发现，企业的避税行为由于具有复杂性和专业性，会干扰市场理解和吸收企业披露以及传递的信息。刘行和叶康涛（2013）认为，避税活动由于加剧了企业内部的信息不对称程度，且会扭曲激励契约从而引发代理问题。他们发现，企业的避税程度越高，投资效率越低。与刘行和叶康涛（2013）的结论相似，王静等（2014）发现，税收规避程度越高的公司，其过度投资现象也越严重。同时，公司的避税活动加剧了管理者的在职消费。叶康涛和刘行（2014）采用联立方程模型估计方法，发现上市公司避税程度越高，内部代理成本也越高。上述研究均表明，企业的避税行为更多地反映了企业内部的代理冲突问题。

由于企业的税收激进程度往往体现了其内部的代理问题，因此，税收激进程度越高，对企业的价值也会产生不利影响。陈等（2014）以及陈旭东和王雪（2011）均指出，我国上市公司的税收规避行为会降低企业价值。金等（2011）以及江轩宇（2013）均发现，企业的避税行为越激进，股价未来的崩盘风险越大。

从解决企业内部的代理冲突或提高公司治理的角度出发，学者发现国税局的监管及地方政府的税收征管能力能够影响企业的税收激进行为（Hoopes et al.，2012；江轩宇，2013；张玲和朱婷婷，2015）。同时，外部治理方面，成等（2012）发现对冲基金在进入公司时，会减少企业的避税行为，且在进入公司后，企业会通过增加合法节税的措施来合理有效地规避税收。陈东和唐建新（2013）以及金鑫和雷光勇（2011）利用我国上市公司数据，分别发现机构投资者和审计监督能够抑制企业的税收激进活动。

二、分析师跟踪的"监督效应"

分析师在资本市场上通常扮演了监管者的角色，从而可以监督和抑制管理层的行为（Jensen and Meckling，1976）。梅奥等（Moyer et al.，1989）较早地利用实证检验的方法验证了詹森和梅克林（Jensen and Meckling，1976）的假说，发现当公司存在潜在的代理问题时，证券分析师能够充当监管者的角色。成等（2000）发现与大陆法系国家（civil-law countries）

相比，普通法系国家（common-law countries）中的分析师跟踪行为较少，反映分析师在弱投资者保护的国家区域中可能发挥了更重要的作用。与成等（2000）的发现类似，孙（Sun，2009）发现在投资者保护较弱的国家当中，分析师跟踪扮演了更重要的治理角色。基于以往的文献，分析师的监督作用主要表现在两个方面。

一方面，分析师具有较多的行业知识和投资经验，能够较好地解读企业复杂的财务信息，从而迅速地发现企业存在的问题，进而对企业发挥监管作用（李春涛等，2014）。米勒（2006）发现，媒体对于企业会计造假具有监管作用，而媒体主要的信息来源之一就是分析师对企业的报告。戴克等（2010）发现，证券分析师通常以揭发者的身份首先察觉企业的欺诈问题。于（2008）发现，随着跟踪上市公司的分析师数目的增加，企业的应计盈余管理行为随之减少。伊拉尼和奥谢（2013）利用券商合并的外生事件，发现分析师跟踪数目的减少会导致上市公司财务报告质量的恶化。格雷厄姆等（2014）发现，当上市公司被较多的分析师跟踪时，其管理层会更加担心企业的税收筹划被媒体进行负面报道。在最近的一篇文章中，陈等（2015）同样利用券商的倒闭和合并事件，发现分析师跟踪人数的减少会导致股东对内部现金持有估值的降低，企业 CEO 具有较高的超额薪酬，管理层更容易执行有损企业价值的并购行为，并且更多地进行盈余管理活动。国内方面，袁春生（2012）发现分析师有助于减轻机构投资者被舞弊公司误导的程度。袁春生等（2013）指出，我国证券分析师能够识别出发生财务舞弊的公司，并通过股票投资评级向市场传递信息，因此具备对舞弊上市公司的警示能力。李春涛等（2013）基于中国上市公司与分析师数据，同样也发现分析师跟踪能够降低企业的应计盈余管理行为。

另一方面，分析师在发布研究报告或进行盈利预测的同时，实际上也扮演了信息披露的角色，从而能够增加上市公司的信息透明度。罗尔斯登（2003）利用联立方程回归模型检验了分析师跟踪与市场流动性之间的关系，发现分析师跟踪人数增加能够提高市场的流动性，表明分析师在资本市场上能够起到提供公开信息的作用。凯利和林奎斯特（Kelly and Ljungqvist，2012）以及巴拉科瑞斯南等（Balakrishnan et al.，2014）均发现了类似的结论。奥特洛斯基和罗尔斯登（2004）研究发现，分析师能够提高股价中的行业信息含量。德里安和凯克斯（Derrien and Kecskés，2013）利用券商倒闭和合并导致上市公司受到分析师关注人数变化的外生冲击事件，发现当跟踪上市公司的分析师人数减少的时候，公司的信息透明度会随之降低。薛祖云和王冲（2011）发现，我国证券分析师在资本市场上，同时扮演了信息竞争和信息补充两种角色，即在盈余公告前更倾向于披露年报中尚未披露的信息，而在盈余公告后倾向于解读年报中的信息并对其进行补充。徐欣和唐清泉（2010）认为，分析师的跟踪能够为企业的研发活动提供信息，且有利于资本市场对企业研发活动价值的认同。同时，朱红军等（2007）和姜超（2013）均发现，我国证券分析师能够增加股票价格的公司特质信息含量，促进资本市场的效率。此外，在我国投资者法律保护政策尚不理想的情况下，证券分析师还可以作为一种有效的法律外替代机制，降低信息不透明度（潘越等，2011）。

当企业税收激进程度较高时，企业内部可能存在潜在的代理冲突。而分析师对上市公司的跟踪不仅可以抑制管理层的机会主义行为，同时还能够增加上市公司的信息透明度。分析师的监管效应将会对企业的税收激进行为起到抑制作用。据此，本文提出假说1：

假说1：分析师跟踪人数越多，企业的税收激进程度越低。（监督效应）

三、分析师跟踪的"压力效应"

尽管分析师跟踪存在监督效应，但不可否认的是，由于分析师的预测会对企业高管构成压力，这种"压力效应"最终会导致高管出现"短视"行为（Graham et al.，2005）。例如，上市公司的利润需要达到分析师对公司盈余的一致预期，否则会被投资者认为企业的业绩出现预期外的下降而导致不利的市场反应（Brown and Caylor，2005），或者是由于没有达到预期而引起高管更替（Mergenthaler et al.，2012）。

何和田（2013）利用券商倒闭或并购事件引起的分析师跟踪人数的外生变化，发现随着分析师跟踪人数的增加，企业会减少创新行为。他们认为，这是由于高管受到分析师的压力而减少了企业的长期创新投资项目所造成的。伊拉尼和奥谢（Irani and Oesch，2014）同样发现，由于受到分析师的压力，高管会增加企业的真实盈余管理活动以提高短期业绩。

当分析师跟踪对上市公司高管构成"压力效应"时，由于企业的避税活动能够为管理层实施盈余操纵提供机会（Desai and Dharmapala，2006），因此高管迫于压力，会选择通过避税活动调整企业利润以达到分析师的一致预期。据此，本文提出假说2：

假说2：分析师跟踪人数越多，企业的税收激进程度越高。（压力效应）

第三节 数据来源及研究设计

一、数据来源及处理

本书的研究样本为沪深两市 2003～2013 年 A 股上市公司。书中所使用的公司财务数据和分析师关注数据均来自 CSMAR 数据库，机构持股比例数据和企业名义所得税率来自 Wind 数据库。对于初始数据，我们还进行了如下处理：（1）剔除金融类上市公司；（2）剔除杠杆率大于 1 的样本数据；（3）剔除关键变量缺失的样本；（4）为了消除异常值的影响，对所有连续型变量，在 1% 和 99% 分位数上进行 Winsorized 处理。最终，本章的样本包括 2017 个上市公司，共计 12897 个公司—年度样本。

二、研究设计

1. 被解释变量：企业税收激进程度

在实证研究中，对于企业税收激进程度的衡量存在多种方法（Hanlon and Heitzman，2010）。参考李维安和徐叶坤（2009）、刘行和叶康涛（2013）以及江轩宇（2013），我们主要采用两种方法来衡量企业的避税程度。第一种方法是会计—税收差异（BTD），即［息税前利润－（所得税费用－递延所得税费用）/名义所得税率］/期末总资产。BTD 取值越大，意味着企业税收激进程度越高。

第二种方法是采用扣除应计利润影响之后的会计—税收差异（DD-BTD）。尽管会计—税收差异能够在一定程度上反映企业的税收规避行为，然而该指标并没有考虑盈余管理对企业避税行为的影响。借鉴德森和达马帕拉（2006）的做法，我们通过以下模型来估计扣除应计利润影响之后的会计—税收差异：

$$BTD_{i,t} = \alpha TACC_{i,t} + \mu_i + \varepsilon_{i,t} \tag{6.1}$$

其中，BTD 为会计—税收差异。TACC 为总应计利润，定义为（净利润－经营活动产生的现金流净额）/总资产。μ_i 表示公司 i 在样本期间内残差的平均值，$\varepsilon_{i,t}$ 表示 t 年度残差与公司平均残差 μ_i 的偏离度。然后，按照下列式子计算得到扣除应计利润影响之后的会计—税收差异（DDBTD）：

$$DDBTD_{i,t} = \mu_i + \varepsilon_{i,t} \tag{6.2}$$

与 BTD 类似，DDBTD 的取值越大，表明企业的税收激进程度越高。

2. 解释变量：分析师跟踪测度

参考于（2008）和李春涛等（2014）的做法，我们将分析师跟踪定义为跟踪一个上市公司的券商数目的自然对数值（Analyst）。

3. 控制变量

参考李维安和徐叶坤（2009）、戴伦等（Dyreng et al.，2010）以及李等（Li et al.，2014），我们控制了如下变量：公司总资产的自然对数值 Size、公司资产负债率 Leverage、总资产收益率 ROA、投资回报率 ROI、现金持有比率 Cash、固定资产比率 PPE、无形资产比率 Intangible、市值账面比率 MB、第一大股东持股比例 Block、企业亏损虚拟变量 Loss、总应计利润 TAAC 以及存货比率 Inventory。此外，在回归模型中，我们还引入了行业和年度虚拟变量，以控制行业和年度效应。变量的详细定义见表 6 - 1：

表 6 - 1   变量定义

变量名	变量定义
BTD	企业的会计 - 税收差异，定义为 [息税前利润 - (所得税费用 - 递延所得税费用)/名义所得税率]/期末总资产
DDBTD	企业扣除应计利润影响之后的会计 - 税收差异，参考 Desai and Dharmapala (2006) 计算所得

变量名	变量定义
Analyst	分析师跟踪测度，定义为跟踪上市公司的券商数目的自然对数值
Size	公司规模，定义为总资产的自然对数值
Leverage	杠杆率，定义为总负债除以总资产
ROA	总资产收益率
ROI	投资回报率，定义为本期投资收益/（长期股权投资本期期末值＋持有至到期投资本期期末值＋交易性金融资产本期期末值＋可供出售金融资产本期期末值＋衍生金融资产本期期末值）
Cash	现金持有比率，定义为期末现金及现金等价物余额/总资产
PPE	固定资产比率，定义为固定资产净额/总资产
Intangible	无形资产比率，定义为无形资产净额/总资产
MB	市值账面比率
Block	第一大股东持股比例
Loss	企业亏损虚拟变量，若企业当期净利润小于0，则取值为1，否则为0
TAAC	总应计利润，定义为（净利润－经营活动产生的现金流净额）/总资产
Inventory	存货比率，定义为存货净额/总资产

4. 回归模型

针对假说，我们采用模型（6.3）来检验分析师跟踪与企业税收激进程度的关系，模型如下：

$$
\begin{aligned}
Tax\ Avoidance_{i,t} = & \beta_0 + \beta_1 Analyst_{i,t} + \beta_2 Size_{i,t} + \beta_3 Leverage_{i,t} + \beta_4 ROA_{i,t} \\
& + \beta_5 ROI_{i,t} + \beta_6 Cash_{i,t} + \beta_7 PPE_{i,t} + \beta_8 Intangible_{i,t} \\
& + \beta_9 MB_{i,t} + \beta_{10} Block_{i,t} + \beta_{11} Loss_{i,t} + \beta_{11} TAAC_{i,t} \\
& + \beta_{11} Inventory_{i,t} + \sum \gamma_m Year_m + \sum \phi_n Ind_n + \varepsilon_{i,t}
\end{aligned}
$$

$$(6.3)$$

其中，因变量 $Tax\ Avoidance_{i,t}$ 表示公司 i 在 t 期的税收激进程度，具体由企业的会计—税收差异 BTD 和扣除应计利润影响之后的会计—税收差异 $DDBTD$ 来度量，其他变量如前所述。若假说 1 成立，即分析师关注能够发挥监督作用，从而减少企业税收激进程度，则 β_1 应显著为负。相对地，若假说2成立，则表明公司可能受到分析师关注的压力（如：为了调高利润），从而导致企业可能增加税收激进程度，则β_1应显著为正。

第四节 实证结果分析

一、描述性统计

表6-2首先给出了样本在各年度是否被分析师关注的分布情况。可以发现，被分析师关注的公司数目基本处于逐年增加的趋势，至2013年，样本内有1178家上市公司受到了分析师关注。

表6-2   样本各年度分布

年份	分析师是否关注		
	无分析师关注	有分析师关注	合计
2003	662	264	926
2004	695	292	987
2005	568	471	1039
2006	374	470	844
2007	401	557	958
2008	305	739	1044
2009	217	940	1157
2010	228	1021	1249
2011	233	1187	1420
2012	380	1217	1597
2013	498	1178	1676
合计	4561（35.36%）	8336（64.64%）	12897（100%）

表6-3是主要变量的描述性统计结果。*BTD*与*DDBTD*的平均值分别

为 0.002 和 0.005，表明样本内公司的平均应纳税所得额小于会计利润，标准差均为 0.049，说明各企业之间的税收激进程度也存在明显差异。*Analyst* 的均值为 1.156，表明每家上市公司平均有 3.2 个分析师关注（$e^{1.184} \approx$ 3.2），标准差为 1.093，反映出公司在受到分析师关注的程度上也具有较显著的差异。

表 6 – 3 描述性统计

变量名	观测值	均值	标准差	最小值	中位数	最大值
BTD	12897	0.002	0.049	– 0.209	0.006	0.154
DDBTD	12897	0.005	0.049	– 0.186	0.009	0.146
Analyst	12897	1.156	1.093	0.000	1.099	3.871
Size	12897	21.784	1.183	19.488	21.631	25.522
Leverage	12897	0.490	0.196	0.064	0.502	0.904
ROA	12897	0.039	0.057	– 0.186	0.034	0.214
ROI	12897	0.303	1.363	– 1.514	0.046	10.876
Cash	12897	0.115	0.128	0.000	0.083	0.584
PPE	12897	0.267	0.180	0.003	0.234	0.757
Intangible	12897	0.043	0.051	0.000	0.028	0.300
MB	12897	2.070	1.260	0.872	1.654	7.682
Block	12897	0.375	0.158	0.091	0.356	0.750
Loss	12897	0.093	0.290	0.000	0.000	1.000
TAAC	12897	– 0.012	0.078	– 0.254	– 0.013	0.224
Inventory	12897	0.173	0.154	0.000	0.135	0.742

表 6 – 4 为主要变量之间的相关系数矩阵。由表 6 – 4 可以发现，两个衡量企业税收激进程度的指标 *BTD* 与 *DDBTD* 的相关系数为 0.90。而分析师跟踪测度 *Analyst* 与 *BTD* 和 *DDBTD* 的相关系数分别为 0.07 和 0.02，反映出分析师跟踪可能会给企业带来压力，迫使企业通过税收规避的形式来调整利润。然而，相关系数仅反映了变量之间的简单相关关系，在下一部分，我们通过多元回归模型来进一步考察分析师跟踪对企业税收激进程度的影响作用。

表 6 - 4 相关系数矩阵

	BTD	DDBTD	ln(Num)	Size	Leverage	ROA	ROI	Cash	PPE	Intangible	MB	Block	Loss	TAAC	Inventory
BTD	1.00														
DDBTD	0.90	1.00													
Analyst	0.07	0.02	1.00												
Size	0.09	0.08	0.50	1.00											
Leverage	-0.03	0.02	-0.08	0.35	1.00										
ROA	0.45	0.31	0.45	0.12	-0.38	1.00									
ROI	0.01	-0.02	0.00	-0.02	-0.04	0.06	1.00								
Cash	-0.06	-0.10	0.33	-0.01	-0.34	0.29	0.08	1.00							
PPE	0.08	0.23	-0.02	0.08	0.05	-0.10	-0.04	-0.34	1.00						
Intangible	-0.02	0.02	0.01	-0.05	-0.03	-0.03	0.01	-0.03	0.02	1.00					
MB	-0.02	-0.06	0.15	-0.34	-0.32	0.33	0.06	0.34	-0.14	0.07	1.00				
Block	0.03	0.03	0.09	0.23	0.01	0.11	-0.02	-0.10	0.08	-0.08	-0.08	1.00			
Loss	-0.46	-0.34	-0.20	-0.09	0.18	-0.62	-0.03	-0.11	0.08	0.05	-0.04	-0.07	1.00		
TAAC	0.23	-0.20	0.12	0.03	-0.12	0.35	0.07	0.09	-0.35	-0.10	0.08	0.00	-0.29	1.00	
Inventory	-0.07	-0.17	-0.03	0.08	0.29	-0.06	0.04	-0.10	-0.45	-0.20	-0.09	0.02	-0.04	0.24	1.00

二、实证分析

针对假说 1 和假说 2，我们主要考察分析师跟踪与企业税收激进程度之间的关系，结果如表 6-5 所示。

表6-5   分析师跟踪与企业税收激进程度

VARIABLES	BTD	DDBTD
Analyst	-0.007 *** (-11.108)	-0.007 *** (-11.458)
Size	0.000 (0.046)	0.000 (0.165)
Leverage	0.030 *** (9.695)	0.030 *** (9.649)
ROA	0.408 *** (22.905)	0.426 *** (23.325)
ROI	-0.000 (-0.784)	-0.000 (-0.758)
Cash	-0.057 *** (-10.537)	-0.057 *** (-10.416)
PPE	0.017 *** (4.953)	0.018 *** (5.029)
Intangible	-0.001 (-0.082)	-0.000 (-0.018)
MB	-0.005 *** (-8.529)	-0.005 *** (-9.086)
Block	-0.010 *** (-3.116)	-0.010 *** (-3.071)
Loss	-0.036 *** (-17.869)	-0.036 *** (-17.729)

VARIABLES	BTD	DDBTD
TAAC	0.059 *** (9.248)	−0.207 *** (−31.537)
Inventory	−0.035 *** (−7.456)	−0.035 *** (−7.442)
Constant	0.026 * (1.931)	0.024 * (1.773)
Year Effects	Yes	Yes
Industry Effects	Yes	Yes
Obs	12897	12897
R2. adj	0.355	0.358

注：*Obs* 为观测值数目，*R2. adj* 表示调整后的 *R2*，括号内为对应回归系数的 t 值，且已经过公司群聚效应调整。***，** 和 * 分别表示在 1%，5% 和 10% 的显著性水平上拒绝零假设。

表 6 – 5 的结果表明，无论是以 *BTD* 还是 *DDBTD* 作为企业税收激进程度的代理测度，分析师跟踪指标 *Analyst* 的系数均显著为负，且在 1% 的水平上显著。与表 6 – 4 的简单相关系数的结果不同，在控制了其他潜在影响企业税收激进程度的变量之后，多元回归模型结果表明分析师对企业的关注能够发挥外部监管者的作用。一方面，分析师自身具有较多的行业知识以及投资经验，能够较好地解读企业复杂的财务信息，可以更快地发现企业存在的问题。由于企业的管理层在税收规避等活动中可能会发生利益侵占行为（Desai，2005；刘行和叶康涛，2012），因此，税收激进行为通常反映了公司内部的代理问题，会降低企业的盈余质量，降低会计盈余与高管薪酬的敏感性和企业的投资效率（伍利娜和李蕙伶，2007；刘行和叶康涛，2012，2013），进而会降低企业的企业价值（Chen et al.，2014），增加企业股票在未来的崩盘风险（Kim et al.，2011；江轩宇，2013）。作为外部监管者，分析师对企业的关注能够降低企业内部的代理问题，从而能够减少企业过度的税收规避行为。

另一方面，分析师在发布研究报告或进行盈利预测的同时，实际上也扮演了信息披露的角色，从而能够增加上市公司的信息透明度（Derrien and Kecskés，2013；朱红军等，2007；薛祖云和王冲，2011；李春涛等，2013；姜超，2013）。由于企业的税收规避行为往往伴随着信息透明度的降低（Chen et al.，2009；Balakrishnan et al.，2012；唐建新等，2013），同时金等（2011）发现，企业的管理层会通过避税行为来隐藏与企业相关的坏消息，当坏消息集聚到一定程度后会导致企业股票在未来面临更高概率的暴跌风险。作为信息传递的媒介，分析师跟踪能够在一定程度上提高公司的信息透明度，从而降低企业的过度避税行为。

总体而言，我们的结果支持了假说1的监督假说，即分析师跟踪数目越多，企业税收激进程度越低，反映了分析师所发挥的监督职能（Yu，2008；Irani and Oesch，2013；李春涛等，2014）。

从控制变量的回归结果来看，资产负债率（*Levearge*）越高、企业盈利能力（*ROA* 与 *Loss*）较强的企业避税行为相对较多。而现金流（*Cash*）较充裕的企业税收激进的程度较低，这与李维安和徐叶坤（2013）的发现基本类似。同时，我们还发现，企业的固定资产比率（*PPE*）与企业税收激进程度显著正相关，而存货比率（*Inventory*）则与企业税收激进程度显著负相关。

三、工具变量回归

尽管多元回归结果表明，分析师跟踪会显著降低企业的税收激进程度。然而，由于分析师跟踪与企业的税收规避行为之间可能存在互为因果的关系，即企业较低的税收规避行为吸引了更多的分析师来关注。如果存在该内生性问题，则上述回归结果会存在偏误。为了缓解内生性问题，我们综合考虑了于（2008）和李春涛等（2014）的方法，构造了分析师跟踪的工具变量。

第一个工具变量为是否属于沪深300成分股的虚拟变量（*HS*300）。如果上市公司在当年属于沪深300指数的成分股，则虚拟变量 *HS*300 取值为1，否则为0。当上市公司进入成分股时，原来不关注该股票的券商可能会相应调配分析师，而当上市公司退出成分股时，关注该股票的券商也会重新分配分析师以关注更重要的股票（李春涛等，2014）。由于上市公司是否入选成分股对分析师跟踪产生了外生冲击，同时，入选成分股这一事件对企业本身的真实盈余管理并无直接影响。因此，该虚拟变量在理论上是一个比较合适的工具变量。

第二个工具变量是分析师对公司的预期关注倾向 $Expected\ Coverage$，参考于（2008）的做法构造如下：

$$Expected\ Coverage_{i,t,j} = (Brokersize_{j,t}/Brokersize_{j,0}) * Coverage_{i,j,0} \quad (6.4)$$

$$Expected\ Coverage_{i,t} = \sum_{j=1}^{n} Expected\ Coverage_{i,t,j} \quad (6.5)$$

其中，$Coverage_{i,j,0}$ 定义为，如果券商 j 在基准年度发布了关于公司 i 的研究报告（即关注了公司 i），则该变量取值为 1，否则为 0。$Brokersize_{j,t}$ 和 $Brokersize_{j,0}$ 分别表示券商 j 在第 t 期和基准期拥有的分析师数量。该工具变量衡量了分析师对企业的预期关注倾向，这仅与券商所拥有的分析师数量有关，而与企业的税收激进行为无直接关系。由表 6－2 可知，2012 年中被分析师跟踪的公司数目最多，为了尽可能地减少回归样本的缺失，我们以 2012 年作为基准年份。工具变量的回归结果如表 6－6 所示。

表 6－6　　　分析师跟踪与企业税收激进程度（工具变量回归）

VARIABLES	First Stage	Second Stage	
	Analyst	*BTD*	*DDBTD*
Analyst		-0.014^{***} (-8.016)	-0.015^{***} (-8.101)
Size	0.280^{***} (21.348)	0.005^{***} (4.644)	0.005^{***} (4.704)
Leverage	-0.166^{**} (-2.362)	0.023^{***} (6.102)	0.023^{***} (5.920)
ROA	3.611^{***} (13.393)	0.369^{***} (16.346)	0.381^{***} (16.450)
ROI	-0.008 (-1.347)	-0.000 (-1.315)	-0.000 (-1.382)
Cash	0.334^{***} (2.891)	-0.049^{***} (-7.639)	-0.049^{***} (-7.576)

续表

VARIABLES	First Stage	Second Stage	
	Analyst	BTD	DDBTD
PPE	0. 265 *** (3. 391)	0. 020 *** (4. 629)	0. 020 *** (4. 642)
Intangible	− 0. 073 (− 0. 366)	0. 008 (0. 621)	0. 008 (0. 642)
MB	0. 083 *** (7. 225)	− 0. 004 *** (− 4. 753)	− 0. 004 *** (− 5. 031)
Block	− 0. 196 *** (− 2. 748)	− 0. 013 *** (− 3. 184)	− 0. 013 *** (− 3. 204)
Loss	0. 002 (0. 062)	− 0. 041 *** (− 16. 343)	− 0. 041 *** (− 16. 281)
TAAC	0. 207 * (1. 883)	0. 052 *** (6. 812)	− 0. 216 *** (− 27. 365)
Inventory	− 0. 060 (− 0. 612)	− 0. 034 *** (− 5. 647)	− 0. 034 *** (− 5. 593)
HS300	0. 098 *** (3. 187)		
Expected Coverage	0. 055 *** (28. 326)		
Constant	− 5. 714 *** (− 20. 846)	− 0. 058 *** (− 2. 794)	− 0. 061 *** (− 2. 917)
Year Effects	Yes	Yes	Yes
Industry Effects	Yes	Yes	Yes
Obs	9197	9197	9197
R2. adj	0. 682	0. 256	0. 314
Partial R2	0. 231	—	—
Hansen J P − Value	—	0. 412	0. 385

注：Obs 为观测值数目，R2. adj 表示调整后的 R2，括号内为对应回归系数的 z 值，且已经过公司群聚效应调整。 ***，** 和 * 分别表示在 1%，5% 和 10% 的显著性水平上拒绝零假设。

表 6-6 的第一列为工具变量的第一阶段回归结果，可以发现工具变量 *HS300* 与 *Expected Coverage* 的系数均显著为正，与预期一致。其中，第一阶段回归的 *Partial R2* 为 0.231，对应 F 检验的 P 值为 0.000，表明工具变量是合理的。表 6-6 的后两列是分析师跟踪对企业税收激进影响的第二阶段回归结果，在控制了潜在内生性之后，分析师对企业的关注仍然能够抑制企业的税收激进程度。同时 Hansen J 检验的结果表明，两个工具变量均与扰动项无关，符合外生假定。总体而言，工具变量回归结果与之前的结论一致。

第五节　扩展性分析

通过简单最小二乘法与两阶段工具变量回归，上述结果表明分析师对企业的跟踪降低了企业的税收激进程度，从而发挥了"监督效应"。这与以往的文献发现分析师能够通过解读企业财务信息，发现企业存在的问题在直觉上是一致的（李春涛等，2014；Dyck et al.，2010；Irani and Oesch，2013）。

然而，尽管分析师自身能够作为企业与投资者之间的信息"桥梁"，起到信息披露的作用，但企业自身的信息透明度以及分析师个人特征差异也会影响到分析师跟踪对企业的监管效果。因此，本节主要检验企业不同信息透明度以及分析师个人特征对分析师跟踪与企业税收激进程度影响的边际效应。

一、融券制度

以往的研究发现，卖空约束会影响股票的定价效率，这主要是在于卖空约束的存在会导致股价不能有效反映市场上的负面信息。米勒（1977）通过构建模型指出，卖空约束会迫使悲观者由于无法采取卖空股票的交易行为而离开市场，从而使得市场上留下来的大多数是乐观投资者，进而会导致股价向上偏离。常（Chang et al.，2007）利用香港股票市场的数据发现，卖空约束会导致股票价格被高估，并且这种高估现象在投资者意见分歧更大的股票中反映得更加明显，这与米勒（1977）的模型推测一致。同时，卖空约束也会导致与股票相关的坏消息无法及时反映到市场上，因此，一旦坏消息积累到一定程度，就可能发生股价崩盘（Hong and Stein，2003）。

正是由于卖空约束对信息融入股价的效率具有影响，当市场从卖空约束到允许卖空时，这种外生制度的变化能够在一定程度上提高信息在股价中的融入程度，尤其是对坏消息的融入效率。在 2005～2007 年间，美国证券业协会颁布了试点政策，允许 Russell 3000 指数成分股中的任意三分之一股票具有卖空价格测试的豁免权，该政策实际上降低了被选中股票的卖空成本，即减少了卖空约束。方等（Fang et al.，2014）利用该外生事件，发现卖空约束的减少能够有效地降低企业的盈余管理行为，并增加股票的定价效率。马萨等（Massa et al.，2014）利用全球 33 个国家的公司数据，同样也发现卖空能够发挥公司外部治理的职能，减少管理层进行盈余管理的行为。

我国在 2010 年 1 月 8 日正式启动融券业务的试点阶段。2010 年 3 月 19 日，中国证监会公布首批 6 家试点证券公司名单。2010 年 3 月 31 日，融资融券交易试点启动，标的证券共 90 只。至 2013 年，融资融券标的股票达到 500 只。常等（2013）利用中国融资融券试点的外生事件，发现允许融券提高了标的股票的定价效率，并降低了股票收益的波动率。尽管我国融资融券试点对股票定价效率的影响效果可能有限（许红伟和陈欣，2012），陈晖丽和刘峰（2014）仍然发现在成为融资融券标的证券后，其公司的应计盈余管理和真实盈余管理均显著降低，表明在我国资本市场上，融券制度同样具有公司治理效应。

由于融券制度能够提高公司的信息反应度，融券标的股票会进一步提高分析师跟踪的监督效应，我们构造如下模型进行检验：

$$
\begin{aligned}
Tax\ Avoidance_{i,t} = {} & \beta_0 + \beta_1 Analyst_{i,t} + \beta_2 Analyst_{i,t} \times Short_{i,t} + \beta_3 Short_{i,t} + \beta_4 Size_{i,t} \\
& + \beta_5 Leverage_{i,t} + \beta_6 ROA_{i,t} + \beta_7 ROI_{i,t} + \beta_8 Cash_{i,t} + \beta_9 PPE_{i,t} \\
& + \beta_{10} Intangible_{i,t} + \beta_{11} MB_{i,t} + \beta_{12} Block_{i,t} + \beta_{13} Loss_{i,t} + \beta_{14} TAAC_{i,t} \\
& + \beta_{15} Inventory_{i,t} + \sum \gamma_m Year_m + \sum \phi_n Ind_n + \varepsilon_{i,t} \quad (6.6)
\end{aligned}
$$

其中，*Short* 是融券虚拟变量，若公司股票当年属于融券标的则取值为1，否则为0。在该回归中，我们主要关注分析师跟踪与融券虚拟变量的交互项系数 β_2，回归结果如下。

表6-7的结果表明，无论是以 *BTD* 还是 *DDBTD* 作为企业税收激进程度的代理测度，分析师跟踪指标 *Analyst* 与融券虚拟变量 *Short* 的交互项系数均显著为负，分别在1%和5%的显著性水平上显著。该结果表明，当公司股票允许卖空时，会进一步增加分析师跟踪对企业税收激进程度的监督效应，从而体现出融券机制作为信息传递的一种途径，能够显著影响分析师跟踪的监督效果。

表6-7　　　　　　　　　信息传递的边际效应：融券制度

VARIABLES	融券制度	
	BTD	DDBTD
Analyst	-0.006 *** (-10.563)	-0.007 *** (-10.952)
Short	0.009 *** (2.698)	0.008 ** (2.467)
Analyst × Short	-0.004 *** (-2.621)	-0.003 ** (-2.394)
Size	0.000 (0.053)	0.000 (0.158)
Leverage	0.030 *** (9.710)	0.030 *** (9.672)
ROA	0.408 *** (22.922)	0.427 *** (23.339)
ROI	-0.000 (-0.797)	-0.000 (-0.771)
Cash	-0.057 *** (-10.579)	-0.057 *** (-10.460)
PPE	0.017 *** (4.942)	0.018 *** (5.022)

续表

VARIABLES	融券制度	
	BTD	DDBTD
Intangible	− 0.001 （− 0.056）	0.000 （0.005）
MB	− 0.005 *** （− 8.539）	− 0.005 *** （− 9.093）
Block	− 0.010 *** （− 3.130）	− 0.010 *** （− 3.082）
Loss	− 0.036 *** （− 17.853）	− 0.036 *** （− 17.714）
TAAC	0.059 *** （9.255）	− 0.207 *** （− 31.589）
Inventory	− 0.035 *** （− 7.509）	− 0.035 *** （− 7.493）
Constant	0.025 * （1.912）	0.024 * （1.769）
Year Effects	Yes	Yes
Industry Effects	Yes	Yes
Obs	12897	12897
R2. adj	0.355	0.358

注：Obs 为观测值数目，R2. adj 表示调整后的 R2，括号内为对应回归系数的 t 值，且已经过公司群聚效应调整。***，** 和 * 分别表示在 1%，5% 和 10% 的显著性水平上拒绝零假设。

二、股价同步性

股价同步性，亦称股价的"同涨同跌"现象，是指公司股票收益与市场收益变动之间的关系。莫克等（Morck et al.，2000）发现，发达国家的股市往往具有较低的股价同步性，表明越成熟的股票市场以及拥有越完善的法律制度的国家，股价里包含的公司特质信息会越多。古尔等（Gul et al.，2010）利用中国股票市场数据，发现当股价同步性较高时，公司股票的收益会较少地反映盈余信息。股价同步性越高表明公司的股价越容易受到市场走势的影响，而难以反映公司的特质信息，降低了公司信息传递的效率。因此，较低的股价同步性会进一步提高分析师跟踪的监督效应，我们构造如下模型进行检验：

$$Tax\ Avoidance_{i,t} = \beta_0 + \beta_1 Analyst_{i,t} + \beta_2 Analyst_{i,t} \times SYNCH_{i,t} + \beta_3 SYNCH_{i,t}$$
$$+ \beta_4 Size_{i,t} + \beta_5 Leverage_{i,t} + \beta_6 ROA_{i,t} + \beta_7 ROI_{i,t} + \beta_8 Cash_{i,t}$$
$$+ \beta_9 PPE_{i,t} + \beta_{10} Intangible_{i,t} + \beta_{11} MB_{i,t} + \beta_{12} Block_{i,t}$$
$$+ \beta_{13} Loss_{i,t} + \beta_{14} TAAC_{i,t} + \beta_{15} Inventory_{i,t}$$
$$+ \sum \gamma_m Year_m + \sum \phi_n Ind_n + \varepsilon_{i,t} \tag{6.7}$$

其中，$SYNCH$ 是股票的股价同步性测度，参考古尔等（2010）以及王艳艳和于李胜（2013）采用市场模型回归模型的 R^2 计算个股股价的同步性，构造步骤如下：

首先，分公司年度估计如下市场模型：

$$RET_{i,t} = \alpha + \beta_1 MKTRET_t + \beta_2 MKTRET_{t-1} + \beta_3 INDRET_t + \beta_4 INDRET_{t-1} + \varepsilon_{i,t}$$
$$\tag{6.8}$$

其中，$RET_{i,t}$ 为公司股票 i 在第 t 个交易日的个股收益率；$MKTRET_t$ 和 $INDRET_t$ 分别为第 t 个交易日流通市值加权的日市场收益率和行业收益率。在计算行业日收益率时，剔除了 i 公司自身，而仅使用除 i 公司之外的其他处于同一行业的公司股票的收益率计算得到。同时，回归模型中还包含了日市场收益率和行业收益率的滞后一期。该模型能够将股票收益中的市场和行业信息分解出来，从而得到反映公司层面特质信息的部分。在回归过程中，要求每只股票在每年的观测值不少于 200 个。回归得到的拟合优度 R^2 即为股票的股价同步性。

通过回归估计得到 R^2 之后，借鉴杜尔涅夫等（Durnev et al.，2004）的方法，采用如下公式进行转换：

$$SYNCH_i = \ln\left(\frac{R_i^2}{1 - R_i^2}\right) \tag{6.9}$$

其中，$SYNCH$ 即为公司 i 的股价同步性测度。

股价同步性对分析师跟踪的监督效应的影响结果如表6-8所示。

表6-8　　　　　　　　　信息传递的边际效应：股价同步性

VARIABLES	股价同步性	
	BTD	DDBTD
Analyst	-0.006 *** (-10.593)	-0.007 *** (-10.987)
SYNCH	-0.004 *** (-3.904)	-0.004 *** (-3.850)
Analyst × SYNCH	0.002 ** (2.574)	0.002 *** (2.624)
Size	0.000 (0.225)	0.000 (0.328)
Leverage	0.028 *** (9.002)	0.028 *** (8.966)
ROA	0.410 *** (22.889)	0.428 *** (23.286)
ROI	-0.000 (-0.909)	-0.000 (-0.880)
Cash	-0.057 *** (-10.578)	-0.057 *** (-10.455)
PPE	0.017 *** (4.922)	0.018 *** (4.994)
Intangible	-0.002 (-0.170)	-0.001 (-0.106)
MB	-0.006 *** (-8.531)	-0.006 *** (-9.031)
Block	-0.010 *** (-3.081)	-0.010 *** (-3.036)

续表

VARIABLES	股价同步性	
	BTD	DDBTD
Loss	-0.036^{***} (-17.817)	-0.036^{***} (-17.667)
TAAC	0.059^{***} (9.169)	-0.208^{***} (-31.688)
Inventory	-0.035^{***} (-7.460)	-0.035^{***} (-7.445)
Constant	0.024^{*} (1.771)	0.022 (1.625)
Year Effects	Yes	Yes
Industry Effects	Yes	Yes
Obs	12897	12897
R2. adj	0.355	0.359

注：*Obs* 为观测值数目，*R2. adj* 表示调整后的 *R2*，括号内为对应回归系数的 t 值，且已经过公司群聚效应调整。***，** 和 * 分别表示在 1%，5% 和 10% 的显著性水平上拒绝零假设。

由表 6-8 的结果可以发现，无论是以 *BTD* 还是 *DDBTD* 作为企业税收激进程度的代理测度，分析师跟踪指标 *Analyst* 与股价同步性指标 *SYNCH* 的交互项系数均显著为正，分别在 5% 和 1% 的显著性水平上显著。该结果表明，当公司股票的股价同步性越高时，个股股价更多地受到市场信息的影响，而难以反映与公司相关的特质信息。这会降低企业在资本市场上的信息传递效率，从而较高的股价同步性会降低分析师跟踪的监督效应。相对地，当股价同步性较低时，企业的信息传递越高，能够进一步增加分析师跟踪对企业税收激进行为的监督效果。

三、官员更替

奥特洛斯基等（2015）发现，政治官员以及具有政治关联关系的高管在官员晋升期间会倾向于暂时抑制与公司有关的负面消息的发布。他们认为，具有关联关系的公司，如果业绩相对较差，会影响当地政治官员以及公司高管的声誉资本职业前景。因此，官员晋升作为一种政治因素，对上市公司的信息环境有重要的影响作用。

沿着他们的思路，本书搜集了样本期间各省当年是否有省长或省委书记出现更替的情况。当公司所处省份当年有官员更替事件发生时，公司会抑制负面信息的披露，从而降低了信息的传递效率。因此，官员更替事件会进一步减弱分析师跟踪的监督效应，我们构造如下模型进行检验：

$$Tax\ Avoidance_{i,t} = \beta_0 + \beta_1 Analyst_{i,t} + \beta_2 Analyst_{i,t} \times Political_{i,t} + \beta_3 Political_{i,t}$$
$$+ \beta_4 Size_{i,t} + \beta_5 Leverage_{i,t} + \beta_6 ROA_{i,t} + \beta_7 ROI_{i,t} + \beta_8 Cash_{i,t}$$
$$+ \beta_9 PPE_{i,t} + \beta_{10} Intangible_{i,t} + \beta_{11} MB_{i,t} + \beta_{12} Block_{i,t}$$
$$+ \beta_{13} Loss_{i,t} + \beta_{14} TAAC_{i,t} + \beta_{15} Inventory_{i,t}$$
$$+ \sum \gamma_m Year_m + \sum \phi_n Ind_n + \varepsilon_{i,t} \tag{6.10}$$

其中，*Political* 为官员更替事件的虚拟变量，若公司所处省份当年有官员更替事件，则取值为 1，否则为 0。本文进一步将官员更替划分为省委书记更替和省长更替，*Secretary* 为省委书记更替事件的虚拟变量，若公司所处省份当年有省委书记更替事件，则取值为 1，否则为 0。类似地，*Governor* 为省长更替事件的虚拟变量，若公司所处省份当年有省长更替事件，则取值为 1，否则为 0。官员更替事件对分析师跟踪的监督效应的影响结果如表 6 - 9 所示。

由表 6 - 9 的结果可以发现，无论是以 *BTD* 还是 *DDBTD* 作为企业税收激进程度的代理测度，分析师跟踪指标 *Analyst* 与官员更替虚拟变量 *Political*，省委书记更替虚拟变量 *Secretary* 以及省长更替虚拟变量 *Governor* 的交互项系数均显著为正，且均在 1% 的显著性水平上显著。该结果表明，当公司所在省份当年出现官员更替事件时，公司可能会抑制与自身相关的负面消息的披露，从而降低企业在资本市场上的信息传递效率。因此，与奥特洛斯基等（2015）的结论一致，官员更替事件作为政治因素会影响上市公司的信息环境，从而进一步影响分析师跟踪对企业税收激进行为的监督效果。

表6—9

信息传递的边际效应：官员更替

VARIABLES	省长或省委书记更替		省委书记更替		省长更替	
	BTD	DDBTD	BTD	DDBTD	BTD	DDBTD
Analyst	-0.008*** (-11.927)	-0.008*** (-12.182)	-0.007*** (-11.796)	-0.008*** (-12.070)	-0.007*** (-11.824)	-0.008*** (-12.111)
Political	-0.004*** (-3.822)	-0.004*** (-3.756)				
Analyst × Political	0.002*** (3.353)	0.002*** (3.259)				
Secretary			-0.002 (-1.574)	-0.002 (-1.491)		
Analyst × Secretary			0.002*** (3.010)	0.002*** (2.865)		
Governor					-0.006*** (-4.720)	-0.006*** (-4.554)
Analyst × Governor					0.003*** (3.544)	0.003*** (3.479)
Size	0.000 (0.106)	0.000 (0.222)	0.000 (0.080)	0.000 (0.197)	0.000 (0.130)	0.000 (0.246)
Leverage	0.030*** (9.700)	0.030*** (9.653)	0.030*** (9.685)	0.030*** (9.639)	0.030*** (9.669)	0.030*** (9.621)
ROA	0.408*** (22.918)	0.427*** (23.338)	0.408*** (22.918)	0.427*** (23.339)	0.408*** (22.899)	0.426*** (23.321)
ROI	-0.000 (-0.746)	-0.000 (-0.721)	-0.000 (-0.799)	-0.000 (-0.773)	-0.000 (-0.734)	-0.000 (-0.710)

续表

VARIABLES	省长或省委书记更替		省委书记更替		省长更替	
	BTD	DDBTD	BTD	DDBTD	BTD	DDBTD
Cash	-0.057***	-0.057***	-0.057***	-0.057***	-0.057***	-0.057***
	(-10.555)	(-10.435)	(-10.521)	(-10.401)	(-10.607)	(-10.481)
PPE	0.017***	0.018***	0.017***	0.018***	0.018***	0.018***
	(4.958)	(5.033)	(4.961)	(5.036)	(5.013)	(5.086)
Intangible	-0.000	0.000	-0.000	0.000	-0.000	0.000
	(-0.040)	(0.024)	(-0.053)	(0.010)	(-0.034)	(0.029)
MB	-0.005***	-0.005***	-0.005***	-0.005***	-0.005***	-0.005***
	(-8.525)	(-9.084)	(-8.546)	(-9.104)	(-8.476)	(-9.036)
Block	-0.010***	-0.010***	-0.010***	-0.010***	-0.010***	-0.010***
	(-3.155)	(-3.109)	(-3.125)	(-3.079)	(-3.177)	(-3.129)
Loss	-0.036***	-0.036***	-0.036***	-0.036***	-0.036***	-0.036***
	(-17.838)	(-17.700)	(-17.841)	(-17.703)	(-17.888)	(-17.745)
TAAC	0.059***	-0.207***	0.059***	-0.207***	0.059***	-0.208***
	(9.239)	(-31.597)	(9.237)	(-31.544)	(9.226)	(-31.644)
Inventory	-0.035***	-0.035***	-0.035***	-0.035***	-0.035***	-0.035***
	(-7.429)	(-7.418)	(-7.449)	(-7.436)	(-7.379)	(-7.368)
Constant	0.028**	0.026*	0.026*	0.024*	0.029**	0.027**
	(2.091)	(1.933)	(1.956)	(1.797)	(2.161)	(1.992)
Year Effects	Yes	Yes	Yes	Yes	Yes	Yes
Industry Effects	Yes	Yes	Yes	Yes	Yes	Yes
Obs	12897	12897	12897	12897	12897	12897
R2. adj	0.355	0.358	0.355	0.358	0.356	0.359

注: Obs 为观测值数目, R2, R2. adj 表示调整后的 R2, 括号内为对应回归系数的 t 值, 且已经过公司群聚效应调整。***, ** 和 * 分别表示在 1%, 5% 和 10% 的显著性水平上拒绝零假设。

四、明星分析师

由于证券分析师个人特征存在差异，也会对分析师的监督效果产生影响，一个重要的特征差异是分析师的专业知识或能力。当分析师拥有的专业知识越丰富时，他们对于业务复杂、信息透明度较低的公司能够具有更深刻的理解，并发现公司潜在的问题，从而通过发布盈利预测或股票推荐的形式向市场上的外部投资者传递信息。因此，能力较高的分析师能够提高公司在资本市场上的信息传递效率。与国外选取明星分析师的过程类似，我国《新财富》杂志每年会通过向机构投资者等发送投票的形式，从当年各券商当中选取"最佳分析师"。方和安田（Fang and Yasuda，2014）利用美国的分析师数据，发现明星分析师（All-American analysts）推荐买入和卖出的股票组合收益显著高于非明星分析师推荐的股票组合。利用我国的分析师数据，许等（Xu et al.，2013）考察了明星和非明星分析师的信息生产角色，发现明星分析师对股票的关注能够降低股票的股价同步性，他们认为这是由于明星分析师在处理公司层面信息时具有较高能力，从而可以更好地提供信息。国内方面，汪弘等（2013）也发现，由《新财富》杂志评出的明星分析师发布的研究报告能够获得更高的市场超额收益。伊志宏和江轩宇（2013）发现，明星分析师能够向市场提供更多的公司特质信息。同时，由于明星分析师提供的预测报告更为准确，因此，其他人员（如审计师）也会更加依赖明星分析师提供的信息（周东华和赵玉洁，2015）。

本书搜集了样本期间内《新财富》杂志历年选出的明星分析师，并与研究样本进行合并，继而构造明星分析师跟踪虚拟变量 Star，若上市公司当年被明星分析师跟踪（即明星分析师对该上市公司发布了盈利预测），则取值为 1，否则为 0。明星分析师能够更有效地提供企业信息，因此，明星分析师跟踪会进一步增加分析师跟踪的监督效应。我们构造如下模型进行检验：

$$Tax\ Avoidance_{i,t} = \beta_0 + \beta_1 Analyst_{i,t} + \beta_2 Analyst_{i,t} \times Star_{i,t} + \beta_3 Star_{i,t} + \beta_4 Size_{i,t}$$
$$+ \beta_5 Leverage_{i,t} + \beta_6 ROA_{i,t} + \beta_7 ROI_{i,t} + \beta_8 Cash_{i,t} + \beta_9 PPE_{i,t}$$

$$+\beta_{10}Intangible_{i,t} +\beta_{11}MB_{i,t} +\beta_{12}Block_{i,t} +\beta_{13}Loss_{i,t}$$

$$+\beta_{14}TAAC_{i,t} +\beta_{15}Inventory_{i,t}$$

$$+ \sum \gamma_m Year_m + \sum \phi_n Ind_n + \varepsilon_{i,t} \qquad (6.11)$$

明星分析师对分析师跟踪的监督效应的影响结果如表 6 - 10 所示。

表 6 - 10　　　　　　　　信息传递的边际效应：明星分析师关注

VARIABLES	明星分析师关注	
	BTD	DDBTD
Analyst	-0.007 *** (-10.873)	-0.007 *** (-11.198)
Star	0.004 (1.379)	0.005 (1.589)
Analyst × Star	-0.003 (-1.608)	-0.003 * (-1.876)
Size	0.000 (0.054)	0.000 (0.175)
Leverage	0.030 *** (9.684)	0.030 *** (9.637)
ROA	0.408 *** (22.907)	0.426 *** (23.329)
ROI	-0.000 (-0.774)	-0.000 (-0.746)
Cash	-0.057 *** (-10.547)	-0.057 *** (-10.426)
PPE	0.017 *** (4.971)	0.018 *** (5.050)
Intangible	-0.001 (-0.077)	-0.000 (-0.012)
MB	-0.005 *** (-8.516)	-0.005 *** (-9.071)

续表

VARIABLES	明星分析师关注	
	BTD	DDBTD
Block	− 0. 010 *** (− 3. 129)	− 0. 010 *** (− 3. 083)
Loss	− 0. 036 *** (− 17. 849)	− 0. 036 *** (− 17. 711)
TAAC	0. 060 *** (9. 250)	− 0. 207 *** (− 31. 536)
Inventory	− 0. 035 *** (− 7. 472)	− 0. 035 *** (− 7. 461)
Constant	0. 025 * (1. 917)	0. 023 * (1. 757)
Year Effects	Yes	Yes
Industry Effects	Yes	Yes
Obs	12897	12897
R2. adj	0. 355	0. 358

注：Obs 为观测值数目，R2. adj 表示调整后的 R2，括号内为对应回归系数的 t 值，且已经过公司群聚效应调整。 *** ， ** 和 * 分别表示在 1% ，5% 和 10% 的显著性水平上拒绝零假设。

由表 6 – 10 的结果可以发现，当以 DDBTD 作为企业税收激进程度的代理测度时，分析师跟踪指标 Analyst 与明星分析师跟踪指标 Star 的交互项系数显著为负，在 10% 的显著性水平上显著。然而，以 BTD 作为因变量时，交互项系数仅边际显著。该结果表明，尽管明星分析师作为分析师自身能力的一种反映，能够在一定程度上更有效地向市场提供企业的特质信息，从而增强分析师跟踪的监督效应，但这种边际效应较弱，对此可能有两个原因进行解释。一方面，王宇熹等（2012）发现在不同市场阶段，根据顶级券商明星分析师推荐股票的组合收益并不高于其他明星分析师，因此，仅通过是否为明星分析师来直接判断分析师能力可能会产生一些偏误。另一方面，当分析师被授予"明星分析师"称号之后，其行为可能发生变化。胡娜（2014）发现分析师在被评上"明星分析师"之后，预测准确性和预测一致性表现为显著下滑。虽然明星分析师在上榜之前的预测要普遍优于非明星分析师，但在获得职业声誉之后，会变现声誉资本，致使预测质量下滑。这两方面的原因都会降低明星分析师向市场传递信息的效率，从而减弱了明星分析师的边际效应。

第六节 稳健性检验

为了检验研究结论的稳健性，本节进行了如下的稳健性检验。

首先，使用企业税收激进程度的替代变量。参考陈旭东和王雪（2011）以及刘行和叶康涛（2013），本书使用名义所得税率减去实际所得税率（也称为有效税率）来衡量企业的避税程度。其中，名义所得税率由Wind 数据库提取获得。实际所得税率定义为（所得税费用 – 递延所得税费用）/税前利润。最终计算得到名义所得税率与实际所得税的差异 $RATE$ 来反映企业的税收规避行为，$RATE$ 取值越大，表明企业的避税程度越高，即税收激进程度越高。表 6 – 11 是利用替代变量 $RATE$ 进行回归的结果：

表 6 – 11　　　　　　　　　替代变量 *RATE* 回归结果

VARIABLES	*RATE*				
	主回归	融券制度	股价同步性	官员更替	明星分析师
Analyst	– 0.011 *** （– 4.913）	– 0.011 *** （– 4.782）	– 0.011 *** （– 4.456）	– 0.014 *** （– 5.717）	– 0.011 *** （– 4.699）
Short		0.022 （1.200）			
Analyst × Short		– 0.006 （– 0.956）			
SYNCH			– 0.015 *** （– 3.051）		
Analyst × SYNCH			0.004 （1.395）		

VARIABLES	RATE				
	主回归	融券制度	股价同步性	官员更替	明星分析师
Political				−0.012 ** (−2.040)	
Analyst × Political				0.007 ** (2.576)	
Star					−0.006 (−0.380)
Analyst × Star					−0.002 (−0.256)
Size	0.005 ** (2.054)	0.005 * (1.758)	0.006 ** (2.388)	0.005 ** (2.104)	0.005 ** (2.072)
Leverage	0.057 *** (3.786)	0.057 *** (3.820)	0.048 *** (3.155)	0.057 *** (3.786)	0.057 *** (3.774)
ROA	0.000 (0.000)	0.002 (0.040)	0.003 (0.052)	0.001 (0.025)	−0.000 (−0.001)
ROI	0.000 (0.278)	0.000 (0.264)	0.000 (0.164)	0.000 (0.294)	0.000 (0.278)
Cash	−0.145 *** (−6.237)	−0.144 *** (−6.209)	−0.146 *** (−6.270)	−0.145 *** (−6.248)	−0.145 *** (−6.237)
PPE	0.015 (0.917)	0.015 (0.924)	0.015 (0.941)	0.015 (0.925)	0.015 (0.943)
Intangible	0.031 (0.689)	0.031 (0.678)	0.029 (0.654)	0.032 (0.714)	0.031 (0.682)
MB	−0.001 (−0.249)	−0.001 (−0.362)	−0.002 (−1.016)	−0.001 (−0.251)	−0.001 (−0.248)
Block	−0.036 *** (−2.729)	−0.035 *** (−2.675)	−0.036 *** (−2.703)	−0.036 *** (−2.759)	−0.035 *** (−2.694)
Loss	0.160 *** (11.918)	0.160 *** (11.929)	0.160 *** (11.921)	0.160 *** (11.917)	0.160 *** (11.912)

续表

VARIABLES	RATE				
	主回归	融券制度	股价同步性	官员更替	明星分析师
TAAC	0.072 *** (2.605)	0.072 *** (2.615)	0.070 ** (2.535)	0.071 *** (2.599)	0.072 *** (2.610)
Inventory	−0.166 *** (−7.565)	−0.166 *** (−7.571)	−0.164 *** (−7.514)	−0.165 *** (−7.542)	−0.165 *** (−7.556)
Constant	0.080 (1.520)	0.092 * (1.695)	0.063 (1.172)	0.086 (1.614)	0.079 (1.501)
Year Effects	Yes	Yes	Yes	Yes	Yes
Industry Effects	Yes	Yes	Yes	Yes	Yes
Obs	12897	12897	12897	12897	12897
R2. adj	0.121	0.121	0.122	0.122	0.121

注：*Obs* 为观测值数目，*R2. adj* 表示调整后的 *R2*，括号内为对应回归系数的 t 值，且已经过公司群聚效应调整。***，** 和 * 分别表示在 1%，5% 和 10% 的显著性水平上拒绝零假设。

在表 6−11 的结果中，第一列主回归的结果表明分析师跟踪对企业税收激进程度有显著的抑制作用。在引入信息传递效率后，结果中仅官员更替的交互项显著，其他影响传递的变量则效应较弱（除分析师跟踪与股价同步性的交互项边际显著）。这可能是由于名义所得税率与实际所得税率的差异 *RATE* 与前文的两个企业税收激进程度测度还存在一定差异（*RATE* 与 *BTD* 和 *DDBTD* 的相关系数分别为 0.34 和 0.37）。尽管如此，结果中各影响信息传递效率的变量与分析师跟踪的交互项系数的符号仍然与前文一致，在一定程度上支持了前文的结论。

此外，从 2007 年开始，与《国际财务报告准则》（IFRS）实质趋同的《中国企业会计准则》（CAS）在中国上市公司强制实施。现有文献表明 IFRS 会影响分析师的预测偏误（Tan et al.，2011；Horton et al.，2012），同时为了避免因会计准则的变化对企业税收激进程度的影响，本书将研究样本限制在 2007 年以后重新进行回归，结果如表 6−12 所示。

第六章
分析师跟踪与企业税收激进研究

表6-12　更换样本期

VARIABLES	BTD					DDBTD				
	主回归	融券	股价同步性	官员更替	明星分析师	主回归	融券	股价同步性	官员更替	明星分析师
Analyst	-0.006*** (-9.002)	-0.006*** (-8.488)	-0.006*** (-8.613)	-0.007*** (-9.699)	-0.006*** (-8.764)	-0.006*** (-9.348)	-0.006*** (-8.868)	-0.006*** (-9.022)	-0.008*** (-9.938)	-0.006*** (-9.079)
Short		0.007** (2.338)					0.007** (2.130)			
Analyst × Short		-0.004*** (-2.636)					-0.004** (-2.411)			
SYNCH			-0.004** (-2.552)					-0.003** (-2.387)		
Analyst × SYNCH			0.001* (1.783)					0.001* (1.745)		
Political				-0.005*** (-3.029)					-0.005*** (-2.953)	
Analyst × Political				0.003*** (3.242)					0.003*** (3.132)	
Star					0.004 (0.926)					0.004 (1.167)

续表

VARIABLES	BTD					DDBTD				
	主回归	融券	股价同步性	官员更替	明星分析师	主回归	融券	股价同步性	官员更替	明星分析师
Analyst × Star					-0.002 (-1.318)					-0.003 (-1.640)
Size	0.001 (1.325)	0.001 (1.503)	0.001 (1.515)	0.001 (1.382)	0.001 (1.349)	0.001 (1.436)	0.001 (1.599)	0.001 (1.594)	0.001 (1.490)	0.001 (1.466)
Leverage	0.021*** (5.399)	0.021*** (5.372)	0.019*** (4.927)	0.021*** (5.381)	0.021*** (5.381)	0.021*** (5.427)	0.021*** (5.407)	0.020*** (4.999)	0.021*** (5.410)	0.021*** (5.407)
ROA	0.352*** (16.553)	0.352*** (16.595)	0.354*** (16.553)	0.352*** (16.565)	0.352*** (16.558)	0.370*** (17.035)	0.371*** (17.074)	0.372*** (16.988)	0.371*** (17.045)	0.370*** (17.042)
ROI	-0.000 (-1.459)	-0.000 (-1.455)	-0.000 (-1.581)	-0.000 (-1.412)	-0.000 (-1.450)	-0.000 (-1.465)	-0.000 (-1.461)	-0.000 (-1.577)	-0.000 (-1.418)	-0.000 (-1.453)
Cash	-0.057*** (-9.396)	-0.057*** (-9.461)	-0.057*** (-9.439)	-0.057*** (-9.403)	-0.057*** (-9.404)	-0.057*** (-9.191)	-0.057*** (-9.254)	-0.057*** (-9.230)	-0.057*** (-9.200)	-0.057*** (-9.199)
PPE	0.016*** (3.405)	0.016*** (3.384)	0.016*** (3.376)	0.016*** (3.402)	0.016*** (3.424)	0.017*** (3.576)	0.017*** (3.559)	0.017*** (3.545)	0.017*** (3.574)	0.017*** (3.599)
Intangible	-0.014 (-1.200)	-0.013 (-1.180)	-0.014 (-1.229)	-0.013 (-1.122)	-0.014 (-1.202)	-0.014 (-1.200)	-0.013 (-1.182)	-0.014 (-1.229)	-0.013 (-1.126)	-0.014 (-1.203)

续表

VARIABLES	BTD					DDBTD				
	主回归	融券	股价同步性	官员更替	明星分析师	主回归	融券	股价同步性	官员更替	明星分析师
MB	-0.005*** (-7.287)	-0.005*** (-7.208)	-0.005*** (-7.262)	-0.005*** (-7.304)	-0.005*** (-7.269)	-0.005*** (-7.753)	-0.005*** (-7.673)	-0.005*** (-7.649)	-0.005*** (-7.772)	-0.005*** (-7.732)
Block	-0.012*** (-3.065)	-0.012*** (-3.113)	-0.012*** (-3.087)	-0.012*** (-3.109)	-0.011*** (-3.066)	-0.012*** (-3.118)	-0.012*** (-3.163)	-0.012*** (-3.134)	-0.012*** (-3.159)	-0.012*** (-3.119)
Loss	-0.036*** (-14.449)	-0.036*** (-14.433)	-0.036*** (-14.430)	-0.036*** (-14.416)	-0.036*** (-14.421)	-0.036*** (-14.348)	-0.036*** (-14.333)	-0.036*** (-14.319)	-0.036*** (-14.318)	-0.036*** (-14.320)
TAAC	0.057*** (6.802)	0.056*** (6.785)	0.056*** (6.698)	0.057*** (6.791)	0.057*** (6.798)	-0.207*** (-24.894)	-0.208*** (-24.977)	-0.208*** (-24.964)	-0.207*** (-24.926)	-0.207*** (-24.893)
Inventory	-0.036*** (-6.127)	-0.037*** (-6.160)	-0.036*** (-6.111)	-0.036*** (-6.098)	-0.036*** (-6.131)	-0.036*** (-6.113)	-0.036*** (-6.144)	-0.036*** (-6.099)	-0.036*** (-6.087)	-0.036*** (-6.120)
Constant	0.025 (1.554)	0.018 (1.104)	0.018 (1.076)	0.023 (1.418)	0.021 (1.287)	0.023 (1.423)	0.016 (0.992)	0.016 (0.980)	0.021 (1.288)	0.018 (1.150)
Year Effects	Yes	Yes	Yes	Yes	Yes	Yes	Yes	Yes	Yes	Yes
Industry Effects	Yes	Yes	Yes	Yes	Yes	Yes	Yes	Yes	Yes	Yes
Obs	9101	9101	9101	9101	9101	9101	9101	9101	9101	9101
R2. adj	0.282	0.283	0.283	0.283	0.282	0.301	0.301	0.301	0.302	0.301

注：Obs 为观测值数目，R2. adj 表示调整后的 R2，括号内为对应回归系数的 t 值，且已经过公司群聚效应调整。***，** 和 * 分别表示在 1%，5% 和 10% 的显著性水平上拒绝零假设。

表 6 - 12 的结果表明，将样本期间更换为 2007 年之后的样本，结论基本与前文一致。

本 章 小 结

本章选取 2003 ~ 2013 年 A 股上市公司作为样本，从分析师跟踪的角度对企业税收激进行为的影响进行了研究。尽管在以往的文献当中，分析师跟踪对企业的影响既可能存在"监督效应"，也可能存在"压力效应"，但本章发现，随着分析师跟踪数目的增加，上市公司的税收激进程度更低，在利用工具变量两阶段回归模型后，结果仍然成立。该结论支持了"监督假说"，表明我国的证券分析师能够发挥监管者的职能。

在此基础上，本章进一步从信息传递效率的角度出发，从融券制度、股价同步性、官员更替以及明星分析师四个方面来考察信息传递效率对分析师跟踪与企业税收激进程度影响的边际效应。结果表明，公司股票被纳入融券标的以及股票的股价同步性越低时，上市公司在资本市场上的信息传递效率较高，能够进一步增加分析师跟踪的监督效应。当公司所在省份出现官员更替事件时，会影响上市公司的信息环境，具体而言，是可能抑制公司负面信息的披露（Piotroski et al.，2015），从而会降低分析师跟踪的监督效应。而对于分析师个人特征的影响，本书仅发现有较弱的证据表明明星分析师跟踪能够加强分析师跟踪的监督效应。

本章的研究具有重要的理论与现实意义。第一，本书为分析师跟踪降低企业税收激进程度提供了直接证据，表明在税收激进行为方面，分析师主要表现出监督效应，而并没有因为给高管带来压力而增加企业的税收激进程度，这对我国分析师监管角色的证据进行了补充；第二，本章发现信息传递效率的边际影响较为显著，这表明提高企业自身的信息透明程度具有重要意义：一方面，信息传递效率的增加能够降低企业由代理成本引起的问题。另一方面，公司信息传递效率的增加能够提高分析师的外部治理效果。

第七章
分析师跟踪与企业真实盈余管理研究

第一节　问题的提出

上市公司从事盈余管理的方式主要包括两种：一种是应计盈余管理，另一种则是真实盈余管理。作为传统的盈余管理活动，应计盈余管理受到了学者的广泛关注。然而，随着企业从事盈余管理活动行为的潜在转变，一些学者开始注意到真实盈余管理活动的存在。格雷厄姆等（2005）通过对企业高管的访问和问卷调查发现，为了维持企业财务业绩的表象，并使企业利润达到诸如分析师预测的标准，企业的管理者会通过从事真实盈余管理活动以达到上述目标。罗伊乔杜里（Roychowdhury，2006）进一步指出了企业从事真实盈余管理的可能行为，这为以后的相关研究提供了基础。随后，多数文献发现了企业会利用真实盈余管理替代传统的应计盈余管理行为（Cohen et al.，2008；Cohen and Zarowin，2010），同时，从事真实盈余管理会提高企业的资本成本（Kim et al.，2013），并影响企业的长期业绩（蔡春等，2013）。这些证据均表明，上市公司真实盈余管理与传统的应计盈余管理相比存在显著的差异性，同时又具有一定的替代作用。因此，研究上市公司的真实盈余管理行为具有理论价值和现实意义。

本章拟从分析师跟踪的角度，考察分析师对企业的跟踪是否会影响企业真实盈余管理的程度。作为资本市场的重要角色，证券分析师通过对上市公司发布分析和预测报告以促进公司的信息披露，从而降低公司与投资者之间的信息不对称水平。然而，证券分析师对企业的影响作用并不是单一的。从现有文献来看，一方面，分析师可以利用自身所具有的专业知识监督企业行为（Dych et al.，2010），同时提高公司的信息透明度（Derrien and Kecskés，2013；朱红军等，2007；姜超，2013），这些作用能够使分析师扮演监管者的角色，从而提高公司的治理环境（Lang et al.，2004；Yu，2008；李春涛等，2014）。但另一方面，高管会将分析师的盈利预测作为基准，通过调增利润以在短期内达到或超过该基准，以此来向投资者传递企业业绩或财务状况方面的信号。这种由分析师关注所带来的压力会导致高管放弃对企业具有长期价值的项目，转而通过真实盈余管理活动来提高短期业绩（He and Tian，2013；Irani and Oesch，2014），这无疑会对企业的长期价值造成损失。目前，尚没有文献考察中国分析师跟踪到底是会抑制还是会增加企业的真实盈余管理活动。

本章贡献主要体现在以下几个方面。

首先，我们的结论支持了"监督假说"，否定了"压力假说"，这与伊拉尼和奥谢（2014）的结论相反。他们认为，企业高管会针对分析师跟踪的压力，通过真实盈余管理以提高短期业绩。这种相反的结论表明，我国分析师给企业高管带来的压力可能相对较小。类似地，徐欣和唐清泉（2010）认为，分析师的跟踪能够为企业的研发活动提供信息，且有利于资本市场对企业研发活动价值的认同。这与何和田（2013）所强调的分析师关注所带来的压力会导致高管减少创新项目也并不一致。因此，本章的结论实际上对我国分析师所扮演的监管角色提供了补充证据。

其次，以往的文献较少结合企业真实盈余管理的成本进行考察。参考张（Zang，2012），我们进一步考察了真实盈余管理成本对分析师跟踪与企业真实盈余管理关系的影响，并发现不同的成本所带来的影响并非一致，这对未来关于真实盈余管理的研究可能具有一定的借鉴意义。

最后，李春涛等（2014）利用我国分析师关注的数据，发现分析师关注能够降低企业的应计盈余管理。以往的文献表明，企业在从事两种盈余管理行为时可能存在转换。例如，伊拉克和奥谢（2014）就发现分析师关注的减少会降低真实盈余管理，同时提高应计盈余管理行为。结合李春涛等（2014）的结论，我们认为，分析师较好地发挥监管职能，能够同时抑制企业的两种盈余管理方式，而并不会迫使企业在这两种盈余管理方式中进行转换。这对于更好地理解我国分析师跟踪与企业盈余管理的关系有着重要意义。

本章其他内容安排如下：第二节为相关文献综述与研究假设的提出；第三节为数据来源、变量说明以及实证模型的构建；第四节为实证分析结果；第五节为稳健性分析；最后是本章小结。

第二节　理论依据与研究假设

格雷厄姆等（2005）通过对超过 400 名企业高管进行问卷调查或访谈，发现管理者会通过真实盈余管理的行为来维持财务表象以及达到利润的基准。

罗伊乔社里（2006）同样发现，管理层会通过真实盈余管理活动调增利润，从而避免对财务损失进行报告。沿着他们的思路，近年来有不少文献为企业进行真实盈余管理活动提供了证据，同时还发现，高管会使用真实盈余管理以替代传统且被更多关注的应计盈余管理活动。例如，科恩等（Cohen et al.，2008）发现，在萨班斯法案（SOX）通过之后，企业的应计盈余管理活动有所减少，但真实盈余管理的程度随之显著上升。科恩和查诺文（Cohen and Zarowin，2010）考察了企业在增发股票前后的盈余管理行为，发现由于企业自身进行应计盈余管理活动的能力以及成本的限制，他们会更倾向于从事真实盈余管理活动。巴德舒（Badertscher，2011）发现企业在自身估价过高的早期阶段，会选择从事应计盈余管理，随后会转换为真实盈余管理活动以维持过高的估价。臧（Zang，2012）在考虑了应计和真实盈余管理的成本之后，认为企业在从事这两种活动时会权衡两者的成本再进行选择。

同时，一些学者也对真实盈余管理活动的影响因素及后果进行了探讨。例如，当内部治理（如董事独立性、并购保护条约等）较差时，公司更可能进行真实盈余管理（Osma，2008；Chi et al.，2011；Zhao et al.，

2012）。而当外部监管力度较强时（如机构投资者、风险资本投资等），企业会相应减少真实盈余管理活动（Bushee，1998；Roychowdhruy，2006；Wan，2013；李增福等，2013）。此外，真实盈余管理活动能够帮助企业达到或者超过利润基准（Gunny，2010），但该行为最终会提升企业的资本成本（Kim et al.，2013），并影响审计师对审计客户的选择（Kim and Park，2014）。

近年来，国内关于真实盈余管理的文献也有所增加，多数文献类似地考察了真实盈余管理的影响因素，如企业的财务状况（蔡春等，2012）、所得税改革（李增福等，2011）、高管变更（林永坚等，2013）、企业规模与所有权性质（李增福和周婷，2013；顾鸣润等，2012）以及内部控制与审计师行业专长（范经华等，2013）。同时，蔡春等（2013）还发现，企业IPO时的真实盈余管理会对长期业绩造成损害。这些文献均对我国企业真实盈余管理活动的影响因素进行了有益探讨，并反映出当前研究真实盈余管理对企业行为理解具有重要意义。

关于分析师关注的理论文献，从目前的观点来看，分析师关注对企业带来的影响是正面的还是负面的，其结论仍然存在争议。一方面，由于分析师可能扮演了监督者的角色，从而提升了企业的公司治理，这通常反映了分析师的监管作用。另一方面，由于分析师对企业的分析或预测报告将直接影响投资者对企业的判断，因此，迫于分析师对企业利润要求的压力，高管可能会"短视"而进行不利于企业长期发展的行为，这反映出了分析师给企业或高管带来的压力作用。

分析师的监管作用，或称为"监管假说"，认为分析师因为具有较多的行业知识和投资经验，能够较好地解读企业复杂的财务信息，从而能够迅速地发现企业存在的问题，进而对企业发挥监管作用（李春涛等，2014）。戴克等（2010）指出，分析师通常以揭发者的身份首先察觉企业的欺诈问题。伊拉尼和奥谢（2013）发现分析师关注的减少将导致财务报告质量的恶化，表明分析师确实能够对管理者起到监督作用。

分析师在发布研究报告或进行盈利预测的同时，实际上也扮演了信息披露的角色，从而能够增加上市公司的信息透明度。奥特洛斯基和罗尔斯登（2004）研究发现，分析师能够提高股价中的行业信息含量。德里安和凯克斯（2013）利用券商倒闭和合并导致上市公司受到分析师关注人数变化的外生冲击事件，发现当跟踪上市公司的分析师人数减少的时候，公司的信息透明度会随之降低。薛祖云和王冲（2011）发现，我国证券分析师在资本市场上，同时扮演了信息竞争和信息补充两种角色，即在盈余公告前更倾向于披露年报中尚未披露的信息，而在盈余公告后倾向于解读年报中的信息并对其进行补充。徐欣和唐清泉（2010）认为，分析师的跟踪能够为企业的研发活动提供信息，且有利于资本市场对企业研发活动价值的认同。同时，朱红军等（2007）和姜超（2013）均发现，我国证券分析师能够增加股票价格的公司特质信息含量，促进资本市场的效率。

总体而言，"监管假说"表明，分析师的关注能够提升公司治理，从而降低企业的盈余管理行为（Lang et al.，2004；Yu，2008；李春涛等，2014）。此外，在我国投资者法律保护政策尚不理想的情况下，证券分析师还可以作为一种有效的法律外替代机制，降低信息不透明度（潘越等，2011）。

与此同时，分析师对高管的压力作用，或称为"压力假说"，认为分析师会给企业高管带来过多压力，从而导致高管的"短视"行为（Graham et al.，2005）。合和田（2013）同样利用券商倒闭或并购事件引起的分析师关注的外生变化，发现随着分析师关注人数的增加，企业会减少创新行为。他们认为，这是由于高管受到分析师的压力而减少了企业的长期创新投资项目所造成的。伊拉尼和奥谢（2014）同样发现，由于受到分析师的压力，高管会增加企业的真实盈余管理活动以提高短期业绩。

因此，基于"监督假说"和"压力假说"，我们提出一对竞争性假说：

假说1：分析师跟踪数目越多，企业的真实盈余管理活动越少（监督假说）。

假说2：分析师跟踪数目越多，企业的真实盈余管理活动越多（压力假说）。

第三节　数据来源及研究设计

一、数据来源及处理

本书的研究样本为沪深两市 2005～2013 年 A 股上市公司。由于上市公司在 2005 年之前受到分析师关注并披露研究报告的数据较少，因此本书最终选取的样本区间为 2005～2013 年。书中所使用的公司财务数据和分析师跟踪数据均来自 CSMAR 数据库，机构持股比例数据来自 WIND 数据库。对于初始数据还进行了如下处理：（1）剔除金融类上市公司；（2）剔除杠杆率大于 1 的样本数据；（3）剔除关键变量缺失的样本；（4）为了消除异常值的影响，对所有连续型变量，在 1% 和 99% 分位数上进行 Winsorized 处理。最终，我们的样本包括 1440 个上市公司，共计 10056 个公司—年度样本。

二、研究设计

1. 被解释变量：真实盈余管理测度与应计盈余管理测度

参考罗伊乔社里（2006）和蔡春等（2013）的做法，我们首先将真实盈余管理分为销售操控、生产操控和费用操控，并相应使用异常经营活动现金流（AbCFO）、异常产品成本（AbPROD）和异常费用（AbDiscE）进行衡量。具体计算模型如下所示：

$$\frac{CFO_{i,t}}{Assets_{i,t-1}} = \alpha_1 \frac{1}{Assets_{i,t-1}} + \alpha_2 \frac{Sales_{i,t}}{Assets_{i,t-1}} + \alpha_3 \frac{\Delta Sales_{i,t}}{Assets_{i,t-1}} + \varepsilon_{i,t} \quad (7.1)$$

$$\frac{PROD_{i,t}}{Assets_{i,t-1}} = \alpha_1 \frac{1}{Assets_{i,t-1}} + \alpha_2 \frac{Sales_{i,t}}{Assets_{i,t-1}} + \alpha_3 \frac{\Delta Sales_{i,t}}{Assets_{i,t-1}} + \alpha_4 \frac{\Delta Sales_{i,t-1}}{Assets_{i,t-1}} + \varepsilon_{i,t}$$

$$(7.2)$$

$$\frac{DiscE_{i,t}}{Assets_{i,t-1}} = \alpha_1 \frac{1}{Assets_{i,t-1}} + \alpha_2 \frac{Sales_{i,t-1}}{Assets_{i,t-1}} + \varepsilon_{i,t} \quad (7.3)$$

其中，$CFO_{i,t}$ 是公司 i 在 t 期的经营活动现金流净额，$Assets_{i,t-1}$ 是公司 i 在 $t-1$ 期的总资产，$Sales_{i,t}$ 是公司 i 在 t 期的销售收入，$\Delta Sales_{i,t}$ 是公司 i 在 $t-1$ 期到 t 期的销售收入变化额。$\Delta Sales_{i,t-1}$ 是公司 i 在 $t-2$ 期到 $t-1$ 期的销售收入变化额。$PROD_{i,t}$ 是公司 i 在 t 期的产品成本，定义为当期的销售产品成本与存货变化额之和。$DiscE_{i,t}$ 是公司 i 在 t 期的可操控型费用，包括当年的销售费用和管理费用。我们对上述 3 个模型分别按行业年度进行横截面回归，同时要求每行业年度参与回归的样本观测值不少于 20 个。回归后得到的残差值即为异常经营活动现金流（$AbCFO$）、异常产品成本（$AbPROD$）和异常费用（$AbDiscE$）。参考罗伊乔杜里（2006）的定义，异常经营活动现金流越低、异常产品成本越高、异常费用越低则表明公司更有可能进行真实盈余管理活动。

为了综合考察企业可能进行的真实盈余管理活动，参考科恩和查诺文（2010），我们进一步构造两个企业真实盈余管理的测度，如下所示：

$$RM1 = AbProd - AbDiscE \qquad (7.4)$$

$$RM2 = -AbCFO - AbDiscE \qquad (7.5)$$

其中，$RM1$ 是由异常产品成本减去异常费用计算得到。$RM2$ 是由异常经营活动现金流乘以 -1 再减去异常费用计算得到。需要说明的是，这里我们并没有将三个真实盈余管理的测度通过简单加减计算得到企业真实盈余管理的综合测度。这是因为科恩和查诺文（2010）指出，某些企业活动将同时导致较高的异常产品成本和较低的异常经营现金流，如果将两者同时纳入计算可能会导致重复计算的可能，顾鸣润等（2012）同样使用了该综合指标。因此，在接下来的实证研究中，我们将同时报告 $RM1$ 与 $RM2$ 的回归结果。由真实盈余活动指标的相应定义可知，较高的 $RM1$ 与 $RM2$ 都意味着公司进行了调增利润的盈余管理活动。

2. 解释变量：分析师跟踪测度

参考于（2008）和李春涛等（2014）的做法，我们将分析师跟踪定义为跟踪一个上市公司的券商数目的自然对数值（$Analyst$）。同时，在稳健性检验中，我们还按照上市公司是否被分析师（券商）关注构造分析师跟踪的虚拟变量（$Coverage$）并重新进行回归检验。

3. 控制变量

参考李春涛等（2014），我们首先加入了如下控制变量，具体包括：公司规模 Size、杠杆率 Leverage、总资产收益率 ROA、市值账面比 MTB、上市公司年度现金流的标准差 SD（CFO）、总资产增长率 Growth 以及所有权性质虚拟变量 SOE。同时，臧（2012）指出，当企业处于行业领先地位或财务状况较好时，企业进行真实盈余管理活动的成本较低，从而会导致更多的真实盈余管理行为。因此，借鉴臧（2012）的做法，我们还控制了企业在上一期期末的行业地位 Market Share 和财务状况 ZSCORE。其中，Market Share 是公司销售收入占行业总销售收入的比例。参考奥特曼（Altman，1968，2000），ZSCORE 的计算方法如下：

$$ZSCORE_{i,t} = 3.3\frac{NI_{i,t}}{Assets_{i,t}} + 1.0\frac{Sales_{i,t}}{Assets_{i,t}} + 1.4\frac{Retained\ Earnings_{i,t}}{Assets_{i,t}}$$

$$+ 1.2\frac{Working\ Capital_{i,t}}{Assets_{i,t}} + 0.6\frac{Market\ Capitalization_{i,t}}{Total\ Liabilities_{i,t}} \quad (7.6)$$

其中，$NI_{i,t}$ 为公司 i 在 t 期的净利润，$Assets_{i,t}$ 为公司 i 在 t 期的总资产，$Sales_{i,t}$ 为公司 i 在 t 期的销售收入，$Retained\ Earnings_{i,t}$ 为公司 i 在 t 期的留存收益，$Working\ Capital_{i,t}$ 为公司 i 在 t 期的流动资本，$Market\ Capitalization_{i,t}$ 为公司 i 在 t 期的股权市值，$Total\ Liabilities_{i,t}$ 为公司 i 在 t 期的总负债。

此外，布希（1998）发现，当机构持股比例较高时，管理层不太可能通过减少研发支出以调增利润。罗伊乔杜里（2006）发现，机构持股比例与公司的真实盈余管理活动之间呈现负相关关系。因此，我们还控制了公司上一期期末的机构持股比例 INS。在回归模型中，我们还引入了行业和年度虚拟变量，以控制行业和年度效应。变量的详细定义见表 7－1。

表 7－1	变量定义
变量名	变量定义
$RM1_t$	真实盈余管理测度，参照模型（7-4）计算得到
$RM2_t$	真实盈余管理测度，参照模型（7-5）计算得到
$AbCFO_t$	异常经营活动现金流
$AbProd_t$	异常产品成本

续表

变量名	变量定义
$AbDiscE_t$	异常费用支出
$Analyst_t$	分析师跟踪测度，定义为关注上市公司的券商数目的自然对数值
$Size_t$	公司规模，定义为总资产的自然对数值
$Leverage_t$	杠杆率，定义为总负债除以总资产
ROA_t	总资产收益率
$SD(CFO)_t$	由公司过去三年经营现金流净额的标准差计算得到
MTB_t	市值账面比
$Growth_t$	由上市公司总资产相对于上一个会计年度的增长率计算得到
SOE_t	所有权性质，若上市公司为国有企业，则取值为1，否则为0
$Market\ Share_{t-1}$	市场地位，由公司销售收入除以行业总销售收入计算得到
$ZSCORE_{t-1}$	财务状况测度，参考奥特曼（1968，2000），由模型（5-7）计算得到
INS_{t-1}	机构年末持股比例

三、回归模型

针对假说，我们采用模型（7.7）来检验分析师跟踪与企业真实盈余管理活动的关系，模型如下：

$$
\begin{aligned}
REM_{i,t} = {} & \beta_0 + \beta_1 Analyst_{i,t} + \beta_2 Size_{i,t} + \beta_3 Leverage_{i,t} + \beta_4 ROA_{i,t} \\
& + \beta_5 SD(CFO)_{i,t} + \beta_6 MTB_{i,t} + \beta_7 Growth_{i,t} + \beta_8 SOE_{i,t} \\
& + \beta_9 Market\ Share_{i,t-1} + \beta_{10} ZSCORE_{i,t-1} + \beta_{11} INS_{i,t-1} \\
& + \sum \gamma_m Year_m + \sum \phi_n Ind_n + \varepsilon_{i,t}
\end{aligned} \tag{7.7}
$$

其中，因变量 $REM_{i,t}$ 表示公司 i 在 t 期的真实盈余管理活动，具体由 $RM1$ 和 $RM2$ 来度量。若假说1成立，即公司受到分析师的关注越多，企业的真实盈余管理活动越少，则 β_1 应显著小于0。若假说2成立，则表明公司可能受到分析师关注的压力，从而导致企业较多地运用真实盈余管理，则 β_1 应显著大于0。

第四节　实证结果分析

一、描述性统计

表 7-2 首先给出了样本在各年度是否被分析师关注的分布情况。可以发现，被分析师关注的公司数目基本处于逐年增加的趋势，在 2013 年，样本内有 1300 家上市公司受到了分析师关注。

表 7-2　　　　　　　　　　　样本各年度分布

年份	分析师是否关注		
	无分析师关注	有分析师关注	合计
2005	624	458	1082
2006	563	609	1172
2007	530	626	1156
2008	442	826	1268
2009	277	1109	1386
2010	283	1157	1440
2011	282	1251	1533
2012	459	1334	1793
2013	622	1300	1922
合计	4082 (32.01%)	8670 (67.99%)	12752 (100%)

表 7-3 是主要变量的描述性统计结果。*Analyst* 的均值为 1.229，表明每家上市公司平均有 3.4 个分析师关注（$e^{1.229} \approx 3.4$），标准差为 1.090，反映出公司在分析师关注上具有差异性。真实盈余管理测度 *RM*1 和 *RM*2 的中位数分别为 0.009 和 0.006，表明超过一半的公司会通过真实盈余管理的活动向上调增利润，标准差为 0.156 和 0.111，也说明该指标在不同

公司之间存在较大的差异。

表 7 − 3　　　　　　　　　　　描述性统计

变量名	观测值	均值	标准差	最小值	25分位数	中位数	75分位数	最大值
$RM1_t$	12752	− 0.001	0.156	− 0.550	− 0.071	0.009	0.083	0.433
$RM2_t$	12752	0.000	0.111	− 0.361	− 0.057	0.006	0.064	0.292
$AbCFO_t$	12752	0.000	0.084	− 0.254	− 0.044	− 0.001	0.047	0.244
$AbProd_t$	12752	− 0.002	0.117	− 0.380	− 0.059	0.001	0.057	0.374
$AbDiscE_t$	12752	− 0.001	0.061	− 0.133	− 0.032	− 0.009	0.019	0.260
$Analyst_t$	12752	1.229	1.090	0.000	0.000	1.099	2.197	3.434
$Size_t$	12752	21.804	1.230	19.251	20.935	21.666	22.509	25.543
$Leverage_t$	12752	0.500	0.197	0.070	0.356	0.511	0.646	0.915
ROA_t	12752	0.038	0.060	− 0.182	0.011	0.033	0.064	0.227
$SD（CFO）_t$	12752	0.055	0.046	0.003	0.023	0.041	0.071	0.250
MTB_t	12752	2.212	1.483	0.867	1.268	1.720	2.566	9.324
$Growth_t$	12752	0.169	0.339	− 0.308	0.006	0.099	0.227	2.300
SOE_t	12752	0.603	0.489	0.000	0.000	1.000	1.000	1.000
$Market\ Share_{t-1}$	12752	0.011	0.022	0.000	0.001	0.004	0.010	0.148
$ZSCORE_{t-1}$	12752	1.091	0.805	− 1.565	0.614	1.080	1.574	3.108
INS_{t-1}	12752	0.289	0.246	0.000	0.056	0.246	0.484	0.864

表 7 − 4 分别利用均值检验与 Wilcoxon 秩和检验来比较有无分析师关注的样本组别在主要研究变量上的差异情况。从检验结果可以明显地发现，与无分析师关注的样本相比，有分析师关注的样本具有显著较低程度的真实盈余管理。同时，我们发现，分析师可能更加倾向于关注在各方面表现较好的公司，如公司规模、盈利能力、市场地位以及财务状况等。从检验结果来看，一方面，我们可以大致推测分析师关注可能更能够降低企业的真实盈余管理行为，即支持分析师的监督作用。另一方面，由于分析师可能会主动选择较好的公司进行关注，因此分析师关注与企业的真实盈余管理活动之间存在潜在的内生性问题。在稳健性检验的部分，我们将进

一步使用工具变量回归方法来控制内生性的可能影响。

表 7 - 4 有无分析师关注主要变量差异比较

变量名	无分析师关注 (obs = 4082)	有分析师关注 (obs = 8670)	差异	T-test P – Value	Wilcoxon test P – Value
$RM1_t$	0.032	− 0.016	0.048	0.000	0.000
$RM2_t$	0.025	− 0.012	0.037	0.000	0.000
$Size_t$	21.089	22.141	− 1.052	0.000	0.000
$Leverage_t$	0.515	0.493	0.022	0.085	0.075
ROA_t	0.008	0.052	− 0.044	0.000	0.000
$SD (CFO)_t$	0.059	0.053	0.006	0.000	0.000
MTB_t	2.231	2.203	0.028	0.328	0.010
$Growth_t$	0.086	0.209	− 0.123	0.000	0.000
SOE_t	0.577	0.615	− 0.037	0.000	0.000
$Market\ Share_{t-1}$	0.006	0.014	− 0.007	0.000	0.000
$ZSCORE_{t-1}$	0.721	1.265	− 0.544	0.000	0.000
INS_{t-1}	0.164	0.349	− 0.185	0.000	0.000

二、实证分析

针对假说 1 和假说 2，我们主要考察分析师跟踪与真实盈余管理之间的关系。结果如表 7 - 5 所示。

表 7 - 5 分析师跟踪与真实盈余管理

VARIABLES	RM1	RM2	AbCFO	AbProd	AbDiscE
	(1)	(2)	(3)	(4)	(5)
$Analyst_t$	− 0.030 *** (− 9.957)	− 0.019 *** (− 9.393)	0.007 *** (5.650)	− 0.018 *** (− 9.831)	0.012 *** (8.459)
$Size_t$	0.021 *** (5.859)	0.009 *** (3.886)	− 0.001 (− 0.517)	0.013 *** (5.617)	− 0.008 *** (− 4.975)

续表

VARIABLES	RM1	RM2	AbCFO	AbProd	AbDiscE
	（1）	（2）	（3）	（4）	（5）
$Leverage_t$	0.042 *** (2.661)	0.022 ** (2.144)	− 0.023 *** (− 3.542)	0.040 *** (3.983)	0.000 (0.068)
ROA_t	− 0.637 *** (− 15.216)	− 0.413 *** (− 14.638)	0.386 *** (18.164)	− 0.609 *** (− 19.907)	0.025 (1.433)
$SD\ (CFO)_t$	0.298 *** (6.264)	0.229 *** (6.702)	− 0.104 *** (− 4.106)	0.156 *** (4.692)	− 0.145 *** (− 7.718)
MTB_t	− 0.011 *** (− 4.513)	− 0.007 *** (− 4.643)	0.003 *** (3.094)	− 0.007 *** (− 4.325)	0.004 *** (3.669)
$Growth_t$	0.037 *** (4.673)	− 0.021 *** (− 3.959)	− 0.017 *** (− 4.282)	0.074 *** (11.844)	0.039 *** (13.147)
SOE_t	− 0.001 (− 0.183)	− 0.003 (− 0.799)	0.001 (0.534)	0.001 (0.249)	0.002 (0.592)
$Market\ Share_{t-1}$	− 0.064 (− 0.342)	− 0.007 (− 0.071)	− 0.034 (− 0.550)	− 0.028 (− 0.219)	0.048 (0.639)
$ZSCORE_{t-1}$	0.003 (0.744)	0.005 * (1.890)	− 0.005 ** (− 2.484)	0.002 (0.551)	− 0.001 (− 0.464)
INS_{t-1}	− 0.048 *** (− 4.174)	− 0.026 *** (− 3.502)	0.013 *** (2.781)	− 0.036 *** (− 4.689)	0.014 *** (2.795)
$Intercept$	− 0.436 *** (− 6.193)	− 0.180 *** (− 4.077)	0.029 (0.997)	− 0.287 *** (− 6.099)	0.151 *** (4.843)
Year Effects	Yes	Yes	Yes	Yes	Yes
Industry Effects	Yes	Yes	Yes	Yes	Yes
Obs	12752	12752	12752	12752	12752
R2. adj	0.175	0.147	0.11	0.221	0.114

注：Obs 为观测值数目，R2. adj 表示调整后的 R2，括号内为对应回归系数的 t 值，且已经过公司群聚效应调整。*** ，** 和 * 分别表示在 1%，5% 和 10% 的显著性水平上拒绝零假设。

表 7 - 5 的前两列报告了分析师跟踪与企业真实盈余管理的回归结果，无论是以 RM1 还是 RM2 作为真实盈余管理的代理测度，分析师跟踪指标 Analyst 的系数均为负，且在 1% 的水平上显著。该结果表明，分析师对企

业的跟踪，能够发挥外部监管者的作用。一方面，分析师本身具有较多的行业知识以及投资经验，能够较好地解读企业复杂的财务信息，可以更快地发现企业存在的问题。因此，当企业受到较多分析师关注时，会减少真实盈余管理的行为。另一方面，分析师在发布研究报告或进行盈利预测的同时，实际上也扮演了信息披露的角色，从而能够增加上市公司的信息透明度（Derrien and Kecskés，2013；朱红军等，2007；薛祖云和王冲，2011；李春涛等，2013；姜超，2013）。当公司信息透明度提高时，企业也会相应减少真实盈余管理活动。总体而言，我们的结果支持了假说1的监督假说，即分析师跟踪数目越多，公司的真实盈余管理活动越少，反映了分析师所发挥的监督职能（Yu，2008；Irani and Oesch，2013；李春涛等，2014）。

在表7-5的后三列，我们还分别报告了分析师跟踪与企业真实盈余管理的各项行为的关系，回归结果表明，分析师关注对于企业采用销售折扣、过度生产以及削减费用支出等手段调增利润的行为均有抑制作用。罗伊乔杜里（2006）指出真实盈余管理活动包括销售操控、生产操控和酌量性费用操控。这三种操控方式分别可以使用异常经营现金流净额、异常产品成本和异常费用支出来度量。其中，销售折扣能够加快销售收入的实现，但同时会减少经营现金流净额；过度生产能够降低单位产品成本，但会增加总成本与存货成本；削减酌量性费用能够减少费用支出。企业通过上述活动来调增利润时，会导致较低的异常现金流净额、较高的异常产品成本和较低的异常费用支出。

从控制变量的回归结果来看（以前两列为主），公司规模（*Size*）越大，企业的真实盈余管理程度越高，这与李增福和周婷（2013）的结论相符。同时，具有较高负债率（*Leverage*）、现金流波动率（*SD*(*CFO*)）以及较低的盈利能力（*ROA*）和市值账面比（*MTB*）的企业有更多的真实盈余管理活动。对于企业进行真实盈余管理活动的成本变量，我们发现当企业在行业中的地位较高时（*Market Share*），企业会更多地从事真实盈余管理，这与臧（2012）的发现一致。同时，机构持股比例（*INS*）较高时，也能够减少企业的真实盈余管理行为（Roychowdhury，2006）。

三、扩展分析

臧（2012）指出，企业从事真实盈余管理活动是存在成本的，同时，由于真实盈余管理活动会导致各项财务指标偏离其最优值，这并不利于企业长期价值的增加。因此，管理者在从事这种利润调控手段时，会根据其所带来的成本进行权衡，从而导致真实盈余管理的程度出现差异。

在这一部分，我们进一步考察真实盈余管理的成本因素是否会影响分析师跟踪对企业真实盈余管理活动的监督作用。借鉴臧（2012）的做法，我们主要考察了三个方面的成本，即企业的市场地位（*Market Share*）、财务状况（*ZSCORE*）以及机构持股比例（*INS*）。结果如表 7 - 6 所示。

表 7 - 6　　　　　　　　　　真实盈余管理活动的成本影响

VARIABLES	RM1	RM2	RM1	RM2	RM1	RM2
	(1)	(2)	(3)	(4)	(5)	(6)
$Analyst_t$	-0.029 ***	-0.018 ***	-0.009 **	-0.007 **	-0.019 ***	-0.011 ***
	(-9.182)	(-8.531)	(-2.032)	(-2.295)	(-4.945)	(-4.328)
$Analyst_t * Market\ Share_{t-1}$	-0.055	-0.099				
	(-0.454)	(-1.341)				
$Analyst_t * ZSCORE_{t-1}$			-0.016 ***	-0.010 ***		
			(-4.912)	(-4.770)		
$Analyst_t * INS_{t-1}$					-0.033 ***	-0.024 ***
					(-4.264)	(-4.762)
$Size_t$	0.021 ***	0.008 ***	0.019 ***	0.008 ***	0.021 ***	0.009 ***
	(5.911)	(3.702)	(5.445)	(3.443)	(6.069)	(4.121)
$Leverage_t$	0.041 **	0.021 **	0.049 ***	0.027 ***	0.042 ***	0.022 **
	(2.578)	(2.009)	(3.196)	(2.604)	(2.653)	(2.138)
ROA_t	-0.638 ***	-0.414 ***	-0.613 ***	-0.399 ***	-0.639 ***	-0.415 ***
	(-15.223)	(-14.680)	(-14.710)	(-14.059)	(-15.307)	(-14.740)
$SD\ (CFO)_t$	0.297 ***	0.229 ***	0.302 ***	0.231 ***	0.297 ***	0.229 ***
	(6.260)	(6.688)	(6.323)	(6.738)	(6.275)	(6.718)

续表

| VARIABLES | RM1 | RM2 | RM1 | RM2 | RM1 | RM2 |
	(1)	(2)	(3)	(4)	(5)	(6)
MTB_t	−0.011 *** (−4.513)	−0.007 *** (−4.645)	−0.009 *** (−3.595)	−0.005 *** (−3.658)	−0.011 *** (−4.394)	−0.006 *** (−4.458)
$Growth_t$	0.037 *** (4.690)	−0.020 *** (−3.914)	0.036 *** (4.593)	−0.021 *** (−4.046)	0.036 *** (4.544)	−0.021 *** (−4.124)
SOE_t	−0.001 (−0.195)	−0.003 (−0.830)	−0.002 (−0.353)	−0.004 (−0.968)	−0.002 (−0.369)	−0.004 (−1.018)
$Market\ Share_{t-1}$	0.066 (0.247)	0.227 (1.194)	−0.036 (−0.189)	0.009 (0.088)	−0.059 (−0.312)	−0.003 (−0.032)
$ZSCORE_{t-1}$	0.003 (0.626)	0.005 (1.634)	0.019 *** (4.148)	0.015 *** (4.790)	0.003 (0.655)	0.005 * (1.800)
INS_{t-1}	−0.048 *** (−4.162)	−0.025 *** (−3.393)	−0.045 *** (−3.923)	−0.024 *** (−3.256)	0.002 (0.108)	0.010 (1.012)
Intercept	−0.433 *** (−6.225)	−0.176 *** (−3.976)	−0.424 *** (−6.114)	−0.173 *** (−3.964)	−0.455 *** (−6.527)	−0.194 *** (−4.440)
Year Effects	Yes	Yes	Yes	Yes	Yes	Yes
Industry Effects	Yes	Yes	Yes	Yes	Yes	Yes
Obs	12752	12752	12752	12752	12752	12752
R2. adj	0.175	0.148	0.182	0.152	0.177	0.150

注：Obs 为观测值数目，R2. adj 表示调整后的 R2，括号内为对应回归系数的 t 值，且已经过公司群聚效应调整。***，** 和 * 分别表示在 1%，5% 和 10% 的显著性水平上拒绝零假设。

表 7 - 6 的第一、二列结果中，分析师跟踪 Analyst 与市场地位 Market Share 的交互项均为负。尽管该交互项系数并不显著，但由于在行业内，各企业面临的竞争程度并不相同，处于领先地位的企业相对于其他企业而言，在各方面都会具有相对优势，包括谈判能力、供给商和客户资源等。这些相对优势能够降低企业从事真实盈余管理活动的成本（Zang，2012）。因此，我们的结果较弱地表明，当企业处于行业中的地位越领先时，分析师跟踪对企业真实盈余管理活动的监督作用更强。

表 7 - 6 的第三、四列结果中，分析师跟踪 Analyst 与企业财务状况 ZSCORE 的交互项均为负，且系数均在 1% 的水平上显著。格雷厄姆等

（2005）通过调查访谈的形式，发现当企业处于财务困境时，管理层会更多地考虑以及维持企业的生存，而无暇顾及通过盈余管理行为来调整利润。因此，当企业财务状况较差时（*ZSCORE* 越低），通过真实盈余管理活动使企业的财务指标偏离其正常值会进一步加快企业财务状况的恶化，即需要付出更高的成本。反之，当企业财务状况较好时，由于成本较低，企业此时更可能从事真实盈余管理活动（Zang，2012）。我们的结果表明，当企业自身财务状况较好时，分析师跟踪能够更好地监督企业由于成本较低而潜在增加的真实盈余管理活动，且这种监督作用对企业异常现金流净额、异常产品成本和异常费用支出均有抑制。

表 7-6 的最后两列结果中，分析师跟踪 *Analyst* 与机构持股比例 *INS* 的交互项均为负，且系数均在 1% 的水平上显著。以往的研究表明，机构投资者能够在一定程度上参与上市公司的治理，同时降低企业与投资者之间的信息不对称程度（Ferreira and Mastos，2008；李维安和李滨，2008；高雷和张杰，2008；王咏梅和王亚平，2011）。布希（1998）发现，当机构持股比例较高时，企业会通过较少地削减研发支出来避免盈利下降。罗伊乔社里（2006）发现，机构持股比例与企业真实盈余管理活动之间存在显著的负相关关系。因此，由于担心从事真实盈余管理活动会被机构投资者发现，在机构持股比例较高时，企业从事真实盈余管理活动的成本也相对较高。结合上述论据，我们的结果表明，当企业的机构持股比例较高时，机构投资者的存在对分析师跟踪所扮演的监管角色有进一步的促进作用。

第五节　稳健性检验

在这一部分，我们主要从以下几个方面进行稳健性检验。

首先，考虑到分析师跟踪与企业真实盈余管理活动之间存在可能的互为因果关系，即分析师跟踪能够影响真实盈余管理，但同时企业的真实盈余管理程度也会影响分析师的跟踪。为了缓解该内生性问题，我们综合于（2008）和李春涛等（2014）的方法构造工具变量。第一个工具变量为是否属于沪深 300 成分股的虚拟变量（*HS*300），如果上市公司在当年属于沪深 300 指数的成分股，则虚拟变量 *HS*300 取值为 1，否则为 0。当上市公司进入成分股时，原来不关注该股票的券商可能会相应调配分析师，而当上市公司退出成分股时，关注该股票的券商也会重新分配分析师以关注更重要的股票（李春涛等，2014）。由于上市公司是否入选成分股对分析师关注产生了外生冲击，同时，入选成分股这一事件对企业本身的真实盈余管理并无直接影响，因此，该虚拟变量在理论上是一个比较合适的工具变量。

第二个工具变量是分析师对公司的预期关注倾向 *Expected Coverage*，参考于（2008）的做法构造如下：

$$Expectde\ Coverage_{i,t,j} = \left(Brokersize_{j,t} / Brokersize_{j,0} \right) * Coverage_{i,j,0} \quad (7.8)$$

$$Expected\ Coverage_{i,t} = \sum_{j=1}^{n} Expected\ Coverage_{i,t,j} \quad (7.9)$$

其中，$Coverage_{i,j,0}$ 定义为，如果券商 j 在基准年度发布了关于公司 i 的研究报告（即关注了公司 i），则该变量取值为 1，否则为 0。$Brokersize_{j,t}$ 和 $Brokersize_{j,0}$ 分别表示券商 j 在第 t 期和基准期拥有的分析师数量。该工具变量衡量了分析师对企业的预期关注倾向，这仅与券商所拥有的分析师数量有关，而与企业的真实盈余管理活动无直接关系。由表 7 – 2 可知，2012 年中被分析师关注的公司数目最多，为了尽可能地减少回归样本的缺失，我们以 2012 年作为基准年份。工具变量的回归结果如表 7 – 7 所示。

表 7 –7 　　　　　　　　　　工具变量回归结果 –1

VARIABLES	*Analyst*	*RM*1_*adj*	*RM*2_*adj*
	（1）	（2）	（3）
$Analyst_t$		– 0.072 *** （ – 7.444）	– 0.047 *** （ – 7.666）
$Size_t$	0.240 *** （23.499）	0.046 *** （9.353）	0.027 *** （8.622）
$Leverage$	– 0.157 *** （ – 3.373）	– 0.015 （ – 0.777）	– 0.015 （ – 1.169）
ROA_t	2.775 *** （17.137）	– 0.660 *** （ – 9.995）	– 0.442 *** （ – 10.309）

续表

VARIABLES	Analyst	RM1_adj	RM2_adj
	(1)	(2)	(3)
$SD(CFO)_t$	-0.818 *** (-5.161)	0.255 *** (4.182)	0.210 *** (4.913)
MTB_t	0.036 *** (5.902)	-0.002 (-0.889)	-0.002 (-1.145)
$Growth_t$	0.001 (0.049)	0.042 *** (4.637)	-0.019 *** (-3.024)
SOE_t	-0.117 *** (-7.926)	-0.009 (-1.266)	-0.009 ** (-2.130)
$Market\ Share_{t-1}$	-1.048 *** (-3.215)	-0.257 (-1.519)	-0.189 ** (-2.097)
$ZSCORE_{t-1}$	0.135 *** (12.594)	0.010 * (1.792)	0.012 *** (3.254)
INS_{t-1}	0.843 *** (25.792)	0.021 (1.415)	0.022 ** (2.314)
$HS300$	0.075 *** (3.636)		
$Expected\ Coverage$	0.051 *** (48.788)		
$Intercept$	-4.568 *** (-21.265)	-0.922 *** (-9.349)	-0.529 *** (-8.393)
Obs	9029	9029	9029
$R2.adj$	0.139	0.109	0.624

注：Obs 为观测值数目，$R2.adj$ 表示调整后的 $R2$，括号内为对应回归系数的 z 值，且已经过公司群聚效应调整。***，** 和 * 分别表示在 1%，5% 和 10% 的显著性水平上拒绝零假设。

表 7-8　　　　　　　　　　工具变量回归结果 -2

VARIABLES	RM1_adj			RM2_adj		
	(1)	(2)	(3)	(4)	(5)	(6)
$Analyst_t$	-0.069 *** (-7.300)	-0.024 ** (-2.074)	-0.045 *** (-4.298)	-0.043 *** (-7.171)	-0.018 *** (-2.640)	-0.025 *** (-3.972)

续表

VARIABLES	RM1_adj			RM2_adj		
	(1)	(2)	(3)	(4)	(5)	(6)
$Analyst_t *$ $Market\ Share_{t-1}$	−0.168 (−0.813)			−0.191 * (−1.658)		
$Analyst_t * ZSCORE_{t-1}$		−0.029 *** (−4.014)			−0.017 *** (−4.383)	
$Analyst_t * INS_{t-1}$			−0.049 *** (−3.121)			−0.039 *** (−4.136)
$Size_t$	0.046 *** (9.630)	0.039 *** (8.259)	0.041 *** (8.356)	0.027 *** (8.545)	0.023 *** (7.443)	0.023 *** (7.514)
$Leverage_t$	−0.017 (−0.843)	0.003 (0.174)	−0.009 (−0.453)	−0.017 (−1.294)	−0.004 (−0.319)	−0.010 (−0.778)
ROA_t	−0.666 *** (−10.239)	−0.657 *** (−10.013)	−0.690 *** (−10.595)	−0.449 *** (−10.602)	−0.439 *** (−10.377)	−0.465 *** (−11.165)
$SD\ (CFO)_t$	0.255 *** (4.188)	0.273 *** (4.523)	0.270 *** (4.546)	0.211 *** (4.941)	0.221 *** (5.206)	0.222 *** (5.315)
MTB_t	−0.002 (−0.877)	−0.001 (−0.280)	−0.003 (−1.203)	−0.002 (−1.147)	−0.001 (−0.541)	−0.003 (−1.598)
$Growth_t$	0.042 *** (4.679)	0.040 *** (4.489)	0.041 *** (4.564)	−0.018 *** (−2.987)	−0.020 *** (−3.263)	−0.020 *** (−3.185)
SOE_t	−0.009 (−1.289)	−0.009 (−1.237)	−0.006 (−0.870)	−0.010 ** (−2.157)	−0.009 ** (−2.132)	−0.007 (−1.641)
$Market\ Share_{t-1}$	0.126 (0.301)	−0.234 (−1.349)	−0.198 (−1.163)	0.247 (0.968)	−0.176 * (−1.863)	−0.143 (−1.567)
$ZSCORE_{t-1}$	0.009 (1.568)	0.050 *** (4.699)	0.007 (1.276)	0.010 *** (2.932)	0.035 *** (5.624)	0.009 *** (2.662)
INS_{t-1}	0.021 (1.437)	0.011 (0.790)	0.090 *** (3.182)	0.022 ** (2.298)	0.016 * (1.774)	0.078 *** (4.326)
$Intercept$	−0.918 *** (−9.589)	−0.833 *** (−8.805)	−0.840 *** (−8.598)	−0.521 *** (−8.348)	−0.477 *** (−7.776)	−0.463 *** (−7.605)
Obs	9029	9029	9029	9029	9029	9029
$R2.\ adj$	0.140	0.167	0.165	0.112	0.133	0.138

注：Obs 为观测值数目，$R2.\ adj$ 表示调整后的 $R2$，括号内为对应回归系数的 z 值，且已经过公司群聚效应调整。***，** 和 * 分别表示在1%，5% 和10% 的显著性水平上拒绝零假设。

在表 7 - 7 与表 7 - 8 中，我们将因变量 *RM1* 和 *RM2* 减去年度行业中位数进行调整，得到 *RM1_adj* 和 *RM2_adj*。其中，表 7 - 7 的第一列为工具变量的第一阶段回归结果，工具变量 *HS300* 与 *Expected Coverage* 符号均为正，且在 1% 的水平上显著，符号方向与预期一致。其中，第一阶段回归的 Partial R2 与 F 检验的 P 值均为 0.000，说明了工具变量的合理性。表 5 - 7 后两列是分析师关注对真实盈余管理影响的第二阶段回归结果，结果表明，在控制了内生性之后，分析师关注仍然能够抑制企业的真实盈余管理活动。表 7 - 8 是真实盈余管理活动的成本影响工具变量的回归结果，与之前的结论基本一致。

其次，我们还构造了分析师关注虚拟变量 *Coverage*，若公司在当年受到分析师关注则取值为 1，否则为 0。然后，我们仿照表 7 - 5 和表 7 - 6 重新进行回归检验。结果如表 7 - 9 所示，除了少数回归结构的显著性略有下降，总体而言，结果与前文较为一致。

表 7 - 9 　　　　　　　　　　分析师关注虚拟变量回归结果

VARIABLES	RM1				RM2			
	(1)	(2)	(3)	(4)	(5)	(6)	(7)	(8)
$Coverage_t$	- 0.029 *** (- 6.690)	- 0.028 *** (- 6.087)	- 0.010 (- 1.435)	- 0.012 ** (- 2.355)	- 0.017 *** (- 5.841)	- 0.017 *** (- 5.300)	- 0.007 (- 1.483)	- 0.007 * (- 1.960)
$Coverage_t *$ $Market\ Share_{t-1}$		- 0.032 (- 0.114)				- 0.056 (- 0.254)		
$Coverage_t *$ $ZSCORE_{t-1}$			- 0.020 *** (- 3.279)				- 0.011 *** (- 2.723)	
$Coverage_t *$ INS_{t-1}				- 0.082 *** (- 4.980)				- 0.050 *** (- 4.465)
$Size_t$	0.011 *** (3.291)	0.011 *** (3.296)	0.010 *** (3.149)	0.012 *** (3.656)	0.002 (1.057)	0.002 (1.037)	0.002 (0.931)	0.003 (1.429)
$Leverage_t$	0.046 *** (2.899)	0.046 *** (2.882)	0.049 *** (3.090)	0.046 *** (2.861)	0.025 ** (2.375)	0.025 ** (2.355)	0.027 ** (2.531)	0.025 ** (2.343)

续表

VARIABLES	RM1				RM2			
	(1)	(2)	(3)	(4)	(5)	(6)	(7)	(8)
ROA_t	-0.705 ***	-0.705 ***	-0.692 ***	-0.706 ***	-0.457 ***	-0.457 ***	-0.450 ***	-0.457 ***
	(-16.744)	(-16.747)	(-16.413)	(-16.801)	(-16.206)	(-16.213)	(-15.875)	(-16.258)
$SD(CFO)_t$	0.318 ***	0.318 ***	0.320 ***	0.316 ***	0.242 ***	0.242 ***	0.243 ***	0.241 ***
	(6.599)	(6.598)	(6.610)	(6.563)	(6.982)	(6.983)	(6.985)	(6.959)
MTB_t	-0.014 ***	-0.014 ***	-0.013 ***	-0.014 ***	-0.009 ***	-0.009 ***	-0.008 ***	-0.009 ***
	(-5.954)	(-5.953)	(-5.530)	(-5.858)	(-6.187)	(-6.181)	(-5.791)	(-6.086)
$Growth_t$	0.038 ***	0.038 ***	0.038 ***	0.037 ***	-0.020 ***	-0.020 ***	-0.020 ***	-0.020 ***
	(4.876)	(4.876)	(4.798)	(4.760)	(-3.838)	(-3.827)	(-3.888)	(-3.945)
SOE_t	0.004	0.004	0.003	0.002	-0.000	-0.000	-0.000	-0.001
	(0.593)	(0.592)	(0.478)	(0.403)	(-0.009)	(-0.014)	(-0.113)	(-0.196)
$Market\ Share_{t-1}$	-0.039	-0.008	-0.013	-0.056	0.010	0.064	0.024	-0.000
	(-0.203)	(-0.029)	(-0.069)	(-0.291)	(0.095)	(0.280)	(0.225)	(-0.003)
$ZSCORE_{t-1}$	-0.000	-0.000	0.011 **	-0.000	0.003	0.003	0.010 ***	0.003
	(-0.067)	(-0.078)	(2.249)	(-0.045)	(1.068)	(1.032)	(2.792)	(1.094)
INS_{t-1}	-0.074 ***	-0.074 ***	-0.072 ***	-0.008	-0.042 ***	-0.042 ***	-0.041 ***	-0.002
	(-6.359)	(-6.372)	(-6.238)	(-0.465)	(-5.625)	(-5.611)	(-5.505)	(-0.150)
$Intercept$	-0.231 ***	-0.231 ***	-0.234 ***	-0.263 ***	-0.049	-0.049	-0.051	-0.069 *
	(-3.565)	(-3.567)	(-3.621)	(-4.039)	(-1.216)	(-1.209)	(-1.260)	(-1.692)
Year Effects	Yes	Yes	Yes	Yes	Yes	Yes	Yes	Yes
Industry Effects	Yes	Yes	Yes	Yes	Yes	Yes	Yes	Yes
Obs	12752	12752	12752	12752	12752	12752	12752	12752
R2. adj	0.162	0.161	0.164	0.164	0.137	0.136	0.138	0.138

注：Obs 为观测值数目，$R2.adj$ 表示调整后的 $R2$，括号内为对应回归系数的 t 值，且已经过公司群聚效应调整。***，** 和 * 分别表示在 1%，5% 和 10% 的显著性水平上拒绝零假设。

同样，考虑到国际财务报告准则（IFRS）在我国的实施可能对企业真实盈余管理活动产生影响（Cang et al.，2014），因此，我们将样本期间限定为 2007~2013 年之间重新进行上述回归，结果仍然与上述一致。

本 章 小 结

本章选取 2005～2013 年 A 股上市公司为样本，从分析师跟踪的角度对企业真实盈余管理活动进行了研究，并进一步考察了真实盈余管理成本所带来的边际影响。研究发现：（1）随着分析师跟踪数目的增加，上市公司的真实盈余管理程度更低，该结论支持了"监督假说"，表明我国的证券分析师确实能够发挥监管者的职能；（2）结合企业从事真实盈余管理活动的成本进行考虑，我们发现分析师对处于行业领先地位以及财务状况良好的企业的真实盈余管理活动有更强的监督作用。（3）机构投资者的存在能够对分析师的监管角色有进一步的促进作用。在控制了内生性以及更换关键变量和样本期进行稳健性检验后，上述结论基本一致。

本章的研究具有重要的理论与现实意义。第一，本章为分析师跟踪降低企业真实管理活动提供了直接证据，不仅从侧面反映了我国分析师给企业高管带来的压力相对较小，同时也对我国分析师监管角色的证据进行了补充；第二，我们发现真实盈余管理成本的边际影响较为显著，这表明未来在研究考察真实盈余管理的影响因素时，也应将成本纳入到考察范围中；第三、结合李春涛等（2014）的结论，我们认为我国分析师能够同时抑制企业的两种盈余管理行为，而不会迫使企业在这两种盈余管理方式中进行转换。这对于更好地理解我国分析师跟踪与企业盈余管理的关系有着重要意义。

第八章
分析师跟踪与企业
捐赠行为研究

第一节　问题的提出

前文的研究证实了证券分析师对企业的跟踪会起到有效的监督作用，分别表现在降低企业的税收激进程度和真实盈余管理行为。因此，从企业的角度出发，获得分析师的关注实际上能够向外部投资者发送一个公司治理较好的信号，这能够维持企业与投资者之间的关系，同时将吸引更多的投资者参与投资，降低融资成本。

与此同时，证券分析师通常在资本市场上也扮演着重要的信息中介角色，其对上市公司的跟踪不仅能够提高企业相关信息的透明度（Barth and Hutton，2004；Piotroski and Roulstone，2004；徐欣和唐清泉，2010；薛祖云和王冲，2011），同时也能借由信息披露进行外部监管（Lang et al.，2004；Yu，2008）或提高投资者对企业的认知程度（Merton，1987；Easley et al.，1998），最终提高资本市场的有效性（朱红军等，2007；姜超，2013）。

因此，分析师的关注对于企业的重要性可谓不言而喻。基尔曼等（Krigman et al.，2001）发现，企业会倾向于通过更换承销商以获得更多以及更有影响力的分析师的关注。克利夫和丹尼斯（Cliff and Denis，2004）也类似地发现，上市公司会根据 IPO 后主要承销商的分析师跟踪人数来决定是否在未来的增发过程中更换承销商。

然而，以往的文献大多是从分析师关注的企业进行研究，而往往忽略了那些被分析师"忽视"的企业。如果分析师对企业有着至关重要的作用，一旦企业完全失去了分析师的关注，又会产生什么结果呢？莫拉等（Mola et al.，2013）的研究为这个问题提供了部分答案，他们发现，完全失去分析师跟踪的公司，虽然与同行相比并没有表现出显著下降的业绩，但是却会在买卖价差、交易额和机构持股上存在恶化，同时还会增加公司退市的概率。他们将这种结论归于分析师关注对投资者认知的影响作用。

被"忽视"的企业，即使并没有证据显示其业绩正在下降，但失去分析师关注后，由于投资者对公司缺乏认知，使得公司股票的需求下降，进而导致股价下跌，且更容易被收购或者退市，同时也会因为较低的股价而影响企业的投融资决策（Mola et al.，2013）。面对如此处境，企业必然会采取措施来重新获得关注，例如，柯克（2011）和布希和米勒（2012）分别发现被"忽视"企业会通过主动支付费用购买公司自身的研究报告，或是雇佣投资者关系专家向分析师推销企业来帮助企业重新被分析师及投资者熟悉。

那么，我国上市公司在缺乏分析师关注的情况下，是否也会采取类似行为以重获关注呢？汶川地震作为一个突发的外生自然事件，给我们提供了一个研究上述问题的机会。上市公司在地震后的捐款行为不仅仅体现出企业的社会责任，同时也会影响公司形象，具有广告效应（山立威等，2008），如"加多宝集团"就因于地震后捐款 1 亿元而赢得公众和舆论的普遍赞扬。而在广告密集度和行业竞争度加剧的情况下，捐款行为也更容易成为企业的战略之一（Zhang et al.，2009）。因此，利用我国上市公司在汶川地震后的捐款行为作为分析对象，本书首次在中国资本市场上考察被"忽视"的企业是否会借助捐款这一事件重新获得分析师、媒体以及投资者的关注。

本章的贡献主要体现在以下几个方面。

首先，以往文献大多考察分析师关注对企业的影响作用，而忽略了那些被"忽视"的企业。本章引入分析师预测变量来对上市公司是否受到分析师关注进行分组，是由于考虑到分析师在资本市场中所发挥的信息传递这一重要媒介作用。对于获取信息渠道有限的投资者而言，分析师的关注和预测对于向广大投资者传递上市公司信息、提高上市公司的投资者认知程度有着重要意义。因此，由于完全失去分析师关注的上市公司的投资者认知程度较低，我们更期望在无分析师关注的上市公司中，发现其通过捐款事件来重新获取关注，进而提高自身的投资者认知程度的证据。同时，利用捐赠事件来获取关注的策略也表明，当上市公司缺乏关注时，会考虑采取替代性的行为或策略来重新获得关注。本书首次从无分析师关注的角度出发，考察了在此种状态下企业的行为及其经济后果，从新的角度丰富了分析师及公司金融领域的相关文献。

其次，通过利用汶川地震这个突发的外生自然事件，我们可以比较直接地将捐款行为作为企业期望获得关注所采取的措施，同时也延续了关于企业"捐款动机"的相关研究。山立威等（2008）发现，公司的捐赠行为存在提高声誉以获取广告效应的经济动机。本章与他们的区别在于，一方面，我们从投资者认知的角度出发，通过引入分析师关注对上市公司进行分组，发现捐款事件能够更显著地帮助缺乏关注的公司在未来重新获得外界关注。这一结论与山立威等（2008）所提出的"广告效应"比较类似，但与他们不同的是，我们进一步探讨了是哪一类上市公司更可能利用捐赠事件来获得关注。我们的结论显示，捐款行为确实能够帮助上市公司在未来吸引分析师和媒体的关注，但这种影响作用只体现在完全没有分析师关注的企业当中。另一方面，本章还发现，相较于有分析师关注的公司而言，无分析师关注的公司的捐款行为可以在短期内更为显著地提升上市公司股票在未来的流动性、基金持股比例和持股股东户数。这实际上拓展了山立威等（2008）的研究，为捐赠行为给企业带来的影响提供了比较综合的证据。

此外，莫拉等（2013）虽然指出失去分析师关注的企业所面临的经济后果，但并没有直接考察公司在失去分析师关注后是否会采取其他行为来重获关注。本章实际上延续了他们的研究，首次在中国资本市场上考察了企业在被"忽视"情况下的行为及其影响。一方面，企业在失去关注时，通过其他替代性的行为或策略（如捐款）来获取关注，反映出分析师对于维持和提高投资者对上市公司认知的重要意义。另一方面，已有文献发现，被"忽视"企业会通过主动支付费用购买公司自身的研究报告，或是雇佣投资者关系专家向分析师推销企业来帮助企业重新被分析师及投资者熟悉（Kirk，2011；Bushee and Miller，2012）。通过对捐款事件的分析，本章显示了我国上市公司在失去分析师关注时所采取的一个替代性策略，凭借该策略能够使上市公司重新获得外界的关注。

本章其他内容安排如下：第二节为相关文献综述与研究假设的提出；第三节为数据来源、变量说明以及实证模型的构建；第四节为实证分析结果；第五节为稳健性分析；最后是本章小结。

第二节　理论依据与研究假说

尽管现有文献发现，分析师对上市公司的盈利预测报告可能会受到利益冲突或投资者情绪的影响而降低预测的准确性（Lin and McNichols，1998；Michaely and Womack，1999；Gu Zhaoyang et al.，2013；伍燕然等，2012；吴超鹏等，2013）。然而，由于相对准确的预测有助于分析师未来的职业发展（Hong and Kubik，2003），因此，我们并不能完全否定分析师在企业信息披露过程中所起到的中介作用。

巴斯和赫顿（Barth and Hutton，2004）发现，分析师的预测修正能够提高企业应计项目中关于盈利持续性的信息。奥特洛斯基和罗尔斯登（2004）研究发现，分析师能提高股价中的行业信息含量。德里安和凯克斯（2013）利用券商倒闭和合并而导致上市公司受到分析师跟踪人数变化的外生冲击事件，发现跟踪上市公司的分析师人数的减少将会提高公司的信息不透明度，进而影响企业的投融资决策。国内研究方面，薛祖云和王冲（2011）发现，我国证券分析师在资本市场上，同时扮演了信息竞争和信息补充两种角色，即在盈余公告前更倾向于披露年报中尚未披露的信息，而在盈余公告后倾向于解读年报中的信息并对其进行补充。徐欣和唐清泉（2010）认为，分析师的跟踪能够为企业的研发活动提供信息，且有利于资本市场对企业研发活动价值的认同。同时，朱红军等（2007）和姜超（2013）均发现，我国证券分析师能够增加股票价格的公司特质信息含量，促进资本市场的效率。总体而言，分析师关注确实能够在一定程度上提高企业信息的披露程度。

同时，证券分析师在企业与投资者之间所起到的信息中介的作用对企业也会产生其他影响。一方面，分析师关注能够通过外部监督而降低代理成本。朗等（Lang et al.，2004）利用 27 个国家的数据进行研究发现，分析师在跟踪企业的过程中扮演了公司治理的角色，当企业自身或所处地区治理环境较差时，分析师关注的概率会增加。于（2008）同样也发现，有更多分析师跟踪的企业会更少的操纵企业的盈余。

另一方面，分析师关注能够帮助上市公司被投资者熟悉（Merton，1987）。伊斯利等（Easley et al.，1998）认为，当分析师披露预测公告时，能够在投资者注意力有限的情况下吸引投资者对企业的关注。而这种投资者的认知最终也会影响公司股票的流动性（Irvine，2003）以及股票价格（Jegadeesh et al.，2004；Loh and Stulz，2011；Kelly and Ljungqvist，2011）。

综上所述，证券分析师在对上市公司的关注过程中，确实能够起到信息媒介的作用，并进而影响公司的治理行为与投资者认知。那么，如果企业完全失去了分析师关注又会产生什么后果呢？莫拉等（2013）对这个问题进行了研究，他们发现，完全失去分析师跟踪的公司，虽然与同行相比并没有表现出显著下降的业绩，但是却会在买卖价差、交易额和机构持股上存在恶化，同时还会增加公司退市的概率。他们认为这种结论与投资者认知假说（Investor Recognition Hypothesis）是一致的。

因此，一旦公司完全失去了分析师的关注，为了避免企业在信息透明度上或投资者熟悉程度上的降低，企业必然会采取一定的行为来吸引投资者的关注。柯克（2011）发现没有分析关注的公司会主动通过支付费用获得公司自身的研究报告，并且在获得研究报告之后，公司的机构持股比例、卖方分析师关注以及股票的流动性均有所提高。布希和米勒（2012）发现缺少分析师关注的公司会通过雇佣投资者关系专家来向分析师们推销企业，并且这种行为能够帮助企业吸引更多的投资者。而重新获得关注也会给企业带来利益，例如，德美罗和罗恩格特（Demiroglu and Ryngaert，2010）通过研究至少一年没有被分析师关注的所谓"被忽视的"股票，发现这些股票在未来首次被分析师关注时具有较高的异常收益率。

那么，我国资本市场上被分析师"忽视"的上市公司，是否也会采取行为重获关注呢？汶川地震作为一个突发的外生自然事件，给我们提供了一个研究上述问题的机会。山立威等（2008）通过对汶川地震后我国A股上市公司的捐款数据进行分析，发现公司的捐赠行为存在提高声誉以获取广告效用的经济动机。张等（2010）也认为，公司的捐赠行为是属于公司战略一部分，同样利用汶川地震的捐款数据，他们发现广告密集度和行业竞争度会显著影响企业的捐款行为。因此，对于被"忽视"的企业而言，通过捐款这一行为可以帮助企业在短期迅速被媒体报道，从而提高被分析师和媒体关注的概率。

据此，我们从分析师和媒体关注两个方面提出假说1：

假说1-1：无分析师关注的上市公司，在捐款后会在未来获得分析师的关注。

假说1-2：无分析师关注的上市公司，在捐款后会在未来获得更多的媒体关注。

一方面，默顿（1987）认为分析师的关注能够提高投资者对公司的认知程度，从而增加股票的流动性和股东户数。莫拉等（2013）也分别从流动性、机构持有等几个方面考察了缺乏分析师关注的企业受到的影响。因此，被"忽视"的上市公司在重新获得外界关注后，能够进一步地披露企业自身的信息，降低信息不对称程度，提高投资者的认知程度，进而影响到投资者在资本市场上的交易行为。而另一方面，山立威等（2008）和张等（2010）指出，企业捐款可能被作为战略投资的一部分。因此，企业捐款作为一个事件，也在一定程度上能起到声誉或广告效应，从而能够获得投资者的关注，影响投资者的行为。与莫拉等（2013）的考察角度相似，我们拟从股票流动性、机构投资者和个人投资者三个方面提出假说2：

假说2-1：无分析师关注的上市公司，在捐款后会提高未来公司股票的流动性。

假说2-2：无分析师关注的上市公司，在捐款后会提高未来基金持股比例。

假说2-3：无分析师关注的上市公司，在捐款后会提高未来公司的持

股股东户数。

第三节 研究设计

一、数据来源

本章的研究样本主要为 2008 年在我国沪深两市上市的非金融类公司。对于汶川地震后上市公司是否进行捐款，参考徐莉萍等（2011）和张等（2010），一方面，通过新浪网公开的上市公司地震捐款汇总情况进行判断（http：//biz. finance. sina. com. cn/donation/）。另一方面，考虑到新浪网的统计口径可能较为狭窄，我们还手工搜集了上市公司在 2008 年 5 月 ~ 2008 年 7 月的公告披露情况（http：//www. cninfo. com. cn/search/search. jsp），以判断上市公司是否有捐款行为。我们将两个来源的样本进行汇总，以尽量减少捐款样本被遗漏的可能。同时，需要指出的是，由于新浪网及上市公司公告相对公开，从而保证了分析师、媒体以及投资者对上市公司捐款信息的可获得性。

此外，本研究所使用的上市公司基本信息数据、股票市场交易数据、财务数据、上市公司股东数据以及分析师关注数据均来自 CSMAR 数据库。基金持股比例数据来自 RESSET 数据库。媒体关注度数据则是基于 CNKI《中国重要报纸全文数据库》，采用手工搜集和整理的方式获得。该数据库收录了自 2000 年以来中国国内重要报纸刊载的学术性、资料性文献，并进行连续动态更新，涵盖国内公开发行的 700 多种重要报纸。该数据库同时具有较高的权威性和代表性，其包括中国证监会指定上市公司信息披露的法定披露报纸《中国证券报》《上海证券报》和《证券时报》等权威性（财经）报刊。我们按照上市公司的常用简称对数据库中的全文文献进行内容检索，获得关于该上市公司各年度每一条新闻报道的题目、作者、报纸中文名称、发表日期等原始信息，从而为计算媒体关注度指标提供依据。

我们对所有连续性变量在 1% 和 99% 分位数上进行 Winsorize 处理，以消除异常值对实证结果的影响。同时，我们还剔除了控制变量缺失的上市公司样本，最终得到的研究样本为 1473 个。

二、变量定义

表 8-1 给出了本文主要使用的变量定义。其中，为了考察公司捐款能否帮助无分析师关注的上市公司重新获得分析师和媒体的关注，未来是否对上市公司在股票交易及业绩方面产生影响，我们分别引入了未来分析师关注、媒体关注度、股票非流动性测度、基金持股比例、股东户数以及企业未来的业绩指标。

表 8-1　　　　　　　　　　　　变量定义

变量	变量名称	变量定义
Coverage	分析师关注	虚拟变量，若未来一年/未来两年内上市公司有分析师关注，则取值为1，否则为0。
News	媒体关注度	上市公司在 2009 年被报道的新闻次数加 1 后的自然对数。
Amihud	股票非流动性	上市公司股票在 2008 年下半年/2008 年下半年～2009 年上半年/2009 年的股票非流动性测度，参考梁丽珍和孔东民（2008）计算得到。
Fund	基金持股比例	上市公司在 2008 年下半年末/2009 年上半年末/2009 年下半年末的基金持股比例。
Holder	股东户数	上市公司在 2008 年下半年末/2009 年上半年末/2009 年下半年末的股东户数的自然对数值。
ROE	净资产收益率	上市公司在 2008 年年末/2009 年年末的净资产收益率。
ROS	销售利润率	上市公司在 2008 年年末/2009 年年末的销售利润率。
Coverage	分析师关注	虚拟变量，若 2008 年上市公司无分析师关注，则取值为1，否则为0。
Donate	捐款	虚拟变量，若上市公司进行捐款，则取值为1，否则为0。
SOE	所有权性质	虚拟变量，若上市公司为国有企业，则取值为1，否则为0。
Size	公司规模	上司公司 2008 年总资产的自然对数。
Lev	资产负债率	上市公司 2008 年的资产负债率，总负债除以总资产。

变量	变量名称	变量定义
Age	上市年龄	公司截至 2008 年的上市年龄。
Largest	最大持股比例	上市公司 2008 年的最大股东持股比例。
Dual	两权合一	虚拟变量,若 CEO 与董事长为同一人兼任,则取值为 1,否则为 0。
Ind_Ratio	独立董事占比	上市公司 2008 年的独立董事人数除以董事会总人数。
Beta	贝塔系数	上市公司股票在 2008 年的年度贝塔系数,由上市公司和市场在年内的周收益率通过市场模型回归计算得到。
StdRet	异常收益波动	上市公司股票年度异常收益波动,由上市公司和市场在年内的周收益率通过市场模型回归所得残差的标准差计算得到。
Ret	超额年收益率	上市公司股票在 2008 年的年收益率减去同期市场收益率。
SUE	标准化未预期盈余	上市公司 2008 年的标准化未预期盈余,参考谭伟强(2008)计算得到。

值得说明的是,虽然在股票流动性的代理变量上,交易量指标和买卖价差指标是比较常用的指标,但哈斯布鲁克(Hasbrouck,2003)认为阿米胡德(Amihud,2002)的非流动性测度是基于交易的代理变量中最好的。同时,梁丽珍和孔东民(2008)在对众多流动性指标进行比较后,也认为在中国股票市场上,*Amihud* 测度在捕捉股票的流动性方面最好。因此,本文最终选取 *Amihud* 测度来作为衡量股票流动性的代理变量。参考梁丽珍和孔东民(2008),在第 *t* 月,股票 *i* 的非流动性由该月内的日交易数据计算得到,具体公式如下:

$$Amihud_{i,t} = \frac{1}{Days_{i,t}} \sum_{d=1}^{Days_{i,t}} \frac{|R_{i,t,d}|}{V_{i,t,d}} \qquad (8.1)$$

其中,$R_{i,t,d}$ 为股票 *i* 在第 *t* 月的第 *d* 个交易日的收益率,$V_{i,t,d}$ 为股票 *i* 在第 *t* 月的第 *d* 个交易日的交易量(以 10 万元人民币为单位),$Days_{i,t}$ 为股票 *i* 在第 *t* 月的有效交易天数。在构造出月度 *Amihud* 测度之后,通过计算期间内月度 *Amihud* 测度的均值作为各期间上市公司股票的非流动性测度,该测度取值越大,表明股票的流动性越差。

同时,区别于以往的研究,本书着重从上市公司是否受到分析师关注入手,并借助捐款这一事件来考察无分析师关注上市公司的捐款动机。因此以分析师关注变量作为分组指标，同时考察捐款对上市公司未来的影响作用。

在控制变量方面，我们引入了所有权性质、公司规模、资产负债率和上市年龄，以控制上市公司的基本特征。由于上市公司在未来的变化同样也可能是由于公司治理的因素造成，因此，我们引入最大持股比例、两权合一以及独立董事占比以控制公司的治理效应。同时，考虑到上市公司股票在市场上的特征也可能吸引未来分析师或媒体和投资者的关注，我们进一步引入股票的贝塔系数、异常收益波动、经市场调整的年收益率以及标准化未预期盈余。对标准化未预期盈余的计算，我们主要参考谭伟强（2008）以及吴世农和吴超鹏（2005）的方法，具体过程如下：

首先，利用公司中报和年报披露的总股本和每股收益来调增公司上半年和下半年的每股收益：

$$EPS_{s\_adjust} = EPS_s (E_s / E_y) \tag{8.2}$$

其中，EPS_{s_adjust} 为上市公司中报披露的每股收益，E_s 为中报披露的上半年年末的总股本，E_y 为年报披露的年末的总股本，$_-EPS_{s\_adjust}$ 为上半年末经调整后的每股收益。从而有下半年的每股收益为：

$$EPS_{y\_adjust} = EPS_y - EPS_{s\_adjust} \tag{8.3}$$

其中，EPS_y 为年末公布的每股收益，EPS_{y_adjust} 为经调整后的下半年每股收益。然后，定义公司 i 第 t 半年度的标准化未预期盈余 SUE 如下：

$$SUE_{i,t} = (EPS_{i,t} - EPS_{i,t-2}) / \sigma_{i,t} \tag{8.4}$$

其中，$\sigma_{i,t}$ 表示公司 i 在半年度 t 及其之前的 4 个半年度的未预期盈余（$EPS_{i,t} - EPS_{i,t-2}$）的标准差。从而计算得到上市公司年末的标准化未预期盈余 SUE。

最后，考虑到未来分析师的关注可能会受到股票流动性和机构投资者持股比例（O'Brien and Bhushan，1990），以及信息搜集成本（Barth et al.，2001）的影响，我们还进一步引入了上市公司在 2008 年上半年末的公司业绩指标、基金持股比例、股票非流动性测度、股东户数以及 2008 年的媒体关注度作为控制变量，并加入行业虚拟变量控制行业效应。

三、模型设定

针对假说 1-1 和假说 1-2，我们设定如下模型进行回归检验：

$$F\_Coverage/News\_2009 = f(Donate, Control) \qquad (8.5)$$

其中，因变量 $F\_Coverage$ 和 $News\_2009$ 分别为分析师在未来一年（或两年）是否获得分析师关注的虚拟变量以及 2009 年的媒体关注度。$Donate$ 为虚拟变量，若上市公司在汶川地震后有捐款行为，则取值为 1，否则为 0。$Control$ 为一系列控制变量，包括公司的基本特征、公司治理特征以及资本市场特征等相关变量。同时，我们还控制了企业 2008 年的媒体关注度 $News\_2008$ 以及在 2008 年上半年末的净资产收益率 ROE_2008h1、基金持股比例 $Fund\_2008h1$ 和股票非流动性指标 $Amihud\_2008h1$，控制变量的具体定义可参见表 8 – 1。

此外，为了考察捐款对无分析师关注上市公司产生的影响作用，我们按照上市公司在 2008 年是否受到分析师的关注对模型（8.5）进行分组回归，从而进一步比较捐款行为对无分析师关注和有分析师关注的上市公司的影响差异。

针对假说 2 – 1、假说 2 – 2 和假说 2 – 3，模型设定如下：

$$F\_Amihud/F\_Fund/F\_Holder = f(Donate, Control) \qquad (8.6)$$

其中，因变量 F_Amihud、F_Fund 和 F_Holder 分别表示上市公司在未来的股票非流动性、基金持股比例和持股股东户数。其余变量与前文一致，值得说明的是，因变量为未来持股股东户数时，我们在控制变量中增加了上市公司在 2008 年上半年末的持股股东户数。同样，我们按照上市公司在 2008 年是否受到分析师的关注对模型（8.6）进行分组回归检验。

第四节　实证结果与分析

一、描述性统计

表 8 – 2 给出了本书研究样本的总体分布情况。可以发现，在我们的样本中，有 479 家（32.52%）公司在 2008 年度没有受到任何分析师的关注，而其中仅有 73 家公司有捐款行为发生，占比仅为 15.24%。而在受到

分析师关注的上市公司样本中，有 365 家（36.72%）公司进行了捐款，其比例远远高于无分析师关注的样本。同时，表 8 - 3 给出了研究样本的行业分布情况。

表 8 - 2　　　　　　　　　　总体样本分布

	捐款	百分比	未捐款	百分比	合计
无分析师关注	73	16.67%	406	39.23%	479
有分析师关注	365	83.33%	629	60.77%	994
合计	438	100.00%	1035	100.00%	1473

表 8 - 3　　　　　　　　　　行业分布

行业分类	分析师关注			捐赠		
	无	有	合计	无	有	合计
农林牧渔业	7	21	28	20	8	28
采掘业	8	31	39	30	9	39
食品、饮料	23	38	61	37	24	61
纺织、服装、皮毛	36	23	59	33	26	59
木材、家具	2	4	6	1	5	6
造纸、印刷	11	16	27	20	7	27
石油、化学、塑胶、塑料	48	100	148	113	35	148
电子	18	48	66	47	19	66
金属、非金属	25	102	127	95	32	127
机械、设备、仪表	54	165	219	153	66	219
医药、生物制品	42	70	112	59	53	112
其他制造业	3	11	14	8	6	14
电力、煤气及水的生产和供应业	27	42	69	53	16	69
建筑业	8	22	30	19	11	30
交通运输、仓储业	9	57	66	50	16	66
信息技术业	21	58	79	49	30	79

续表

行业分类	分析师关注			捐赠		
	无	有	合计	无	有	合计
批发和零售贸易	37	68	105	71	34	105
房地产业	53	58	111	87	24	111
社会服务业	16	29	45	36	9	45
传播与文化产业	4	10	14	13	1	14
综合类	27	21	48	41	7	48
合计	479	994	1473	1035	438	1473

表 8-4 是主要变量的描述性统计特征。就总体样本而言，国有企业占比约为 60%，平均总资产的自然对数为 21.42，资产负债率约为 50%，平均上市年龄为 8.8 年。在公司治理方面，样本平均最大股东持股比例为 36.3%，有 14.4% 的企业 CEO 与董事长由同一人兼任，独立董事占比的均值约为 36.2%，同时，公司治理相关变量的标准差相对较大，反映出样本在公司治理方面存在较大差异。在资本市场方面，上市公司股票的平均贝塔系数为 0.118，异常收益波动率均值为 0.096，而经市场调整的年收益率均值几乎为 0。同时标准化未预期盈余均值为 -0.222，反映出上市公司在2008 年度实际会计盈余普遍低于预期。此外，研究样本在 2008 年平均被媒体报道的次数约为 6 次（$e^{1.978} - 1 \approx 6.23$），其中被报道次数最高约为112 次（$e^{4.727} - 1 \approx 111.95$），同时也有部分公司在 2008 年并没有任何媒体对其进行过新闻报道。总体样本在 2008 年上半年末的平均净资产收益率约为 4.6%，基金持股比例约为 5.4%，而在上半年的平均非流动性测度均值约为 0.0002。

表 8-4   描述性统计

变量名	观测值	均值	标准差	最小值	中位数	最大值
Coverage	1473	0.6750	0.4690	0.0000	1.0000	1.0000
Donate	1473	0.2970	0.4570	0.0000	0.0000	1.0000
SOE	1473	0.6000	0.4900	0.0000	1.0000	1.0000

变量名	观测值	均值	标准差	最小值	中位数	最大值
Size	1473	21.4160	1.1850	18.4910	21.2770	24.9660
Lev	1473	0.5000	0.1880	0.0830	0.5030	0.9230
Age	1473	8.8170	4.3150	1.0000	9.0000	18.0000
Largest	1473	0.3630	0.1520	0.0910	0.3470	0.7420
Dual	1473	0.1440	0.3510	0.0000	0.0000	1.0000
Ind_Ratio	1473	0.3620	0.0500	0.2500	0.3330	0.5560
Beta	1473	0.1180	0.1680	−0.2990	0.1010	0.7000
StdRet	1473	0.0960	0.0160	0.0600	0.0950	0.1430
Ret	1473	0.0000	0.0020	−0.0020	0.0000	0.0080
SUE	1473	−0.2220	1.2640	−2.3900	−0.3980	2.7340
News_2008	1473	1.9780	1.1350	0.0000	1.9460	4.7270
ROE_2008h1	1473	0.0460	0.0690	−0.2550	0.0400	0.2920
Fund_2008h1	1473	0.0540	0.0920	0.0000	0.0070	0.4010
Amihud_2008h1	1473	0.0002	0.0004	0.0000	0.0001	0.0051

表8-4仅就样本的总体情况给出了大致描述，而在表8-5中，我们首先将研究样本按照是否有分析师关注分为两组，在此基础上对比捐款和未捐款上市公司在各方面特征是否存在差异，结果如表8-5所示。

表8-5　　　　　　　　　　分组比较

变量	无分析师关注（Coverage=0）				有分析师关注（Coverage=1）			
	未捐款 Donate=0	捐款 Donate=1	T检验 P-value	Wilcoxon 检验 P-value	未捐款 Donate=0	捐款 Donate=1	T检验 P-value	Wilcoxon 检验 P-value
SOE	0.586	0.397	0.003	0.003	0.677	0.523	0.000	0.000
Size	20.739	20.738	0.989	0.818	21.716	21.786	0.369	0.899
Lev	0.520	0.487	0.207	0.126	0.491	0.496	0.703	0.797
Age	10.377	9.479	0.062	0.073	8.482	7.526	0.001	0.001
SUE	−0.295	−0.427	0.380	0.449	−0.213	−0.116	0.256	0.280
Largest	0.324	0.322	0.929	0.998	0.388	0.371	0.098	0.119

变量	无分析师关注（*Coverage* = 0）				有分析师关注（*Coverage* = 1）			
	未捐款 Donate = 0	捐款 Donate = 1	T 检验 P-value	Wilcoxon 检验 P-value	未捐款 Donate = 0	捐款 Donate = 1	T 检验 P-value	Wilcoxon 检验 P-value
Dual	0.163	0.233	0.145	0.144	0.118	0.151	0.135	0.135
Ind_Ratio	0.362	0.363	0.854	0.673	0.360	0.363	0.394	0.988
Beta	0.166	0.151	0.514	0.670	0.097	0.096	0.982	0.723
StdRet	0.097	0.095	0.286	0.253	0.096	0.094	0.036	0.040
Ret	0.000	0.000	0.362	0.620	0.001	0.001	0.221	0.118
News_2008	1.330	1.570	0.046	0.052	2.168	2.454	0.000	0.000
ROE_2008h1	0.007	0.018	0.253	0.041	0.059	0.073	0.000	0.001
Fund_2008h1	0.003	0.006	0.078	0.986	0.076	0.084	0.256	0.173
Amihud_2008h1	0.000	0.000	0.479	0.637	0.000	0.000	0.423	0.309
Holder_2008h1	10.501	10.393	0.285	0.225	10.599	10.553	0.482	0.234

由表 8 - 5 可以发现，无论是在无分析师关注还是有分析师关注组别，除少数变量以外（如所有权性质 *SOE* 和上市年龄 *Age* 等），未捐款和有捐款行为的样本平均而言，在企业基本特征、公司治理以及资本市场特征上并无显著差异。值得注意的是，在两组样本中，发生捐款的企业在 2008 年被新闻报道的次数都显著多余未捐款企业。同时，各组内发生捐款企业在 2008 年上半年末的资产收益率以及基金持股比例都略高于未捐款样本。此外，仅从分析师关注与否的角度来看，有分析师关注的上市公司在媒体关注度、企业业绩、基金持股比例以及股票流动性上都显著高于无分析师关注企业，这与莫拉等（2013）的发现也较为一致。

二、实证分析

针对假说 1 - 1 和假说 1 - 2，我们主要考察无分析师关注的企业是否能通过借助捐款事件在未来重新获得分析师关注，同时也吸引更多的新闻媒体报道。结果如表 8 - 6 所示。

表 8 – 6　　　　　　　　　　　未来分析师和媒体关注

VARIABLES	无分析师关注（Coverage = 0）			有分析师关注（Coverage = 1）		
	F1_coverage	F2_coverage	News_2009	F1_coverage	F2_coverage	News_2009
Donate	0. 911 *** (3. 013)	0. 863 *** (2. 647)	0. 197 ** (2. 125)	– 0. 397 (– 1. 405)	0. 054 (0. 142)	– 0. 002 (– 0. 049)
SOE	0. 367 (1. 571)	0. 005 (0. 023)	– 0. 127 * (– 1. 826)	0. 008 (0. 028)	0. 187 (0. 434)	0. 032 (0. 635)
Size	0. 903 *** (5. 688)	0. 543 *** (3. 665)	0. 109 ** (2. 576)	0. 670 *** (2. 736)	1. 084 *** (3. 585)	0. 104 *** (3. 927)
Lev	– 1. 260 ** (– 2. 200)	– 0. 119 (– 0. 215)	– 0. 013 (– 0. 087)	– 0. 376 (– 0. 382)	– 1. 190 (– 0. 895)	– 0. 044 (– 0. 302)
Age	– 0. 146 *** (– 4. 605)	– 0. 143 *** (– 4. 556)	0. 007 (0. 831)	– 0. 128 *** (– 3. 742)	– 0. 095 * (– 1. 838)	0. 004 (0. 726)
SUE	0. 202 ** (2. 148)	0. 161 * (1. 766)	0. 013 (0. 479)	0. 035 (0. 301)	0. 054 (0. 345)	– 0. 024 (– 1. 436)
Largest	– 0. 789 (– 0. 970)	– 0. 062 (– 0. 085)	– 0. 259 (– 1. 149)	2. 482 *** (2. 603)	0. 379 (0. 280)	0. 198 (1. 284)
Dual	– 0. 228 (– 0. 790)	– 0. 461 * (– 1. 729)	– 0. 212 *** (– 2. 928)	0. 473 (1. 298)	0. 683 (1. 106)	0. 098 (1. 603)
Ind_Ratio	– 0. 533 (– 0. 210)	0. 857 (0. 395)	0. 958 (1. 500)	– 3. 497 (– 1. 369)	– 2. 395 (– 0. 674)	– 0. 044 (– 0. 118)
Beta	0. 112 (0. 175)	– 1. 007 * (– 1. 657)	0. 429 ** (2. 228)	1. 742 ** (2. 072)	1. 266 (1. 061)	– 0. 137 (– 1. 067)
StdRet	– 7. 861 (– 1. 115)	8. 573 (1. 243)	– 0. 226 (– 0. 127)	– 13. 350 (– 1. 288)	– 2. 545 (– 0. 169)	– 1. 845 (– 1. 170)
Ret	159. 448 * (1. 877)	178. 277 * (1. 772)	23. 194 (0. 889)	327. 780 *** (3. 007)	326. 665 * (1. 875)	46. 042 *** (3. 678)
News_2008	0. 323 ** (2. 452)	0. 443 *** (3. 495)	0. 691 *** (22. 091)	0. 455 *** (3. 555)	0. 222 (1. 258)	0. 791 *** (44. 034)
ROE_2008h1	– 0. 528 (– 0. 322)	0. 480 (0. 321)	– 0. 723 * (– 1. 731)	12. 521 *** (3. 093)	16. 490 *** (2. 667)	– 0. 928 * (– 1. 937)
Fund_2008h1	24. 634 (1. 296)	1. 562 (0. 135)	– 2. 502 (– 1. 392)	21. 859 *** (3. 105)	20. 667 (1. 371)	0. 101 (0. 419)

续表

VARIABLES	无分析师关注（Coverage = 0）			有分析师关注（Coverage = 1）		
	*F*1_*coverage*	*F*2_*coverage*	*News_2009*	*F*1_*coverage*	*F*2_*coverage*	*News_2009*
Amihud_2008h1	234.031 (1.528)	25.165 (0.149)	56.245 (1.334)	−109.599 (−0.119)	1745.907 (1.147)	250.926 (1.407)
Constant	−17.449 *** (−4.978)	−11.207 *** (−3.217)	−1.900 * (−1.943)	−10.819 ** (−2.112)	−19.263 *** (−2.804)	−2.076 *** (−3.550)
Industry Effect	Yes	Yes	Yes	Yes	Yes	Yes
Obs	474	469	479	927	896	994
Pseudo R2/Adj_R2	0.193	0.146	0.520	0.334	0.300	0.672

注：括号内为对应回归系数的 z 值或 t 值，且已经过稳健性调整。***，** 和 * 分别表示在 1%，5% 和 10% 的显著性水平上拒绝零假设。

　　表 8-6 的前三列中，上市公司捐款虚拟变量 *Donate* 均显著为正，表明对于无分析师关注的样本而言，捐款行为将使得企业在未来一年或两年内更可能重新获得分析师的关注，同时，在未来一年被媒体报道的次数也会随之增加。结合表 8-4，由于在无分析师关注样本中，捐款与未捐款的企业样本在各方面的特征变量上并没有表现出显著差异，因此，这也进一步说明了捐款行为的影响作用。

　　相对地，在有分析师关注的组别中，捐款行为所带来的影响则并不显著。一方面，捐款行为可能会提高公司被分析师关注的概率，但对于未捐款的企业而言，由于上市公司已经在 2008 年受到了分析师的关注，即使上市公司并没有通过捐款行为来吸引分析师的关注，其同样可能延续被分析师关注的可能。因此，第四与第五列中，上市公司捐款虚拟变量 *Donate* 均不显著。另一方面，由表 8-4 可知，在有分析师关注的组别中，未捐款和捐款样本在 2008 年被媒体报道的平均次数约为 8 次（$e^{2.168} - 1 \approx 7.74$）和 11 次（$e^{2.454} - 1 \approx 10.63$），且捐款企业当年被报道的次数显著高于未捐款样本。考虑到样本在 2008 年度被媒体报道的次数已经高于总体样本均值，即无论是否捐款，在有分析师关注的组别中，企业被媒体报道的次数已经较多，因而即使发生捐款行为，也并不一定能使企业在未来一年内吸引更多的媒体关注。

综上所述，我们发现，捐款行为确实能够帮助上市公司在未来吸引分析师和媒体的关注，且这种影响作用只体现在完全没有分析师关注的企业当中，与假说 1-1 和假说 1-2 的预期相符。

针对假说 2-1、假说 2-2 和假说 2-3，我们拟考察无分析师关注的企业是否能通过借助捐款事件在未来提升自身股票的交易特征。表 8-7 主要检验了股票未来的流动性，结果如下：

表 8-7　　　　　　　　　　　　　　未来流动性指标

VARIABLES	无分析师关注（Coverage = 0）			有分析师关注（Coverage = 1）		
	F1_Amihud	F2_Amihud	F3_Amihud	F1_Amihud	F2_Amihud	F3_Amihud
Donate	−0.0001 * (−1.939)	−0.0001 (−1.215)	0.000 (0.402)	−0.000 (−0.532)	−0.000 (−0.325)	0.000 (0.140)
SOE	0.000 (0.646)	0.000 (0.465)	0.000 (1.239)	0.000 (0.400)	0.000 (0.313)	−0.000 (−0.628)
Size	−0.000 *** (−6.888)	−0.000 *** (−5.399)	−0.000 *** (−8.161)	−0.000 *** (−2.751)	−0.000 * (−1.892)	−0.000 *** (−5.290)
Lev	0.001 ** (2.546)	0.000 (1.464)	0.000 *** (3.650)	0.000 (0.943)	0.000 (0.523)	0.000 *** (3.836)
Age	−0.000 * (−1.751)	−0.000 (−1.004)	−0.000 (−0.827)	−0.000 (−0.671)	−0.000 (−0.090)	−0.000 *** (−2.808)
SUE	0.000 (0.086)	0.000 (0.619)	0.000 (1.281)	−0.000 * (−1.657)	−0.000 (−1.426)	0.000 (0.073)
Largest	0.001 *** (2.973)	0.000 * (1.814)	0.000 *** (2.646)	0.000 *** (3.144)	0.000 *** (2.652)	0.000 *** (4.737)
Dual	−0.000 (−0.708)	−0.000 (−0.479)	−0.000 (−0.449)	−0.000 (−1.335)	−0.000 (−1.557)	−0.000 (−0.284)
Ind_Ratio	0.000 (0.020)	0.000 (0.668)	0.000 (0.187)	−0.000 (−1.028)	−0.000 (−1.055)	−0.000 (−0.693)
Beta	−0.000 (−0.443)	−0.000 (−0.988)	0.000 (0.685)	−0.000 (−0.054)	0.000 (0.013)	−0.000 (−1.622)
StdRet	−0.007 *** (−3.087)	−0.004 ** (−2.573)	−0.001 *** (−3.115)	−0.002 (−1.299)	−0.001 (−0.859)	−0.000 * (−1.707)
Ret	−0.030 (−1.616)	−0.041 ** (−2.456)	−0.009 *** (−2.841)	0.011 (0.637)	0.010 (0.706)	−0.001 (−0.672)

VARIABLES	无分析师关注（Coverage = 0）			有分析师关注（Coverage = 1）		
	F1_Amihud	F2_Amihud	F3_Amihud	F1_Amihud	F2_Amihud	F3_Amihud
News_2008	-0.000 (-1.276)	-0.000 (-0.397)	-0.000 (-0.102)	-0.000 ** (-2.125)	-0.000 * (-1.897)	-0.000 (-1.099)
ROE_2008h1	-0.001 (-1.127)	-0.001 (-1.453)	-0.000 * (-1.849)	0.000 (0.612)	0.000 (0.771)	-0.000 *** (-3.587)
Fund_2008h1	0.002 (1.164)	0.001 (1.107)	0.000 (0.129)	-0.000 * (-1.763)	-0.000 (-1.481)	-0.000 *** (-3.080)
Amihud_2008h1	0.086 (1.155)	0.172 * (1.870)	0.031 ** (2.301)	0.846 *** (3.822)	0.506 *** (3.513)	0.063 *** (4.941)
Constant	0.006 *** (7.738)	0.005 *** (5.950)	0.001 *** (7.890)	0.002 *** (2.744)	0.001 * (1.924)	0.000 *** (5.667)
Industry Effect	Yes	Yes	Yes	Yes	Yes	Yes
Obs	476	477	479	994	994	994
Adj_R2	0.246	0.245	0.354	0.266	0.184	0.404

注：括号内为对应回归系数的 t 值，且已经过稳健性调整。***，** 和 * 分别表示在1%，5%和10%的显著性水平上拒绝零假设。

其中，$F1\_Amihud$、$F2\_Amihud$ 和 $F3\_Amihud$ 分别表示上市公司股票在2008年下半年、2008年下半年～2009年上半年以及2009年的股票非流动性测度。由于汶川地震的发生时间为2008年5月12日，而多数公司的捐款行为发生在2008年5~7月。从无分析师关注的组别可以看到，捐款虚拟变量 $Donate$ 的回归系数在第一列中显著为负，且在10%的水平下显著，表明捐款行为能够提高上市公司在未来半年内股票交易的流动性。但值得注意的是，捐款行为对股票流动性的提升作用仅仅体现在短期内，当考虑未来较长期的股票流动性时，捐款虚拟变量 $Donate$ 的回归系数均不显著。且从第二列与第三列 $Donate$ 变量回归系数的符号及显著性来看，有略微地证据表明，捐款行为的影响作用呈现出逐渐下降的趋势。控制变量方面，公司规模与因变量均呈显著负相关，即公司规模越大，对应股票的流动性也越高，这体现出 $Amihud$ 测度作为衡量股票流动性指标的可靠性。同时，企业在2008年上半年的非流动性 $Amihud\_2008h1$ 的回归系数也基本显著为正，表明股票的流动性具有一定的惯性作用。

而在有分析师关注的组别中，捐款行为所带来的影响均不显著。同样，结合表 8 - 5 可以发现，受到分析师关注的样本，无论是否有捐款行为发生，其对应股票的流动性都高于总体样本均值。因此，捐款与否并不会对上市公司股票在未来的流动性产生显著影响。

此外，由表 8 - 7 的结果，我们发现捐款行为仅能帮助无分析师关注的企业在未来较短时期内提高股票流动性。同时，由于捐款能够帮助被"忽视"的企业重获分析师的关注，股票未来的流动性也可能通过"企业捐款→分析师关注→股票流动性"这一中介效应渠道发挥效应。这里，我们引入 Sobel 检验（温忠麟等，2005），以对是否存在这种中介效应的传倒机制进行检验。参考温忠麟等（2005），中介效应的定义是：考虑自变量 X 对因变量 Y 的影响，如果 X 通过影响变量 M 来影响 Y，则称 M 为中介变量。具体可参考如下三个方程：

$$Y = cX + e_1 \tag{8.7}$$

$$M = aX + e_2 \tag{8.8}$$

$$Y = c'X + bM + e_3 \tag{8.9}$$

这里，中介变量的估计量是回归系数乘积 $\hat{a}\hat{b}$，若 $\hat{a}\hat{b}$ 显著异于 0，则说明存在中介效应，否则无中介效应。具体而言，在本书中 Y 为 2009 年股票未来流动性指标 $F3\_Amihud$，M 为 2009 年分析师关注虚拟变量 $Coverage\_2009$，X 为企业捐款虚拟变量 $Donate$。Sobel 检验的结果如表 8 - 8 所示。

表 8 - 8　　"企业捐款→分析师关注→股票流动性"中介效应检验

	无分析师关注（Coverage = 0）		有分析师关注（Coverage = 1）	
	系数	Z - Value	系数	Z - Value
回归系数 $\hat{a}$	0.197	3.239 ***	0.011	0.580
回归系数 $\hat{b}$	$-0.035 * 10^{-3}$	-4.009 ***	$-0.002 * 10^{-2}$	-5.259 ***
Sobel 检验	$-0.686 * 10^{-5}$	-2.52 **	$-0.229 * 10^{-8}$	-0.577
中介效应占总效应的比例	99.12%		24.25%	

注：本表使用 Sobel 检验，***，** 和 * 分别表示在 1%，5% 和 10% 的显著性水平上拒绝零假设。

由上述结果可知，在无分析师关注的样本组内，Sobel 检验统计量在 1% 的显著性水平下显著。结合先前的结果，我们发现捐助对于股票在未来长期流动性的直接影响较小。但通过中介效应的检验可以发现，企业通过捐助重新获得分析师关注后，能够进一步帮助企业在股票流动性上获得提升。这种中介效应占到了总效应的 99.12%。这表明，企业的捐助行为通过"企业捐款→分析师关注→股票流动性"这一中介效应对未来股票较长期流动性的提升作用超过了直接效应。同时，我们也发现，这种中介效应仅体现在无分析师关注的样本组内。这也在一定程度上反映出重获关注对于企业的重要性。

表 8-9 和表 8-10 分别从参与股票交易的投资者进行考察。其中，表 8-9 主要考察机构投资者的交易行为，这里我们主要使用基金持股比例来作为机构交易的替代指标。而表 8-10 主要利用上市公司持股股东户数来考察个人投资者的交易行为。结果如表 8-9 所示：

表 8-9 　　　　　　　　　　　未来基金持股比例变化

VARIABLES	无分析师关注（Coverage = 0）			有分析师关注（Coverage = 1）		
	F1_Fund	F2_Fund	F3_Fund	F1_Fund	F2_Fund	F3_Fund
Donate	0.002 * (1.838)	0.002 (0.792)	0.003 (0.686)	0.008 *** (2.895)	0.008 ** (2.280)	0.006 (1.510)
SOE	-0.001 (-0.771)	0.001 (0.237)	-0.003 (-0.945)	0.001 (0.162)	0.001 (0.137)	0.002 (0.515)
Size	0.002 *** (3.045)	0.007 *** (3.148)	0.010 *** (3.834)	0.003 * (1.929)	0.009 *** (4.065)	0.002 (0.606)
Lev	-0.008 *** (-3.349)	-0.014 ** (-2.306)	-0.021 ** (-2.219)	-0.032 *** (-4.149)	-0.010 (-1.000)	-0.004 (-0.273)
Age	0.000 ** (2.008)	0.000 (0.383)	-0.000 (-0.816)	0.000 (1.490)	0.001 (1.414)	0.000 (0.114)
SUE	0.000 (0.849)	-0.001 (-0.674)	0.001 (0.481)	-0.003 ** (-2.431)	-0.002 (-1.097)	0.001 (0.318)
Largest	0.001 (0.332)	-0.009 (-1.101)	-0.018 (-1.457)	-0.014 * (-1.656)	-0.017 (-1.414)	-0.038 *** (-2.664)
Dual	0.001 (0.505)	-0.002 (-0.619)	-0.005 (-1.163)	-0.005 (-1.199)	-0.006 (-1.002)	-0.004 (-0.632)

VARIABLES	无分析师关注（Coverage = 0）			有分析师关注（Coverage = 1）		
	F1_Fund	F2_Fund	F3_Fund	F1_Fund	F2_Fund	F3_Fund
Ind_Ratio	0.012 (1.142)	0.024 (0.972)	0.015 (0.396)	0.012 (0.662)	−0.004 (−0.117)	0.032 (1.004)
Beta	0.005 (1.625)	0.006 (0.714)	0.008 (0.904)	0.027*** (3.014)	0.007 (0.546)	0.007 (0.523)
StdRet	−0.008 (−0.212)	0.062 (0.787)	0.045 (0.437)	−0.353*** (−3.443)	−0.085 (−0.610)	−0.047 (−0.337)
Ret	0.330 (0.941)	1.382 (1.276)	2.015 (1.404)	12.726*** (11.503)	7.506*** (6.181)	7.153*** (5.169)
News_2008	0.000 (0.593)	0.002 (0.986)	0.002 (1.065)	0.001 (0.960)	0.001 (0.460)	0.002 (1.185)
ROE_2008h1	0.001 (0.190)	0.001 (0.020)	0.001 (0.042)	−0.027 (−0.907)	0.093** (2.317)	0.145*** (3.290)
Fund_2008h1	1.088*** (5.932)	1.236*** (5.485)	1.200*** (5.598)	0.871*** (46.200)	0.582*** (23.344)	0.575*** (20.370)
Amihud_2008h1	0.780* (1.675)	1.861 (0.909)	8.156 (1.231)	−10.202 (−0.833)	−5.400 (−0.346)	−31.508** (−2.024)
Constant	−0.043*** (−3.050)	−0.153*** (−3.351)	−0.202*** (−3.759)	−0.054 (−1.381)	−0.207*** (−3.880)	−0.022 (−0.398)
Industry Effect	Yes	Yes	Yes	Yes	Yes	Yes
Obs	479	479	479	994	994	994
Adj_R2	0.697	0.278	0.228	0.873	0.654	0.579

注：括号内为对应回归系数的 t 值，且已经过稳健性调整。***，** 和 * 分别表示在 1%，5% 和 10% 的显著性水平上拒绝零假设。

表 8 − 10   未来股东户数变化

VARIABLES	无分析师关注（Coverage = 0）			有分析师关注（Coverage = 1）		
	F1_Holder	F2_Holder	F3_Holder	F1_Holder	F2_Holder	F3_Holder
Donate	−0.024 (−1.273)	0.063* (1.776)	−0.031 (−0.693)	−0.014 (−1.064)	−0.029 (−1.277)	−0.041 (−1.402)

续表

VARIABLES	无分析师关注（Coverage = 0)			有分析师关注（Coverage = 1)		
	F1_Holder	F2_Holder	F3_Holder	F1_Holder	F2_Holder	F3_Holder
SOE	−0.013 (−1.110)	−0.057 ** (−2.518)	−0.064 ** (−2.060)	−0.021 (−1.458)	−0.045 * (−1.789)	−0.058 * (−1.834)
Size	0.030 *** (2.607)	0.094 *** (4.861)	0.150 *** (6.124)	0.046 *** (3.908)	0.115 *** (6.062)	0.211 *** (8.398)
Lev	−0.013 (−0.324)	−0.078 (−1.188)	−0.137 * (−1.824)	0.036 (0.849)	−0.226 *** (−3.307)	−0.362 *** (−3.912)
Age	0.001 (0.608)	0.004 (1.069)	0.010 ** (2.425)	−0.000 (−0.095)	−0.002 (−0.602)	−0.002 (−0.652)
SUE	−0.006 (−1.005)	−0.008 (−0.806)	−0.013 (−1.035)	0.015 *** (2.666)	−0.025 *** (−2.680)	−0.026 ** (−2.198)
Largest	−0.117 ** (−2.232)	−0.226 ** (−2.524)	−0.261 ** (−2.235)	−0.044 (−0.928)	−0.370 *** (−4.679)	−0.410 *** (−3.906)
Dual	0.006 (0.431)	0.003 (0.100)	0.031 (0.871)	−0.010 (−0.542)	0.011 (0.328)	0.007 (0.164)
Ind_Ratio	−0.175 (−1.424)	0.410 * (1.774)	0.664 * (1.955)	0.172 (1.096)	0.127 (0.700)	−0.063 (−0.249)
Beta	−0.058 (−1.161)	−0.007 (−0.100)	−0.074 (−0.858)	−0.154 *** (−3.087)	0.008 (0.113)	0.021 (0.237)
StdRet	2.282 *** (4.212)	1.192 (1.525)	1.756 * (1.760)	4.251 *** (7.692)	0.982 (1.215)	2.385 ** (2.423)
Ret	−12.022 (−1.580)	5.804 (0.526)	12.106 (0.809)	−45.488 *** (−9.493)	−2.478 (−0.321)	1.157 (0.114)
News_2008	0.007 (0.955)	0.004 (0.321)	0.011 (0.661)	0.005 (0.792)	0.027 *** (2.608)	0.033 ** (2.389)
ROE_2008h1	0.383 ** (2.267)	0.535 ** (2.196)	0.510 ** (2.487)	0.630 *** (3.322)	1.027 *** (3.764)	0.632 * (1.915)
Fund_2008h1	0.314 (0.305)	−1.319 (−0.907)	−1.026 (−0.676)	0.054 (0.543)	0.698 *** (3.988)	0.125 (0.527)
Amihud_2008h1	−28.271 *** (−3.720)	−22.235 * (−1.796)	−8.072 (−0.321)	−81.520 (−1.096)	−69.352 (−0.549)	−113.071 (−0.859)

VARIABLES	无分析师关注（Coverage = 0）			有分析师关注（Coverage = 1）		
	F1_Holder	F2_Holder	F3_Holder	F1_Holder	F2_Holder	F3_Holder
Holder_2008h1	0.914 ***	0.797 ***	0.724 ***	0.881 ***	0.740 ***	0.648 ***
	(56.838)	(31.887)	(26.020)	(59.270)	(31.720)	(21.651)
Constant	0.185	−0.024	−0.581	−0.044	0.441	−0.778 *
	(0.988)	(−0.069)	(−1.324)	(−0.208)	(1.366)	(−1.950)
Industry Effect	Yes	Yes	Yes	Yes	Yes	Yes
Obs	479	479	476	993	994	990
Adj_R2	0.969	0.889	0.834	0.963	0.873	0.807

注：括号内为对应回归系数的 t 值，且已经过稳健性调整。*** ，** 和 * 分别表示在 1%，5% 和 10% 的显著性水平上拒绝零假设。

表 8 – 9 中，F1_Fund、F2_Fund 和 F3_Fund 分别表示上市公司在 2008 年下半年末、2009 年上半年末以及 2009 年下半年末的基金持股比例。对无分析师关注的样本而言，捐款行为仅能够提高未来短期内的基金持股比例，而对长期机构投资者的交易行为没有显著影响。相反，在有分析师关注的样本中，Donate 变量的回归系数在第四、第五列中均显著为正，而在第六列中也为边际显著（p 值为 0.131），说明企业的捐款行为有助于吸引机构投资者交易。

对于机构投资者在交易行为上表现出来的差异，我们认为，一方面，在无分析师关注的组别中，由于缺乏分析师的关注，该类企业具有较低的信息透明度（Kirk，2011；Mola et al.，2013），虽然捐款行为能够在一定程度上帮助无分析师关注的企业向外披露信号，但考虑到信息不透明所可能具有的潜在风险，机构投资者可能只会选择从事短期交易的策略。另一方面，在有分析师关注的组别中，分析师的关注使得企业在信息披露程度上风险较低，同时，由于企业的捐款行为也体现出上市公司自身的企业社会责任，改善公司自身的信息环境，降低分析师盈余预测的误差（Dhaliwal et al.，2011；Dhaliwal et al.，2012），因而能够在未来短期和长期均吸引机构投资者参与持股。

表 8 – 10 中，F1_Holder、F2_Holder 和 F3_Holder 分别表示上市公司在

2008 年下半年末、2009 年上半年末和 2009 年下半年末的股东户数的自然对数值。为了消除公司过去股东户数基数的影响，我们还在控制变量中增加了上市公司在 2008 年上半年末的股东户数变量 *Holder_2008h1*。结果显示，在无分析师关注的组别中，捐款行为并没有在短期内马上提高公司持股的股东户数，但在第二列中，捐款虚拟变量 *Donate* 的系数在 10% 的水平下显著为正，表明捐款行为使得企业在捐款发生一年后，个人投资者的参与显著增加。但这种影响同样也并没有在长期得到维持。反观有分析师关注的组别，在控制了股东户数基数之后，无论是短期还是长期，捐款行为同样也没有对个人投资者的交易行为产生显著影响。

结合表 8-9 与表 8-10 的结果，我们认为，对于完全失去分析师关注的上市公司而言，通过捐款这一事件，能够迅速且有效地向外界传达信号，以获得多方关注。进而能够在短期内吸引机构与个人投资者参与持股。同时，我们也发现机构与个人投资者在投资策略上存在差异，机构投资者在对待无分析师关注的上市公司的捐款行为，倾向于采用短期交易策略。在对待有分析师关注的上市公司的捐款行为，会考虑公司的信息透明度以及企业社会责任，采取中长期的投资策略。而个人投资者在投资行为上并没有表现出太多的理性投资行为，对无分析师关注的上市公司，可能会由于机构的短期交易行为而随之跟风。但对有分析师关注的企业的捐款行为却并没有采取更多的投资行为。

总体而言，我们的结果与假说 2-1、假说 2-2 和假说 2-3 的预期一致。

三、扩展性检验

既然失去分析师关注的企业，可以借助于类似捐款的事件来扩大公司的知名度，帮助企业重新获得分析师、媒体和投资者的关注，那么，这类捐款企业仅仅只是为了获得短暂的噱头而赢得关注，还是因为基于自身企业业绩的提高而借机向外界披露公司的积极信号？

在本部分，我们为了检验捐款对公司未来业绩的影响作用，设定模型如下：

$$F\_ROE / F\_ROS = f\ (Donate,\ Coverage,\ Donate \times Coverage,\ Control)$$

$$(8.10)$$

这里，因变量 F_ROE 和 F_ROS 为公司在未来的净资产收益率和销售利润率，$Donate$ 为捐款虚拟变量，$Coverage$ 为上市公司在 2008 年是否受到分析师关注的虚拟变量，$Donate \times Coverage$ 为两者的交互项。当因变量为未来销售利润率，控制变量中上市公司在 2008 年上半年末的业绩变量相应替换为销售利润率，其他控制变量与前文定义一致，回归结果如表 8 - 11 所示。

表 8 - 11 未来公司业绩变化

VARIABLES	ROE		ROS	
	ROE_2008	ROE_2009	ROS_2008	ROS_2009
Donate	0.041 *** (3.317)	0.047 ** (2.209)	0.058 *** (3.069)	0.074 *** (2.756)
Coverage	0.023 *** (2.644)	0.046 *** (3.101)	0.032 ** (2.311)	0.045 *** (2.690)
Donate × Coverage	− 0.031 ** (− 2.192)	− 0.047 ** (− 2.083)	− 0.049 ** (− 2.491)	− 0.078 *** (− 2.726)
SOE	− 0.004 (− 0.520)	− 0.017 (− 1.556)	0.006 (0.476)	− 0.022 * (− 1.737)
Size	0.005 (1.118)	− 0.004 (− 0.450)	0.022 *** (2.816)	0.002 (0.287)
Lev	− 0.212 *** (− 7.328)	− 0.123 *** (− 2.662)	− 0.136 *** (− 3.170)	− 0.225 *** (− 4.606)
Age	0.000 (0.089)	− 0.002 (− 1.582)	− 0.001 (− 0.789)	− 0.001 (− 0.730)
SUE	0.013 *** (5.195)	0.001 (0.200)	0.003 (0.687)	0.008 (1.553)
Largest	0.047 ** (2.104)	0.047 (1.464)	0.097 *** (2.811)	0.024 (0.617)
Dual	0.000 (0.036)	− 0.023 (− 1.550)	0.014 (1.066)	− 0.011 (− 0.628)

续表

VARIABLES	ROE		ROS	
	ROE_2008	ROE_2009	ROS_2008	ROS_2009
Ind_Ratio	0.000 (0.007)	−0.040 (−0.441)	−0.036 (−0.376)	0.046 (0.421)
Beta	−0.019 (−0.717)	−0.035 (−0.889)	−0.071 (−1.399)	0.046 (1.016)
StdRet	−0.205 (−0.910)	−0.537 (−1.201)	−0.117 (−0.396)	0.241 (0.557)
Ret	10.454 *** (4.781)	12.295 *** (4.179)	9.430 ** (2.190)	9.861 *** (3.077)
News_2008	0.004 (1.082)	0.028 *** (4.608)	−0.003 (−0.587)	0.031 *** (4.334)
ROE_2008h1	1.484 *** (13.792)	0.474 *** (3.030)		
ROS_2008h1			0.789 *** (6.754)	0.174 * (1.881)
Fund_2008h1	0.068 ** (1.988)	0.147 *** (2.889)	0.029 (0.747)	0.122 ** (2.548)
Amihud_2008h1	25.101 (1.534)	−42.312 (−1.230)	29.250 (0.711)	49.055 (0.840)
Constant	−0.045 (−0.443)	0.156 (0.929)	−0.427 ** (−2.262)	−0.029 (−0.144)
Industry Effect	Yes	Yes	Yes	Yes
Obs	1468	1455	1472	1462
Adj_R2	0.558	0.227	0.488	0.202

注：括号内为对应回归系数的 t 值，且已经过稳健性调整。***，** 和 * 分别表示在 1%，5% 和 10% 的显著性水平上拒绝零假设。

其中，ROE_2008、ROE_2009、ROS_2008 和 ROS_2009 表示 2008 年和 2009 年企业的净资产收益率与销售利润率。在表 8 − 9 中，我们着重关注捐款虚拟变量 Donate 与分析师关注虚拟变量 Coverage 的交互项回归系数。结果显示，无论以净资产收益率还是销售利润率作为企业业绩的代理变量，交互项均在5%的水平下显著为负，即相对于有分析师关注的企业而言，有捐款行为且无分析师关注的上市公司在企业业绩方面提升程度更高。

同时，我们试图考察企业捐款的背后是否也是因为自己的业绩转好，所以借助捐款事件向外界传达积极信号。由于其未来业绩可能受到诸多因素的影响，我们拟通过考察企业捐款与其未来业绩（ROE 或 ROS）的相关关系来进行一个基本的考察。具体而言，我们引入 $T+1$，$T+2$ 和 $T+3$ 期的业绩作为自变量，以考察企业是否因为更清楚地了解未来业绩会转好而导致其捐款行为，结果如表 8-12 所示。

表 8-12　　　　　　　　　捐款与企业长期业绩关系

Panel A：ROE

VARIABLES	Donate					
	无分析师关注（Coverage = 0）			有分析师关注（Coverage = 1）		
ROE_2009	2.262 ** (2.235)			1.536 ** (2.116)		
ROE_2010		1.553 (1.243)			1.732 ** (2.464)	
ROE_2011			1.291 (1.252)			0.520 (0.805)
Constant	-15.073 *** (-37.691)	-14.807 *** (-38.218)	-14.717 *** (-38.421)	-0.595 (-1.314)	-0.609 (-1.356)	-0.510 (-1.130)
Industry Effect	Yes	Yes	Yes	Yes	Yes	Yes
Obs	454	453	453	989	987	980
Pseudo R2	0.051	0.042	0.040	0.017	0.018	0.015

Panel B：ROS

VARIABLES	Donate					
	无分析师关注（Coverage = 0）			有分析师关注（Coverage = 1）		
ROS_2009	2.500 *** (3.204)			0.789 (1.276)		

Panel B：ROS

VARIABLES	Donate					
	无分析师关注（Coverage = 0）			有分析师关注（Coverage = 1）		
ROS_2010	1. 790 * （1. 688）				0. 381 （0. 549）	
ROS_2011		2. 404 ** （2. 448）				0. 137 （0. 191）
Constant	− 14. 852 *** （− 33. 092）	− 15. 551 *** （− 36. 439）	− 14. 895 *** （− 34. 189）	− 0. 556 （− 1. 223）	− 0. 515 （− 1. 140）	− 0. 494 （− 1. 094）
Industry Effect	Yes	Yes	Yes	Yes	Yes	Yes
Obs	460	462	461	990	989	984
Pseudo R2	0. 058	0. 042	0. 048	0. 015	0. 014	0. 014

注：括号内为对应回归系数的 t 值，且已经过稳健性调整。 ***， ** 和 * 分别表示在 1%，5% 和 10% 的显著性水平上拒绝零假设。

由表 8 − 12 可以看出，对于无分析师关注的企业，当前的捐款行为与未来的业绩呈现较为显著的正相关关系，说明企业由于更了解自身业绩在未来的转变，会通过捐款这一事件向外界传递积极信号。而对于有分析师关注的企业，仅当使用净资产收益率作为企业业绩的衡量指标时才表现出正相关关系，说明企业因为知晓未来业绩变好而在此时进行捐款的意向较弱。

这表明，无分析师关注的企业可能并不仅仅只是想通过借助捐款事件制造短暂的噱头以获得分析师、媒体以及投资者的关注。相反，这类捐款企业可能的确在企业业绩上有所改善，并期望借助捐款事件向外界披露有关公司积极方面的信号，以帮助企业在未来受到更多的关注并持续发展。

第五节 稳健性检验

在本部分，我们主要从以下几个方面进行稳健性检验。

首先，考虑到仅使用 2008 年一年的分析师关注数据来区分上市公司是否受到分析师关注可能会有偏误。因此，我们重新设定判断标准，若上市公司在 2007 年和 2008 年两年均受到分析师关注，则 *Coverage* 取值为 1；若上市公司在 2007 年和 2008 年两年均未受到分析师关注，则 *Coverage* 取值为 0。然后，我们重新对上述检验进行回归，除少数变量出现显著性下降之外，结论并没有实质性的改变。具体回归结果如表 8 – 13 ~ 表 8 – 15 所示。

其次，在衡量企业业绩方面，我们还利用资产收益率 *ROA* 来进行检验，结果仍然一致。

总体而言，我们认为本书的结果是较为稳健的。

表 8 – 13 稳健性检验 – 1

VARIABLES	无分析师关注 （Coverage = 0）					
	F1_Coverage	F2_Coverage	News_2009	F1_Amihud	F1_Fund	F2_Holder
Donate	0.829 ** (2.428)	0.773 ** (2.201)	0.173 (1.600)	− 0.0002 *** (− 2.643)	0.000 (0.342)	0.070 ** (1.997)
SOE	0.406 (1.575)	0.079 (0.334)	− 0.202 *** (− 2.714)	0.000 (0.831)	− 0.000 (− 0.241)	− 0.049 ** (− 1.996)
Size	0.913 *** (5.055)	0.430 *** (2.679)	0.125 *** (2.781)	− 0.000 *** (− 5.890)	0.001 ** (2.232)	0.081 *** (3.962)
Lev	− 1.503 ** (− 2.316)	− 0.318 (− 0.524)	− 0.098 (− 0.578)	0.001 ** (2.166)	− 0.002 (− 1.428)	− 0.073 (− 1.063)
Age	− 0.184 *** (− 4.695)	− 0.187 *** (− 4.924)	0.005 (0.575)	− 0.000 (− 1.083)	0.000 (0.807)	0.007 * (1.859)
SUE	0.229 ** (2.137)	0.181 * (1.764)	0.013 (0.447)	0.000 (0.202)	0.000 (0.509)	− 0.004 (− 0.370)
Largest	− 1.031 (− 1.085)	− 0.261 (− 0.316)	− 0.228 (− 0.915)	0.001 ** (2.322)	0.001 (0.433)	− 0.221 ** (− 2.273)
Dual	− 0.197 (− 0.602)	− 0.619 ** (− 2.130)	− 0.220 *** (− 2.922)	− 0.000 (− 0.531)	0.000 (0.111)	− 0.005 (− 0.171)
Ind_Ratio	− 3.691 (− 1.255)	− 0.081 (− 0.035)	0.931 (1.412)	0.000 (0.647)	0.011 (1.290)	0.369 (1.449)

续表

VARIABLES	无分析师关注（Coverage = 0）					
	F1_Coverage	F2_Coverage	News_2009	F1_Amihud	F1_Fund	F2_Holder
Beta	0.161 (0.225)	−1.454 ** (−2.110)	0.432 ** (2.039)	−0.000 (−0.643)	0.000 (0.342)	−0.005 (−0.060)
StdRet	−10.421 (−1.311)	7.352 (0.958)	−0.236 (−0.114)	−0.009 *** (−3.339)	0.022 (0.956)	0.579 (0.675)
Ret	238.567 ** (2.330)	185.273 * (1.677)	36.661 (1.307)	−0.035 (−1.497)	0.622 * (1.763)	3.949 (0.317)
News_2008	0.396 *** (2.765)	0.534 *** (3.893)	0.679 *** (19.665)	−0.000 (−1.344)	−0.000 (−0.469)	0.011 (0.710)
ROE_2008h1	−1.448 (−0.797)	−0.046 (−0.030)	−0.709 * (−1.701)	−0.001 (−0.629)	0.003 (0.842)	0.540 ** (2.243)
Fund_2008h1	44.649 ** (2.367)	15.302 (0.956)	−4.153 (−0.922)	−0.005 * (−1.966)	0.605 *** (4.166)	3.480 ** (2.226)
Amihud_2008h1	326.453 (1.130)	−65.438 (−0.232)	111.735 (1.460)	0.240 (1.540)	0.862 (1.215)	−20.649 (−0.758)
Holder_2008h1						0.825 *** (30.572)
Constant	−15.778 *** (−4.041)	−8.177 ** (−2.211)	−1.937 * (−1.895)	0.006 *** (6.556)	−0.031 ** (−2.320)	−0.109 (−0.308)
Industry Effect	Yes	Yes	Yes	Yes	Yes	Yes
Obs	405	401	409	406	409	409
Pseudo R2/Adj_R2	0.217	0.167	0.509	0.238	0.228	0.902

注：括号内为经过稳健性调整的 z 值或 t 值。***，** 和 * 表示在1%，5%和10%的水平上拒绝零假设。

表 8 −14　　　　　　　　　　稳健性检验 −2

VARIABLES	有分析师关注（Coverage = 1）					
	F1_Coverage	F2_Coverage	News_2009	F1_Amihud	F1_Fund	F2_Holder
Donate	−0.146 (−0.348)	0.364 (0.499)	0.047 (1.046)	0.000 (0.169)	0.008 ** (2.580)	−0.046 * (−1.737)

续表

VARIABLES	有分析师关注（Coverage = 1）					
	F1_Coverage	F2_Coverage	News_2009	F1_Amihud	F1_Fund	F2_Holder
SOE	0.214 (0.505)	0.161 (0.258)	0.102* (1.802)	0.000 (1.402)	0.000 (0.110)	−0.035 (−1.153)
Size	0.798** (1.968)	1.664*** (3.123)	0.067** (2.328)	−0.000*** (−4.774)	0.005** (2.551)	0.126*** (5.501)
Lev	−0.559 (−0.385)	−1.169 (−0.579)	0.025 (0.151)	0.000 (1.254)	−0.038*** (−4.244)	−0.281*** (−3.442)
Age	−0.160*** (−2.717)	0.077 (0.790)	0.004 (0.689)	−0.000* (−1.694)	0.001 (1.502)	−0.004 (−1.097)
SUE	−0.246 (−1.420)	0.322 (1.200)	−0.031 (−1.641)	−0.000 (−0.720)	−0.004** (−2.478)	−0.024** (−2.178)
Largest	3.063** (2.261)	−2.073 (−1.089)	0.023 (0.140)	0.000** (2.088)	−0.023** (−2.255)	−0.333*** (−3.719)
Dual	0.774 (1.617)	1.255 (1.229)	0.055 (0.830)	−0.000 (−0.977)	−0.005 (−1.238)	0.012 (0.319)
Ind_Ratio	−2.356 (−0.690)	−4.822 (−1.096)	0.108 (0.267)	0.000 (0.323)	0.015 (0.670)	0.133 (0.623)
Beta	2.042 (1.611)	1.841 (0.821)	0.022 (0.158)	0.000 (0.641)	0.029*** (2.667)	0.025 (0.291)
StdRet	−31.270** (−2.046)	12.587 (0.488)	−2.695 (−1.593)	−0.003** (−2.431)	−0.295** (−2.419)	0.664 (0.671)
Ret	528.586*** (3.378)	377.796 (1.490)	49.826*** (3.214)	−0.005 (−0.678)	15.791*** (12.099)	−8.948 (−1.040)
News_2008	0.772*** (4.219)	0.498* (1.783)	0.800*** (40.683)	−0.000 (−1.631)	0.002 (1.063)	0.026** (2.195)
ROE_2008h1	28.306*** (3.827)	49.309*** (3.570)	−0.245 (−0.608)	0.000 (0.823)	−0.027 (−0.718)	0.871*** (2.782)
Fund_2008h1	16.729*** (2.963)	6.447 (1.222)	−0.205 (−0.854)	−0.000 (−1.604)	0.850*** (41.513)	0.792*** (4.109)
Amihud_2008h1	−1211.046 (−1.226)	2544.258 (0.872)	−36.407 (−0.199)	0.742*** (2.977)	−2.156 (−0.152)	−70.563 (−0.413)

续表

VARIABLES	有分析师关注（Coverage = 1）					
	F1_Coverage	F2_Coverage	News_2009	F1_Amihud	F1_Fund	F2_Holder
Holder_2008h1						0.729 *** (26.536)
Constant	−12.633 (−1.579)	−18.253 (−1.526)	−1.298 ** (−1.994)	0.002 *** (4.970)	−0.104 ** (−2.329)	0.426 (1.081)
Industry Effect	Yes	Yes	Yes	Yes	Yes	Yes
Obs	652	602	803	803	803	803
Pseudo R2/Adj_R2	0.418	0.435	0.694	0.266	0.874	0.872

注：括号内为经过稳健性调整的 z 值或 t 值。 *** ， ** 和 * 表示在 1% ， 5% 和 10% 的水平上拒绝零假设。

表 8 - 15   稳健性检验 - 3

VARIABLES	ROE		ROS	
	ROE_2008	ROE_2009	ROS_2008	ROS_2009
Donate	0.050 *** (3.208)	0.041 (1.547)	0.058 *** (2.773)	0.052 ** (2.264)
Coverage	0.037 *** (3.362)	0.065 *** (3.963)	0.040 *** (2.878)	0.074 *** (3.845)
Donate × Coverage	−0.037 ** (−2.186)	−0.037 (−1.356)	−0.049 ** (−2.282)	−0.051 ** (−2.041)
SOE	−0.005 (−0.535)	−0.022 * (−1.798)	0.010 (0.788)	−0.024 * (−1.680)
Size	0.004 (0.747)	−0.010 (−1.123)	0.022 ** (2.573)	−0.005 (−0.541)
Lev	−0.224 *** (−6.275)	−0.100 * (−1.935)	−0.121 ** (−2.576)	−0.202 *** (−3.523)
Age	0.000 (0.434)	−0.001 (−0.900)	−0.000 (−0.110)	−0.000 (−0.278)
SUE	0.014 *** (4.356)	0.003 (0.707)	−0.002 (−0.341)	0.014 ** (2.290)

续表

VARIABLES	ROE		ROS	
	ROE_2008	ROE_2009	ROS_2008	ROS_2009
Largest	0.031 (1.176)	0.058* (1.656)	0.086** (2.288)	0.058 (1.365)
Dual	−0.006 (−0.692)	−0.029* (−1.773)	0.004 (0.295)	−0.016 (−0.756)
Ind_Ratio	0.056 (0.874)	−0.029 (−0.299)	−0.042 (−0.395)	0.028 (0.229)
Beta	−0.023 (−0.720)	−0.059 (−1.479)	−0.080 (−1.350)	0.050 (1.000)
StdRet	−0.094 (−0.339)	0.135 (0.274)	0.131 (0.391)	0.616 (1.262)
Ret	10.491*** (3.980)	14.366*** (3.888)	6.874 (1.402)	12.837*** (3.206)
News_2008	0.001 (0.329)	0.027*** (4.864)	−0.012* (−1.861)	0.031*** (4.099)
ROE_2008h1	1.484*** (12.270)	0.431** (2.473)		
ROS_2008h1			0.846*** (6.963)	0.122 (1.233)
Fund_2008h1	0.063* (1.667)	0.115** (2.171)	0.042 (1.002)	0.063 (1.375)
Amihud_2008h1	32.813 (1.307)	−47.174 (−0.962)	54.530 (0.884)	54.014 (0.702)
Constant	−0.054 (−0.455)	0.171 (0.931)	−0.373** (−2.072)	0.003 (0.014)
Industry Effect	Yes	Yes	Yes	Yes
Obs	1207	1194	1211	1201
Adj_R2	0.559	0.247	0.531	0.214

注：括号内为对应回归系数的 t 值，且已经过稳健性调整。***，** 和 * 分别表示在1%，5% 和 10% 的显著性水平上拒绝零假设。

本 章 小 结

以往的文献表明，分析师关注对企业起到了至关重要的影响。然而，对于被分析师"忽视"的企业却鲜有研究。本章利用我国上市公司在汶川地震后的捐款行为作为分析对象，首次在中国资本市场上考察被"忽视"的企业是否会借助捐款这一事件重新获得分析师、媒体以及投资者的关注。

本章发现，捐款行为确实能够帮助上市公司在未来吸引分析师和媒体的关注，且这种影响作用只体现在完全没有分析师关注的企业当中。在无分析师关注的样本中，捐款行为能够提升上市公司股票在未来的流动性、基金持股比例和持股股东户数，但该影响作用仅体现在较短期内，长期影响均不显著。相对地，在有分析师关注的样本中，捐款行为仅能提高股票未来的基金持股比例。

在扩展性检验部分，我们进一步考察了企业业绩，发现相对于有分析师关注的企业而言，有捐款行为且无分析师关注的上市公司在企业业绩方面提升程度更高。这在一定程度上反映出，无分析师关注的企业可能并不仅仅只是想通过捐款事件制造短暂的噱头以获得分析师、媒体以及投资者的关注。相反，这类捐款企业可能的确在企业业绩上有所改善，并期望借助捐款事件向外界披露有关公司积极方面的信号，以帮助企业在未来受到更多的关注并持续发展。

然而，尽管缺乏关注的企业可能期望通过捐款以向外界传递自身业绩好转的积极信号，但从我们的结果发现，投资者对企业的关注仍然仅存在于短期。这也在一定程度上说明，我国投资者在投资过程中还存在着非理性的投资行为。本书的另一个目的，也是希望对投资者在投资策略上的选择提供指导意见，即在投资过程中，对于企业的选择要更为理性，要了解企业的基本面价值。

总体而言，本章的结论有助于进一步理解分析师对企业的影响以及企业自身的捐款动机，同时对投资者在投资策略上的选择也具有一定的指导意义。

第九章
主要结论、启示和
未来研究的方向

第一节　本书的主要结论

本书的第二章首先对我国机构投资者和证券分析师的背景及发展现状进行了介绍。由于已有文献对机构投资者和证券分析师的讨论大多围绕资本市场效率，而对公司治理领域中企业行为的讨论在近几年来开始吸引了越来越多学者的关注。通过第三章中对相关文献的回顾，梳理了机构投资者与证券分析师对公司治理行为可能产生的积极和消极影响机制。正是由于存在两种相反的可能，本书从第四章至第七章围绕公司治理的相关话题运用实证模型进行检验。

其中，第四章讨论了我国资本市场上机构投资者对上市公司权益资本成本的影响问题。研究结果发现，基金持股比例与上市公司权益资本成本之间存在显著的负相关关系，表明机构投资者的确能够降低公司的权益资本成本。在进一步对基金进行分类之后，结果表明相对于短期投资者，长期投资者更能降低公司的权益资本成本。同时，在区分企业所有权性质后，发现相较于民营企业，机构投资者的介入对于国有企业在权益资本成本上的影响作用更为明显。

第五章讨论了机构投资者与企业应计盈余质量的问题，发现机构投资者能够通过监管企业管理层，降低信息不对称程度，从而提高公司的应计盈余质量。然而，在考虑机构投资者的异质性后发现，仅长期机构投资者能够扮演监管角色。相反，短期机构投资者会因为注重短期投机利益，迫使管理层人为调高应计利润或是通过与管理层合谋等手段掩盖公司当期的低利润，导致更低的应计盈余质量。该结论对于理解机构投资者的监管作用以及抑制短期机构投资者的投机行为有着重要意义。

第六章从分析师跟踪的角度对企业税收激进行为的影响进行了研究。实证结果表明，随着分析师跟踪数目的增加，上市公司的税收激进程度更低，在利用工具变量两阶段回归模型后，结果仍然成立。该结论支持了"监督假说"，表明我国的证券分析师能够发挥监管者的职能。在此基础上，进一步从信息传递效率的角度出发，从融券制度、股价同步性、官员更替以及明星分析师四个方面来考察信息传递效率对分析师跟踪与企业税收激进程度影响的边际效应。结果表明，公司股票被纳入融券标的以及股票的股价同步性越低时，上市公司在资本市场上的信息传递效率越高，能够进一步增加分析师跟踪的监督效应。当公司所在省份出现官员更替事件时，会影响上市公司的信息环境，具体而言是可能抑制公司负面信息的披露（Piotroski et al.，2015），从而会降低分析师跟踪的监督效应。而对于分析师个人特征的影响，仅发现有较弱的证据表明明星分析师跟踪能够加强分析师跟踪的监督效应。

第七章从分析师跟踪的角度对企业真实盈余管理活动进行了研究，并进一步考察了真实盈余管理成本所带来的边际影响。实证结果表明：（1）随着分析师跟踪数目的增加，上市公司的真实盈余管理程度更低，该结论支持了"监督假说"，表明我国的证券分析师确实能够发挥监管者的职能；（2）结合企业从事真实盈余管理活动的成本进行考虑，我们发现分析师对处于行业领先地位以及财务状况良好企业的真实盈余管理活动有更强的监督作用。（3）机构投资者的存在能够对分析师的监管角色有进一步的促进作用。在控制了内生性以及更换关键变量和样本期进行稳健性检验后，上述结论基本一致。

通过上述实证检验，从企业的资本成本、盈余管理和税收激进等角度切入，发现机构投资者和证券分析师作为我国资本市场上的主要参与主体，能够在一定程度上扮演外部监管者的角色，提升企业的治理行为。

在第八章，结合投资者关系话题并运用汶川地震作为外生事件，首次在中国资本市场上考察被"忽视"的企业是否会借助捐款这一事件重新获得分析师、媒体以及投资者的关注。实证结果表明，捐款行为确实能够帮助上市公司在未来吸引分析师和媒体的关注，且这种影响作用只体现在完全没有分析师关注的企业当中。在无分析师关注的样本中，捐款行为能够提升上市公司股票在未来的流动性、基金持股比例和持股股东户数，但该影响作用仅体现在较短期内，长期影响均不显著。相对地，在有分析师关注的样本中，捐款行为仅能提高股票未来的基金持股比例。在扩展性检验部分，发现相对于有分析师关注的企业，有捐款行为且无分析师关注的上市公司在企业业绩方面提升程度更高。这在一定程度上反映出，无分析师关注的企业可能并不仅仅只是想通过借助捐款事件制造短暂的噱头以获得分析师、媒体以及投资者的关注。相反，这类捐款企业可能的确在企业业绩上有所改善，并期望借助捐款事件向外界披露有关公司积极方面的信号，以帮助企业在未来受到更多的关注并持续发展。

本书的研究方法和结论不仅丰富了机构投资者和证券分析师对于公司治理影响领域的相关成果，也具有一定的现实意义。下面，将结合全书的结论提出一些政策建议。

第二节　政策建议

本书的结论有如下政策建议：

（1）文章的结论表明我国的机构投资者和证券分析师作为上市公司的外部治理机制是有效的。结合当前我国推出的"新国九条"，其中明确指出，中小投资者作为我国现阶段资本市场的主要参与群体，但处于信息弱势地位，抗风险能力和自我保护能力较弱，合法权益容易受到侵害。因此，要进一步加强资本市场中小投资者合法权益保护工作，就需要适当地加强对上市公司的监管，特别是有效利用机构投资者和证券分析师等外部治理机制，通过降低上市公司的代理冲突问题来维护中小投资者的合法权益。

（2）机构投资者对上市公司的监管作用与机构投资者的投资目标密不可分。本书的相关结论发现，尽管机构投资者能够发挥外部监管的作用，但投机获利的行为会削弱机构投资者对公司治理的积极影响，甚至会起到相反的作用。因此，对投机行为的监管和控制是维持机构投资者监管效应的一个必要条件。

（3）证券分析师对上市公司的监管作用依赖于证券分析师自身的独立性，一旦有与分析师自身相关的利益冲突问题发生，可能会影响其监管作用。尽管我国分析师行业已经经历了较快速的发展阶段，但仍然无法完全杜绝分析师违规或"打擦边球"的行为（如泄露公司内幕信息等）。这些行为不仅会削弱分析师的监管作用，甚至还会损害投资者的利益。因此，保证分析师的独立性对于维持分析师的监管作用是十分必要的，这需要进一步通过政府监管、行业自律以及媒体舆论来进行控制。

（4）投资者关系管理是我国资本市场上在以往忽略的一个重要因素，随着对中小投资者保护的政策推出，其他部门也推出了相应的机制。例如，深圳证券交易所推出的"互动易"平台为投资者直接向上市公司咨询问题提供了有效途径。此外，深交所也定期举办"走进上市公司"活动，为中小投资者了解上市公司提供了更多的机会。这些现象均表明，从目前来看，投资者关系管理成为了当前上市公司需要着重关注的问题。因此，对于上市公司而言，有效地与机构投资者和证券分析师沟通，积极主动地进行信息披露，改善自身的信息环境，这些都可以提高上市公司与投资者之间的关系，从而也更有利于公司在未来的决策。

第三节　值得进一步研究的议题

在本书的基础上，未来可能还存在以下研究方向。

（1）在本书的研究中，重点关注的是机构投资者持有上市公司股份，以及分析师跟踪对上市公司行为的影响。然而，机构投资者与证券分析师对上市公司的影响还可能存在其他形式，当前已有不少文献开始研究机构投资者或分析师与管理层接触的经济后果。因此，在下一步研究中，可以尝试利用机构投资者或证券分析师到上市公司实地调研的数据进行更深入地研究。

（2）本书在考察分析师跟踪的作用时，并没有强调区分分析师的特征。但已有文献表明，分析师会因为利益关系，而影响其作为信息中介的独立性。因此，在未来的研究中，可通过手工搜集整理分析师与各主体之间的利益关系，从而进一步引进分析师独立性对其监管效应或压力效应的影响。

（3）本书着重分析机构投资者与证券分析师各自对企业行为的影响作用，但无论是从已有文献还是行业实践出发，机构投资者与证券分析师之间也存在着相互联系，甚至利益冲突的关系，如何结合两者的相互作用来考察其对企业治理行为的影响是未来能够探讨的一个重要问题。

（4）本书重点选择了公司金融领域内最近较为热门的话题，即企业的资本成本、税收激进行为和盈余管理行为来进行研究。在未来的研究中，可以将话题拓展，如考察上市公司的不同行为，从而更全面地理解证券机构投资者和证券分析师对上市公司行为的影响，这也是未来研究需要进一步深入的方向。

参考文献

[1] Abarbanell, J. S. , 1991. Do analysts'earnings forecasts incorporate information in prior stock price changes? *Journal of Accounting and Economics* 14, 147 – 165.

[2] Abarbanell, J. S. , Bernard, V. L. , 1992. Tests of Analysts' Overreaction/Underreaction to Earnings Information as an Explanation for Anomalous Stock Price Behavior. *The Journal of Finance* 47, 1181 – 1207.

[3] Aggarwal, R. , I. Erel, M. Ferreira, and P. Matos, 2011. Does governance travel around the world? Evidence from institutional investors, *Journal of Financial Economics* 100, 154 – 181.

[4] Akins B. K, J. Ng and R. S. Verdi, 2011. Investor competition over information and the pricing of information asymmetry, *The Accounting Review*, 87, 35 – 58.

[5] Alister Hunt, Susan Moyer, and Terry Shevlin, 1996, Managing interacting accounting measures to meet multiple objectives: A study of LIFO firms, *Journal of Accounting and Economics*, 21 (3), 339 – 374.

[6] Altman, E. I. , 1968. Financial Ratios, Discriminant Analysis and the Prediction of Corporate Bankruptcy. *The Journal of Finance* 23, 589 – 609.

[7] Amihud, Y. , 2002. Illiquidity and stock returns: cross-section and time-series effects. *Journal of Financial Markets* 5, 31 – 56.

[8] Anup Agrawal, Mark A. Chen, 2008. Do Analyst Conflicts Matter? Evidence from Stock Recommendations. *Journal of Law and Economics* 51, 503 – 537.

[9] Armstrong, C. S. , W. R. Guay, and J. P. Weber, 2010, The Role of

Information and Financial Reporting in Corporate Governance and Debt Contracting, *Journal of Accounting and Economics*, 50 (2 - 3): 179 - 234.

[10] Asquith, P., Mikhail, M. B., Au, A. S., 2005. Information content of equity analyst reports. *Journal of Financial Economics* 75, 245 - 282.

[11] B. Trueman and S. Titman, 1988, An explanation for accounting income smoothing, *Journal of Accounting Research*, 26, 127 - 139.

[12] Badertscher, B. A., 2011. Overvaluation and the Choice of Alternative Earnings Management Mechanisms. *The Accounting Review* 86, 1491 - 1518.

[13] Badrinath, S. G., G. D. Gay, and J. R. Kale, 1989. Patterns of Institutional Investment, Prudence, and the Managerial "Safety - Net" Hypothesis, *The Journal of Risk and Insurance* 56, 605 - 629.

[14] Bai, C. E., Q. Liu, J. Lu, F. M. Song, and J. Zhang, 2004. Corporate governance and market valuation in China, *Journal of Comparative Economics* 32: 599 - 616.

[15] Baik, B., J. - K. Kang, and J. - M. Kim, 2010. Local institutional investors, information asymmetries, and equity returns, *Journal of Financial Economics* 97, 81 - 106.

[16] Balakrishnan K., Blouin J. L., Guay W. R. Does Tax Aggressiveness Reduce Corporate Transparency? working paper.

[17] Balakrishnan, K., Billings, M. B., Kelly, B., Ljungqvist, A., 2014. Shaping Liquidity: On the Causal Effects of Voluntary Disclosure. *The Journal of Finance* 69, 2237 - 2278.

[18] Ball, Ray, and L. Shivakumar, 2005, Earnings quality in UK private firms: Comparative loss recognition timeliness, *Journal of Accounting and Economics*, 39, 83 - 128.

[19] Balsam, S., E. Bartov, and C. Marquardt, 2002. Accruals Management, Investor Sophistication, and Equity Valuation: Evidence from 10 - Q Filings, *Journal of Accounting Research* 40, 987 - 1012.

[20] Barber, B., Lehavy, R., McNichols, M., Trueman, B., 2001. Can Investors Profit from the Prophets? Security Analyst Recommendations and

Stock Returns. *The Journal of Finance* 56, 531 – 563.

[21] Barth, M., Hutton, A., 2004. Analyst Earnings Forecast Revisions and the Pricing of Accruals. Review of Accounting Studies 9, 59 – 96.

[22] Barth, M. E., Kasznik, R., McNichols, M. F., 2001. Analyst Coverage and Intangible Assets. *Journal of Accounting Research* 39, 1 – 34.

[23] Bartov, E., S. Radhakrishnan, and I. Krinsky, 2000. Investor Sophistication and Patterns in Stock Returns after Earnings Announcements, The Accounting Review 75, 43 – 63.

[24] Bertrand, Marianne, Paras Mehta, and Sendhil Mullainathan, 2002, Ferreting out Tunneling: An Application to Indian Business Groups, *Quarterly Journal of Economics*, 117, 121 – 148.

[25] Bhattacharya, N., H. Desai, and K. Venkataraman, 2011, Earnings Quality and Information Asymmetry, *Journal of Accounting and Economics forthcoming*.

[26] Bhushan, R., 1989. Firm characteristics and analyst following. *Journal of Accounting and Economics* 11, 255 – 274.

[27] Boehmer. E., and E. K. Kelley, 2009. Institutional investors and the informational efficiency of prices, Review of Financial Studies 22, 3563 – 3594.

[28] Bondt, W. F. M. D., Thaler, R. H., 1990. Do Security Analysts Overreact? *The American Economic Review* 80, 52 – 57.

[29] Boni, L., Womack, K. L., 2006. Analysts, Industries, and Price Momentum. *Journal of Financial and Quantitative Analysis* 41, 85 – 109.

[30] Botosan, C. A., 1997. Disclosure Level and the Cost of Equity Capital, The Accounting Review 72, 323 – 349.

[31] Botosan, C. A., and M. A. Plumlee, 2002. A Re-examination of Disclosure Level and the Expected Cost of Equity Capital, *Journal of Accounting Research* 40, 21 – 40.

[32] Botosan, C. A., and M. A. Plumlee, 2005. Assessing Alternative Proxies for the Expected Risk Premium, The Accounting Review 80, 21 – 53.

[33] Boubaker, S., Labégorre, F., 2008. Ownership structure, corpo-

rate governance and analyst following: A study of French listed firms. *Journal of Banking & Finance* 32, 961 - 976.

[34] Bowen, R. M. , Chen, X. , Cheng, Q. , 2008. Analyst Coverage and the Cost of Raising Equity Capital: Evidence from Underpricing of Seasoned Equity Offerings *. Contemporary Accounting Research 25, 657 - 700.

[35] Bradley D. J. , Gokkaya S. , Liu X. , Xie, F. , 2014, Are all analysts created equal? Industry expertise and monitoring effectiveness of financial analysts. Industry Expertise and Monitoring Effectiveness of Financial Analysts (August 13, 2014).

[36] Brandt, L. , and H. Li, 2003. Bank discrimination in transition economies: ideology, information, or incentives?, *Journal of Comparative Economics* 31, 387 - 413.

[37] Brennan, M. J. , Hughes, P. J. , 1991. Stock Prices and the Supply of Information. *The Journal of Finance* 46, 1665 - 1691.

[38] Brennan, M. J. , Subrahmanyam, A. , 1995. Investment analysis and price formation in securities markets. *Journal of Financial Economics* 38, 361 - 381.

[39] Bricker, R. J. , Grant, J. , Fogarty, T. J. , Previts, G. , 1999. Determinants of analyst following. *Journal of Corporate Communications*, August.

[40] Brous, P. A. and O. Kini, 1994, The valuation effects of equity issues and the level of institutional ownership, *Financial Management*, 23, 33 - 46.

[41] Brown, L. D. , Caylor, M. L. , 2005. A Temporal Analysis of Quarterly Earnings Thresholds: Propensities and Valuation Consequences. The Accounting Review 80, 423 - 440.

[42] Brown, L. D. , Rozeff, M. S. , 1978. The Superiority of Analyst Forecasts as Measures of Expectations: Evidence from Earnings. *The Journal of Finance* 33, 1 - 16.

[43] Brown, S. and S. Hillegeist, 2007, How disclosure quality affects the level of information asymmetry, Review of Accounting Studies 12 (2): 443 -

477.

［44］Brown, S. J. , and W. N. Goetzmann, 1997, Mutual fund styles, *Journal of Financial Economics*, 43, 373 – 399.

［45］Bushee (1998) The influence of institutional investors on myopic R&D investment behavior, TAR.

［46］Bushee, 2001, Do institutional investors prefer near-term earnings over long-run value? CAR.

［47］Bushee, 2004, Identifying and attracting the "right" investors: Evidence on the behavior of institutional investors, JACF.

［48］Bushee, B. 1998, The influence of institutional investors on myopic R&D investment behavior, The Accounting Review 73 (3): 305 – 333.

［49］Bushee, B. and C. Noe. 2000, Corporate disclosure practices, Institutional investors, and stock return volatility, *Journal of Accounting Research* 38 (*Supplement*): 171 – 202.

［50］Bushee, B. J. , 1998. The Influence of Institutional Investors on Myopic R&D Investment Behavior, The Accounting Review 73, 305 – 333.

［51］Bushee, B. J. , Miller, G. S. , 2012. Investor Relations, Firm Visibility, and Investor Following. The Accounting Review 87, 867 – 897.

［52］Bushman, R. M. , Piotroski, J. D. , Smith, A. J. , 2004. What Determines Corporate Transparency? Journal of Accounting Research 42, 207 – 252.

［53］Cai and Zhang (2004), Institutional trading and stock returns. Finance Research Letters.

［54］Cang, Y. , Chu, Y. , Lin, T. W. , 2014. An exploratory study of earnings management detectability, analyst coverage and the impact of IFRS adoption: Evidence from China. Journal of Accounting and Public Policy 33, 356 – 371.

［55］Chan, K. , Hameed, A. , 2006. Stock price synchronicity and analyst coverage in emerging markets. *Journal of Financial Economics* 80, 115 – 147.

[56] Chang J. J. , Khanna T. , Palepu K. , 2000, Analyst activity around the world, working paper.

[57] Chang, E. C. , Cheng, J. W. , Yu, Y. , 2007. Short – Sales Constraints and Price Discovery: Evidence from the Hong Kong Market. *The Journal of Finance* 62, 2097 – 2121.

[58] Chang, E. C. , Luo, Y. , Ren, J. , 2014. Short-selling, margin-trading, and price efficiency: Evidence from the Chinese market. *Journal of Banking & Finance* 48, 411 – 424.

[59] Chemmanur et al. (2009), The role of institutional investors in seasoned equity offerings, JFE.

[60] Chen, H. , J. Z. Chen, G. J. Lobo, and Y. Wang, 2011. Effects of Audit Quality on Earnings Management and Cost of Equity Capital: Evidence from China*, Contemporary Accounting Research 28, 892 – 925.

[61] Chen, K. C. W. , Z. Chen, and K. C. J. Wei, 2009. Legal protection of investors, corporate governance, and the cost of equity capital, *Journal of Corporate Finance* 15, 273 – 289.

[62] Chen, S. , Chen, X. , Cheng, Q. , Shevlin, T. , 2010. Are family firms more tax aggressive than non-family firms? *Journal of Financial Economics* 95, 41 – 61.

[63] Chen, T. , Harford, J. , Lin, C. , 2015. Do analysts matter for governance? Evidence from natural experiments. *Journal of Financial Economics* 115, 383 – 410.

[64] Chen, Y. , Huang, S. , Pereira, R. , Wang, J. , 2009, Corporate tax avoidance and firm opacity, working paper.

[65] Cheng, C. S. A. , Huang, H. H. , Li, Y. , Stanfield, J. , 2012. The Effect of Hedge Fund Activism on Corporate Tax Avoidance. The Accounting Review 87, 1493 – 1526.

[66] Cheng, M. , Subramanyam, K. R. , 2008. Analyst Following and Credit Ratings. Contemporary Accounting Research 25, 1007 – 1044.

[67] Chi, W. , Lisic, L. L. , Pevzner, M. , 2011. Is Enhanced Audit

Quality Associated with Greater Real Earnings Management? Accounting Horizons 25, 315 – 335.

[68] Chung, K. H., Jo, H., 1996. The Impact of Security Analysts' Monitoring and Marketing Functions on the Market Value of Firms. *Journal of Financial and Quantitative Analysis* 31, 493 – 512.

[69] Chung, R., M. Firth, and J. – B. Kim, 2002. Institutional monitoring and opportunistic earnings management, *Journal of Corporate Finance* 8, 29 – 48.

[70] Clement, M. B., Tse, S. Y., 2005. Financial Analyst Characteristics and Herding Behavior in Forecasting. *The Journal of Finance* 60, 307 – 341.

[71] Cliff, M. T., Denis, D. J., 2004. Do Initial Public Offering Firms Purchase Analyst Coverage with Underpricing? *The Journal of Finance* 59, 2871 – 2901.

[72] Cohen, D. A., Dey, A., Lys, T. Z., 2008. Real and Accrual – Based Earnings Management in the Pre- and Post – Sarbanes – Oxley Periods. The Accounting Review 83, 757 – 787.

[73] Cohen, D. A., Zarowin, P., 2010. Accrual-based and real earnings management activities around seasoned equity offerings. *Journal of Accounting and Economics* 50, 2 – 19.

[74] Cowen, A., Groysberg, B., Healy, P., 2006. Which types of analyst firms are more optimistic? *Journal of Accounting and Economics* 41, 119 – 146.

[75] Das, S., Levine, C. B., Sivaramakrishnan, K., 1998. Earnings Predictability and Bias in Analysts' Earnings Forecasts. The Accounting Review 73, 277 – 294.

[76] Dechow, P. and I. Dichev, 2002, The quality of accruals and earnings: The role of accrual estimation errors, Accounting Review 77, supplement, 35 – 59.

[77] Dechow, P. M., Hutton, A. P., Sloan, R. G., 2000. The Relation between Analysts' Forecasts of Long – Term Earnings Growth and Stock Price Performance Following Equity Offerings*. Contemporary Accounting Research

17, 1 – 32.

[78] Demiroglu, C. , Ryngaert, M. , 2010. The First Analyst Coverage of Neglected Stocks. *Financial Management* 39, 555 – 584.

[79] Derrien, F. , KecskéS, A. , 2013. The Real Effects of Financial Shocks: Evidence from Exogenous Changes in Analyst Coverage. *The Journal of Finance* 68, 1407 – 1440.

[80] Desai, M. A. , 2005. The Degradation of Reported Corporate Profits. *The Journal of Economic Perspectives* 19, 171 – 192.

[81] Desai, M. A. , Dharmapala, D. , 2006. Corporate tax avoidance and high-powered incentives. *Journal of Financial Economics* 79, 145 – 179.

[82] Dhaliwal, D. S. , Li, O. Z. , Tsang, A. , Yang, Y. G. , 2011. Voluntary Nonfinancial Disclosure and the Cost of Equity Capital: The Initiation of Corporate Social Responsibility Reporting. The Accounting Review 86, 59 – 100.

[83] Dhaliwal, D. S. , Radhakrishnan, S. , Tsang, A. , Yang, Y. G. , 2012. Nonfinancial Disclosure and Analyst Forecast Accuracy: International Evidence on Corporate Social Responsibility Disclosure. The Accounting Review 87, 723 – 759.

[84] Dierkens, N. , 1991, Information asymmetry and equity issues, *Journal of Finance and Quantitative Analysis*, 26, 181 – 199.

[85] Dugar, A. , Nathan, S. , 1995. The Effect of Investment Banking Relationships on Financial Analysts' Earnings Forecasts and Investment Recommendations. Contemporary Accounting Research 12, 131 – 160.

[86] Durnev, A. , Morck, R. , Yeung, B. , 2004. Value – Enhancing Capital Budgeting and Firm-specific Stock Return Variation. *The Journal of Finance* 59, 65 – 105.

[87] Dyck, A. , Morse, A. , Zingales, L. , 2010. Who Blows the Whistle on Corporate Fraud? *The Journal of Finance* 65, 2213 – 2253.

[88] Dye, R. , 1988, Earnings management in an overlapping generations model, *Journal of Accounting Research*, 26, 195 – 235.

［89］Dyreng, S. D., Hanlon, M., Maydew, E. L., 2010. The Effects of Executives on Corporate Tax Avoidance. The Accounting Review 85, 1163 – 1189.

［90］Easley, D., and M. O'Hara, 2004. Information and the Cost of Capital, *The Journal of Finance* 59, 1553 – 1583.

［91］Easley, D., N. Kiefer, M. O'Hara and L. Wu. 2008. Varying arrival rates of informed and uninformed trades. *Journal of Financial Econometric*, 4, 1 – 37.

［92］Easley, D., O'Hara, M., Paperman, J., 1998. Financial analysts and information-based trade. *Journal of Financial Markets* 1, 175 – 201.

［93］Easton, P. D., 2004. PE Ratios, PEG Ratios, and Estimating the Implied Expected Rate of Return on Equity Capital, The Accounting Review 79, 73 – 95.

［94］El Ghoul, S., O. Guedhami, C. C. Y. Kwok, and D. R. Mishra, 2011. Does corporate social responsibility affect the cost of capital?, *Journal of Banking & amp*; Finance 35, 2388 – 2406.

［95］Faccio, M., 2006. Politically Connected Firms, The American Economic Review 96, 369 – 386.

［96］Fan, J. P. H., T. J. Wong, and T. Zhang, 2007. Politically connected CEOs, corporate governance, and Post – IPO performance of China's newly partially privatized firms, *Journal of Financial Economics* 84, 330 – 357.

［97］Fang V. W., Huang A., Karpoff J. M., 2014, Short selling and earnings management: A controlled experiment, *The Journal of Finance*, forthcoming.

［98］Fang, L., Yasuda, A., 2014. Are Stars' Opinions Worth More? The Relation Between Analyst Reputation and Recommendation Values. *Journal of Financial Services Research* 46, 235 – 269.

［99］Faten Hakim, Fatma Triki, and Abdelwahed Omri, 2008, Earnings quality and equity liquidity: evidence from Tunisia, *International Journal of Managerial and Financial Accounting*, 2, 147 – 165.

［100］ Ferreira, M. A. , and P. Matos, 2008. The colors of investors' money: The role of institutional investors around the world, *Journal of Financial Economics* 88, 499 – 533.

［101］ Firth, M. , Lin, C. , Liu, P. , Xuan, Y. , 2013. The Client Is King: Do Mutual Fund Relationships Bias Analyst Recommendations? *Journal of Accounting Research* 51, 165 – 200.

［102］ Francis, J. , Douglas Hanna, J. , Philbrick, D. R. , 1997. Management communications with securities analysts. *Journal of Accounting and Economics* 24, 363 – 394.

［103］ Francis, Jennifer, Ryan LaFond, Per Olsson, and Katherine Schipper, 2005, The market pricing of accruals quality, *Journal of Accounting and Economics*, 39, 295 – 327.

［104］ Frankel, R. , Kothari, S. P. , Weber, J. , 2006. Determinants of the informativeness of analyst research. *Journal of Accounting and Economics* 41, 29 – 54.

［105］ Froot, K. A. , D. S. Scharfstein, and J. C. Stein, 1992. Herd on the Street: Informational Inefficiencies in a Market with Short – Term Speculation, *The Journal of Finance* 47, 1461 – 1484.

［106］ Gebhardt, W. R. , C. M. C. Lee, and B. Swaminathan, 2001. Toward an Implied Cost of Capital, *Journal of Accounting Research* 39, 135 – 176.

［107］ Ghaly et al. (2016) Institutional investors' horizons and corporate employment decisions, working paper.

［108］ Ghaly, M. , V. A. Dang, and S. Konstantinos, 2017. Institutional Investors' Horizons and Corporate Employment Decisions, Available at SSRN: https://ssrn.com/abstract = 2606272.

［109］ Gibson et al. (2004), Smart investments by smart money: Evidence from seasoned equity offerings, JFE.

［110］ Gillan, S. and Starks, L. , 2000, Corporate Governance Proposal and Shareholder Activism: The Role of Institutional Investors, *Journal of Financial Economics*, 57: 275 – 305.

［111］Givoly, D. , 1985. The Formation of Earnings Expectations. The Accounting Review 60, 372 – 386.

［112］Givoly, D. , Lakonishok, J. , 1979. The information content of financial analysts' forecasts of earnings: Some evidence on semi-strong inefficiency. *Journal of Accounting and Economics* 1, 165 – 185.

［113］Gompers and Metrick (2001), Institutional investors and equity prices, QJE.

［114］Gompers P. A and A. Metrick, 2001. Institutional investors and equity prices, *The Quarterly Journal of Economics* 116, 229 – 259.

［115］Gordon, P. , 1992. Accounting Earnings Announcements, Institutional Investor Concentration, and Common Stock Returns, *Journal of Accounting Research* 30, 146 – 155.

［116］Graham, J. R. , Hanlon, M. , Shevlin, T. , Shroff, N. , 2013. Incentives for Tax Planning and Avoidance: Evidence from the Field. The Accounting Review 89, 991 – 1023.

［117］Graham, J. R. , Harvey, C. R. , Rajgopal, S. , 2005. The economic implications of corporate financial reporting. *Journal of Accounting and Economics* 40, 3 – 73.

［118］Graham, J. R. , Tucker, A. L. , 2006. Tax shelters and corporate debt policy. *Journal of Financial Economics* 81, 563 – 594.

［119］Gu, Z. , Li, Z. , Yang, Y. G. , 2012. Monitors or Predators: The Influence of Institutional Investors on Sell – Side Analysts. The Accounting Review 88, 137 – 169.

［120］Gul, F. A. , Kim, J. – B. , Qiu, A. A. , 2010. Ownership concentration, foreign shareholding, audit quality, and stock price synchronicity: Evidence from China. *Journal of Financial Economics* 95, 425 – 442.

［121］Gunny, K. A. , 2010. The Relation Between Earnings Management Using Real Activities Manipulation and Future Performance: Evidence from Meeting Earnings Benchmarks*. Contemporary Accounting Research 27, 855 – 888.

［122］ Hail, L. , and C. Leuz, 2006. International Differences in the Cost of Equity Capital: Do Legal Institutions and Securities Regulation Matter?, *Journal of Accounting Research* 44, 485 – 531.

［123］ Hanlon, M. , Heitzman, S. , 2010. A review of tax research. *Journal of Accounting and Economics* 50, 127 – 178.

［124］ Harrison, H. , Kubik, J. D. , Solomon, A. , 2000. Security Analysts' Career Concerns and Herding of Earnings Forecasts. *The RAND Journal of Economics* 31, 121 – 144.

［125］ Hartzell, J. C. , and L. T. Starks, 2003. Institutional Investors and Executive Compensation, *The Journal of Finance* 58, 2351 – 2374.

［126］ Hasan, I. , Hoi, C. K. , Wu, Q. , Zhang, H. , 2014. Beauty is in the eye of the beholder: The effect of corporate tax avoidance on the cost of bank loans. *Journal of Financial Economics* 113, 109 – 130.

［127］ Hasbrouck, J. , 2003, Trading costs and returns for US equities: the evidence from daily data, working paper.

［128］ He, J. , Tian, X. , 2013. The dark side of analyst coverage: The case of innovation. *Journal of Financial Economics* 109, 856 – 878.

［129］ Heckman, J. , 1979, Sample selection bias as a specification error, Econometrica 47, 153 – 161.

［130］ Hong, H. , Kubik, J. D. , 2003. Analyzing the Analysts: Career Concerns and Biased Earnings Forecasts. *The Journal of Finance* 58, 313 – 351.

［131］ Hong, H. , Stein, J. C. , 2003. Differences of Opinion, Short – Sales Constraints, and Market Crashes. Review of Financial Studies 16, 487 – 525.

［132］ Hoopes, J. L. , Mescall, D. , Pittman, J. A. , 2012. Do IRS Audits Deter Corporate Tax Avoidance? The Accounting Review 87, 1603 – 1639.

［133］ Horton, J. , Serafeim, G. , Serafeim, I. , 2013. Does Mandatory IFRS Adoption Improve the Information Environment?*. Contemporary Accounting Research 30, 388 – 423.

［134］ Howe, J. S. , Unlu, E. , Yan, X. , 2009. The Predictive Content of

Aggregate Analyst Recommendations. *Journal of Accounting Research* 47, 799 – 821.

[135] Irani, R. M., Oesch, D., 2013. Monitoring and corporate disclosure: Evidence from a natural experiment. *Journal of Financial Economics* 109, 398 – 418.

[136] Irani, R. M., Oesch, D., 2014. Analyst coverage and real earnings management: quasi-experimental evidence. *Journal of Financial and Quantitative Analysis*, forthcoming.

[137] Irvine, P. J., 2003. The incremental impact of analyst initiation of coverage. *Journal of Corporate Finance* 9, 431 – 451.

[138] Irvine, P. J., 2004. Analysts' Forecasts and Brokerage – Firm Trading. *The Accounting Review* 79, 125 – 149.

[139] Jackson, A. R., 2005. Trade Generation, Reputation, and Sell – Side Analysts. *The Journal of Finance* 60, 673 – 717.

[140] Jacob, J., Lys, T. Z., Neale, M. A., 1999. Expertise in forecasting performance of security analysts. *Journal of Accounting and Economics* 28, 51 – 82.

[141] James E. Hunton, Robert Libby, and Cheri L. Mazza, 2006, Financial Reporting Transparency and Earnings Management, *The Accounting Review*, 81 (1), 135 – 157.

[142] Jegadeesh, N., Kim, J., Krische, S. D., Lee, C. M. C., 2004. Analyzing the Analysts: When Do Recommendations Add Value? *The Journal of Finance* 59, 1083 – 1124.

[143] Jensen, M. C., Meckling, W. H., 1976. Theory of the firm: Managerial behavior, agency costs and ownership structure. *Journal of Financial Economics* 3, 305 – 360.

[144] Jiambalvo, J., S. Rajgopal, and M. Venkatachalam, 2002. Institutional Ownership and the Extent to which Stock Prices Reflect Future Earnings*, *Contemporary Accounting Research* 19, 117 – 145.

[145] Jo, Hoje and Yongtae Kim, 2007, Disclosure frequency and earn-

ings management, *Journal of Financial Economics*, 84 (5), 561 – 590.

[146] Jones, J. J. , 1991, Earnings Management During Import Relief Investigations, *Journal of Accounting Research*, 29 (2): 193 – 228.

[147] Kahn, C. , and A. Winton. 1998, Ownership structure, speculation, and shareholder intervention, *Journal of Finance* 53 (1): 99 – 129.

[148] Kang, J. and A. Shivdasani, 1995, Firm performance, corporate governance and top executive turnover in Japan, *Journal of Financial Economics*, 38, 29 – 58.

[149] Kaplan, S. and B. Minton, 1994, Appointments of outsiders to Japanese boards: determinants and implications for managers, *Journal of Financial Economics*, 36, 225 – 257.

[150] Ke, B. I. N. , Yu, Y. , 2006. The Effect of Issuing Biased Earnings Forecasts on Analysts' Access to Management and Survival. *Journal of Accounting Research* 44, 965 – 999.

[151] Kecskes, A. , S. Mansi, and P. Nguyen, 2016. Does Corporate Social Responsibility Create Shareholder Value? The Importance of Long – Term Investors, Available at SSRN: https: // ssrn. com/abstract = 2257846.

[152] Kelly, B. , Ljungqvist, A. , 2012. Testing Asymmetric-Information Asset Pricing Models. *Review of Financial Studies* 25, 1366 – 1413.

[153] Kim, J. – B. , Li, Y. , Zhang, L. , 2011. Corporate tax avoidance and stock price crash risk: Firm-level analysis. *Journal of Financial Economics* 100, 639 – 662.

[154] Kim, J. – B. , Sohn, B. C. , 2013. Real earnings management and cost of capital. *Journal of Accounting and Public Policy* 32, 518 – 543.

[155] Kim, K. , Schroeder, D. A. , 1990. Analysts' use of managerial bonus incentives in forecasting earnings. *Journal of Accounting and Economics* 13, 3 – 23.

[156] Kim, Y. , Park, M. S. , 2013. Real Activities Manipulation and Auditors' Client – Retention Decisions. *The Accounting Review* 89, 367 – 401.

[157] Kirk, M. , 2011. Research for sale: Determinants and conse-

quences of paid-for analyst research. *Journal of Financial Economics* 100, 182 – 200.

[158] Koh P. S. , 2007, Institutional investor type, earnings management and benchmark beaters, *Journal of Accounting and Public Policy*, 26, 267 – 299.

[159] Kothari, S. P. , X. Li, and J. E. Short, 2009. The Effect of Disclosures by Management, Analysts, and Business Press on Cost of Capital, Return Volatility, and Analyst Forecasts: A Study Using Content Analysis, *The Accounting Review* 84, 1639 – 1670.

[160] Krigman, L. , Shaw, W. H. , Womack, K. L. , 2001. Why do firms switch underwriters? *Journal of Financial Economics* 60, 245 – 284.

[161] Kwon, S. , 2002. Financial Analysts' Forecast Accuracy and Dispersion: High – Tech versus Low – Tech Stocks. Review of Quantitative Finance and Accounting 19, 65 – 91.

[162] Lambert, R. , C. Leuz, and R. E. Verrecchia, 2007. Accounting Information, Disclosure, and the Cost of Capital, *Journal of Accounting Research* 45, 385 – 420.

[163] Lang, M. H. , Lins, K. V. , Miller, D. P. , 2003. ADRs, Analysts, and Accuracy: Does Cross Listing in the United States Improve a Firm's Information Environment and Increase Market Value? *Journal of Accounting Research* 41, 317 – 345.

[164] Lang, M. H. , Lins, K. V. , Miller, D. P. , 2004. Concentrated Control, Analyst Following, and Valuation: Do Analysts Matter Most When Investors Are Protected Least? *Journal of Accounting Research* 42, 589 – 623.

[165] Lang, M. H. , Lundholm, R. J. , 1996. Corporate Disclosure Policy and Analyst Behavior. *The Accounting Review* 71, 467 – 492.

[166] Lee, C. and M. Ready. 1991. Inferring trade direction from intraday data. *Journal of Finance*, 46, 733 – 746.

[167] Lehavy, R. , Li, F. , Merkley, K. , 2011. The Effect of Annual Report Readability on Analyst Following and the Properties of Their Earnings

Forecasts. *The Accounting Review* 86, 1087 – 1115.

[168] Lev B. and Thiagarajan S. R., 1993, Fundamental information analysis, *Journal of Accounting Research*, 31 (2), 190 – 215.

[169] Li O. Z., Liu H., Ni C., 2014. Controlling Shareholders' Incentive and Corporate Tax Avoidance – A Natural Experiment in China, working paper.

[170] Lim, T., 2001. Rationality and Analysts' Forecast Bias. *The Journal of Finance* 56, 369 – 385.

[171] Lin, H. – W., McNichols, M. F., 1998. Underwriting relationships, analysts' earnings forecasts and investment recommendations. *Journal of Accounting and Economics* 25, 101 – 127.

[172] Liu L., E. Peng, 2006, Institutional ownership composition and accruals quality, Working Paper, California State University.

[173] Lobo, G. J., Song, M., Stanford, M., 2012. Accruals quality and analyst coverage. *Journal of Banking & Finance* 36, 497 – 508.

[174] Loh, R. K., Stulz, R. M., 2011. When Are Analyst Recommendation Changes Influential? *Review of Financial Studies* 24, 593 – 627.

[175] Lys, T., Sohn, S., 1990. The association between revisions of financial analysts' earnings forecasts and security-price changes. *Journal of Accounting and Economics* 13, 341 – 363.

[176] Marston, C., 1997. Firm Characteristics and Analyst Following in the UK. *The British Accounting Review* 29, 335 – 347.

[177] Massa, M., Zhang, B., Zhang, H., 2014. The Invisible Hand of Short Selling: Does Short Selling Discipline Earnings Management? *Review of Financial Studies*.

[178] Mergenthaler R., Rajgopal S., Srinivasan S., 2012. CEO and CFO career penalties to missing quarterly analysts forecasts, working paper.

[179] Merton, R. C., 1987. A Simple Model of Capital Market Equilibrium with Incomplete Information. *The Journal of Finance* 42, 483 – 510.

[180] Michaely, R., Womack, K. L., 1999. Conflict of interest and the

credibility of underwriter analyst recommendations. *Review of Financial Studies* 12, 653 – 686.

[181] Mikhail, M. B. , Walther, B. R. , Willis, R. H. , 1997. Do Security Analysts Improve Their Performance with Experience? *Journal of Accounting Research* 35, 131 – 157.

[182] Mikhail, M. B. , Walther, B. R. , Willis, R. H. , 1999. Does Forecast Accuracy Matter to Security Analysts? *The Accounting Review* 74, 185 – 200.

[183] Miller, E. M. , 1977. Risk, Uncertainty, and Divergence of Opinion. *The Journal of Finance* 32, 1151 – 1168.

[184] Miller, G. S. , 2006. The Press as a Watchdog for Accounting Fraud. *Journal of Accounting Research* 44, 1001 – 1033.

[185] Mokoaleli – Mokoteli, T. , Taffler, R. J. , Agarwal, V. , 2009. Behavioural Bias and Conflicts of Interest in Analyst Stock Recommendations. *Journal of Business Finance & Accounting* 36, 384 – 418.

[186] Mola, S. , Guidolin, M. , 2009. Affiliated mutual funds and analyst optimism. *Journal of Financial Economics* 93, 108 – 137.

[187] Mola, S. , Rau, P. R. , Khorana, A. , 2012. Is There Life after the Complete Loss of Analyst Coverage? *The Accounting Review* 88, 667 – 705.

[188] Morck, R. , Yeung, B. , Yu, W. , 2000. The information content of stock markets: why do emerging markets have synchronous stock price movements? *Journal of Financial Economics* 58, 215 – 260.

[189] Moyer, R. C. , Chatfield, R. E. , Sisneros, P. M. , 1989. Security Analyst Monitoring Activity: Agency Costs and Information Demands. *Journal of Financial and Quantitative Analysis* 24, 503 – 512.

[190] Nagar, V. , Nanda, D. , Wysocki, P. , 2003. Discretionary disclosure and stock-based incentives. *Journal of Accounting and Economics* 34, 283 – 309.

[191] Nguyen, H. G. , X. K. Yin, and H. Luon, 2011. Institutional Investors, Private Information, and the Cost of Capital, . Available at SSRN: ht-

tp: //ssrn. com/abstract = 1972657.

[192] Nofsinger and Sias (1999), Herding and feedback trading by institutional and individual investors, JF.

[193] O'Brien, P. C. , 1988. Analysts' forecasts as earnings expectations. *Journal of Accounting and Economics* 10, 53 – 83.

[194] O'Brien, P. C. , Bhushan, R. , 1990. Analyst Following and Institutional Ownership. *Journal of Accounting Research* 28, 55 – 76.

[195] O'Brien, P. C. , McNichols, M. F. , Hsiou – Wei, L. I. N. , 2005. Analyst Impartiality and Investment Banking Relationships. *Journal of Accounting Research* 43, 623 – 650.

[196] Osma, B. G. , 2008. Board Independence and Real Earnings Management: The Case of R&D Expenditure. Corporate Governance: An International Review 16, 116 – 131.

[197] Pearson N. , 1992, Determinants of the production of information, working paper.

[198] Piotroski J. D. , Wong T. J. , Zhang T. , 2015. Political incentives to suppress negative information: evidence from Chinese listed firms. Journal of Accounting Research, forthcoming.

[199] Piotroski, J. D. , and B. T. Roulstone, 2004. The Influence of Analysts, Institutional Investors, and Insiders on the Incorporation of Market, Industry, and Firm – Specific Information into Stock Prices, *The Accounting Review* 79, 1119 – 1151.

[200] Piotroski, J. D. , and T. J. Wong, 2010. Institutions and information environment of Chinese listed firms, Working Paper.

[201] Piotroski, J. D. , Roulstone, D. T. , 2004. The Influence of Analysts, Institutional Investors, and Insiders on the Incorporation of Market, Industry, and Firm – Specific Information into Stock Prices. *The Accounting Review* 79, 1119 – 1151.

[202] Porter G, 1992, Accounting earnings announcements, institutional investor concentration and common stock returns, *Journal of Accounting Re-*

search, 30 (1), 46 – 155.

[203] Prowse and Stephen D. , 1990, Institutional investment patterns and corporate financial behavior in the United States and Japan, *Journal of Financial Economics*, 27, 43 – 66.

[204] Rajan, R. , Servaes, H. , 1997. Analyst Following of Initial Public Offerings. *The Journal of Finance* 52, 507 – 529.

[205] Ramnath, S. , Rock, S. , Shane, P. , 2008. The financial analyst forecasting literature: A taxonomy with suggestions for further research. *International Journal of Forecasting* 24, 34 – 75.

[206] Rego, S. O. , Wilson, R. , 2012. Equity Risk Incentives and Corporate Tax Aggressiveness. *Journal of Accounting Research* 50, 775 – 810.

[207] Richardson and Vernon J. , 2000, Information asymmetry and earnings management: Some evidence, Review of Quantitative Finance and Accounting, 15 (4), 325 – 347.

[208] Roulstone, D. T. , 2003. Analyst Following and Market Liquidity*. Contemporary Accounting Research 20, 552 – 578.

[209] Roychowdhury, S. , 2006. Earnings management through real activities manipulation. *Journal of Accounting and Economics* 42, 335 – 370.

[210] Samuel B. Graves, 1988, Institutional ownership and corporate R&D in the computer industry, Academy of Management Journal, 31 (2), 417 – 428.

[211] Schipper, K. , 1989, Commentary on earnings management, Accounting Horizons, 3 (4), 91 – 102.

[212] Shleifer, A. , and R. W. Vishny, 1986. Large Shareholders and Corporate Control, *Journal of Political Economy* 94, 461 – 488.

[213] Sias et al. (2006), Changes in institutional Ownership and Stock Returns: Assessment and methodology, JB.

[214] Sias, Richard W. , Laura T. Starks, and S. Titman, 2006. Changes in Institutional Ownership and Stock Returns: Assessment and Methodology, *The Journal of Business* 79, 2869 – 2910.

[215] Skinner, D. J. , 1990. Options markets and the information content

of accounting earnings releases. *Journal of Accounting and Economics* 13, 191 – 211.

[216] Song, M., Kim, D., Won, C., 2009. Earnings Uncertainty and Analyst Forecast Herding*. *Asia – Pacific Journal of Financial Studies* 38, 545 – 574.

[217] Sun J., 2009. Governance role of analyst coverage and investor protection. *Financial Analysts Journal*, 65 (6): 52 – 64.

[218] Tan, H., Wang, S., Welker, M., 2011. Analyst Following and Forecast Accuracy After Mandated IFRS Adoptions. *Journal of Accounting Research* 49, 1307 – 1357.

[219] Trueman, B., 1994. Analyst forecasts and herding behavior. *Review of Financial Studies* 7, 97 – 124.

[220] Utama, S., and W. M. Cready, 1997. Institutional ownership, differential predisclosure precision and trading volume at announcement dates, *Journal of Accounting and Economics* 24, 129 – 150.

[221] Walther, B. R., 1997. Investor Sophistication and Market Earnings Expectations, *Journal of Accounting Research* 35, 157 – 179.

[222] Wang, D. C., 2006, Founding family ownership and earnings quality, *Journal of Accounting Research*, 44, 619 – 656.

[223] Warfield, Terry D., John J. Wild, and Kenneth L. Wild, 1995, Managerial ownership, accounting choices, and informativeness of earnings, *Journal of Accounting and Economics*, 20, 61 – 91.

[224] Womack, K. L., 1996. Do Brokerage Analysts' Recommendations Have Investment Value? *The Journal of Finance* 51, 137 – 167.

[225] Wongsunwai, W., 2013. The Effect of External Monitoring on Accrual – Based and Real Earnings Management: Evidence from Venture – Backed Initial Public Offerings. Contemporary Accounting Research 30, 296 – 324.

[226] Xu, N., Chan, K. C., Jiang, X., Yi, Z., 2013. Do star analysts know more firm-specific information? Evidence from China. *Journal of Banking & Finance* 37, 89 – 102.

［227］Xudong, C., Na, H., Xue, W., Xiaofei, T., 2014. Tax avoidance and firm value：evidence from China. Nankai Business Review International 5, 25 – 42.

［228］Yan, X., and Z. Zhang, 2009, Institutional investors and equity returns：Are short-term institutions better informed? Review of Financial Studies 22, 893 – 924.

［229］Yu, F., 2008. Analyst coverage and earnings management. *Journal of Financial Economics* 88, 245 – 271.

［230］Zang, A. Y., 2011. Evidence on the Trade – Off between Real Activities Manipulation and Accrual – Based Earnings Management. *The Accounting Review* 87, 675 – 703.

［231］Zhang, R., Zhu, J., Yue, H., Zhu, C., 2010. Corporate Philanthropic Giving, Advertising Intensity, and Industry Competition Level. *Journal of Business Ethics* 94, 39 – 52.

［232］Zhang, Y., 2008. Analyst responsiveness and the post-earnings-announcement drift. *Journal of Accounting and Economics* 46, 201 – 215.

［233］Zheng et al, 2012, The road less traveled：strategy distinctiveness and hedge fund performance, *Review of Financial Studies* 25 (1), 96 – 1.

［234］白晓宇：《上市公司信息披露政策对分析师预测的多重影响研究》，载《金融研究》2009 年第 4 期。

［235］薄仙慧、吴连生：《国有控股与机构投资者的治理效应：盈余管理视角》，载《经济研究》2009 年第 2 期。

［236］蔡春、李明、和辉：《约束条件、IPO 盈余管理方式与公司业绩——基于应计盈余管理与真实盈余管理的研究》，载《会计研究》2013 年第 10 期。

［237］蔡春、朱荣、和辉、谢柳芳：《盈余管理方式选择、行为隐性化与濒死企业状况改善——来自 A 股特别处理公司的经验证据》，载《会计研究》2012 年第 9 期。

［238］蔡宏标、饶品贵：《机构投资者、税收征管与企业避税》，载《会计研究》2015 年第 10 期。

[239] 蔡庆丰、杨侃、林剑波：《羊群行为的叠加及其市场影响——基于证券分析师与机构投资者行为的实证研究》，载《中国工业经济》2011 年第 12 期。

[240] 蔡卫星、曾诚：《公司多元化对证券分析师关注度的影响——基于证券分析师决策行为视角的经验分析》，载《南开管理评论》2010 年第 4 期。

[241] 曹胜、朱红军：《王婆贩瓜：券商自营业务与分析师乐观性》，载《管理世界》2011 年第 7 期。

[242] 陈冬、唐建新：《机构投资者持股、避税寻租与企业价值》，载《经济评论》2013 年第 6 期。

[243] 曾晓洁、黄嵩、储国强：《基金投资风格与基金分类的实证研究》，《金融研究》2004 年第 3 期。

[244] 曾颖、陆正飞：《信息披露质量与股权融资成本》，载《经济研究》2006 年第 2 期。

[245] 陈国进等：《机构投资者是股市暴涨暴跌的助推器吗？——来自上海 A 股市场的经验证据》，载《金融研究》2010 年第 11 期。

[246] 陈晖丽、刘峰：《融资融券的治理效应研究——基于公司盈余管理的视角》，载《会计研究》2014 年第 9 期。

[247] 陈露兰、王昱升：《证券分析师跟踪与企业社会责任信息披露——基于中国资本市场的研究》，载《宏观经济研究》2014 年第 5 期。

[248] 陈日清：《机构投资者与个人投资者过度自信行为比较研究》，载《投资研究》2011 年第 12 期。

[249] 陈日清：《投资者过度自信行为与中国 A 股波动性》，载《投资研究》2014 年第 2 期。

[250] 陈维、陈伟、吴世农：《证券分析师的股票评级与内部人交易——我国证券分析师是否存在道德风险？》，载《证券市场导报》2014 年第 3 期。

[251] 陈旭东、王雪：《税收规避提高了公司价值吗？——基于中国上市公司的实证研究》，中国会计学会学术年会，2011 年。

[252] 程书强：《机构投资者持股与上市公司会计盈余信息关系实证

研究》，载《管理世界》2006 年第 9 期。

［253］崔玉英、李长青、郑燕、长青：《公司成长、盈余波动与财务分析师跟踪——来自中国证券市场的经验证据》，载《管理评论》2014 年第 4 期。

［254］代昀昊等：《机构投资者、信息不对称与股价暴跌风险》，载《投资研究》2015 年第 1 期。

［255］邓可斌、唐小艳：《机构投资者真的有助于降低盈余管理吗？——来自中国上市公司混合与平衡面板数据的证据》，载《产业经济研究》2010 年第 5 期。

［256］丁亮、孙慧：《中国股市股票推荐效应研究》，载《管理世界》2001 年第 5 期。

［257］范经华、张雅曼、刘启亮：《内部控制、审计师行业专长、应计与真实盈余管理》，载《会计研究》2013 年第 4 期。

［258］范宗辉、王静静：《证券分析师跟踪：决定因素与经济后果》，载《上海立信会计学院学报》2010 年第 1 期。

［259］方军雄、洪剑峭：《上市公司信息披露质量与证券分析师盈利预测》，载《证券市场导报》2007 年第 3 期。

［260］高昊宇等：《机构投资者对暴涨暴跌的抑制作用：基于中国市场的实证》，载《金融研究》2017 年第 2 期。

［261］高敬忠、周晓苏、王英允：《机构投资者持股对信息披露的治理作用研究——以管理层盈余预告为例》，载《南开管理评论》2011 年第 5 期。

［262］高雷、张杰：《公司治理、机构投资者与盈余管理》，载《会计研究》2008 年第 9 期。

［263］宫义飞、郭兰：《分析师跟踪、所有权性质与融资约束——基于不同产权主体的研究》，载《经济管理》2012 年第 1 期。

［264］宫义飞：《分析师跟踪、信息不对称与公司融资》，2010 年，博士学位论文。

［265］顾鸣润、杨继伟、余怒涛：《产权性质、公司治理与真实盈余管理》，载《中国会计评论》2012 年第 3 期。

［266］管总平、黄文锋、钟子英：《承销商关系与机构持股压力对分析师盈利预测的影响》，载《证券市场导报》2013 年第 10 期。

［267］郭杰、洪洁瑛：《中国证券分析师的盈余预测行为有效性研究》，载《经济研究》2009 年第 11 期。

［268］何佳等：《机构投资者一定能稳定股市吗？——理论和实证研究》，载《管理世界》2007 年第 8 期。

［269］胡大春等：《基金持股比例与 A 股市场收益波动率的实证分析》，载《金融研究》2007 年第 5 期。

［270］胡娜、周铭山、郭寿良、张元伟：《股权投资背景下券商独立性研究——基于证券分析师研究报告的视角》，载《财经科学》2014 年第 1 期。

［271］胡娜：《独立性、声誉机制与分析师行为实证研究》，2014 年，博士学位论文。

［272］胡一帆、宋敏、张俊喜：《竞争、产权、公司治理三大理论的相对重要性及交互关系》，载《经济研究》2005 年第 9 期。

［273］黄谦：《中国证券市场机构投资者与上市公司盈余管理关联性的研究》，载《当代经济科学》2009 年第 7 期。

［274］江轩宇：《税收征管、税收激进与股价崩盘风险》，载《南开管理评论》2013 年第 5 期。

［275］姜超：《证券分析师、内幕消息与资本市场效率——基于中国 A 股股价中公司特质信息含量的经验证据》，载《经济学（季刊）》2013 年第 2 期。

［276］蒋琰，陆正飞：《公司治理与股权融资成本——单一与综合机制的治理效应研究》，载《数量经济技术经济研究》2009 年第 2 期。

［277］金鑫、雷光勇：《审计监督、最终控制人性质与税收激进度》，载《审计研究》2011 年第 5 期。

［278］孔东民等：《基金风格、信息优势与资产回报》，载《南大商学评论》2014 年第 1 期。

［279］孔东民、付克华：《中国股市增发的市场反应和影响因素研究》，载《世界经济》2005 年第 10 期。

［280］孔东民、柯瑞豪：《谁驱动了中国股市的 PEAD?》，载《金融研究》2007 年第 10 期。

［281］李春涛、宋敏、张璇：《分析师跟踪与企业盈余管理——来自中国上市公司的证据》，载《金融研究》2014 年第 7 期。

［282］李春涛、胡宏兵、谭亮：《中国上市银行透明度研究——分析师盈利预测和市场同步性的证据》，载《金融研究》2013 年第 6 期。

［283］李冬昕、李心丹、张兵：《分析师的盈利预测偏差与本地优势》，载《财经科学》2011 年第 3 期。

［284］李建强：《高管变更与证券分析师跟踪关系研究》，载《财会通讯》2015 年第 3 期。

［285］李胜楠等：《基金在中国上市公司中发挥治理作用了吗——基于影响高管非自愿变更与业绩之间敏感性的分析》，载《南开管理评论》2015 年第 2 期。

［286］李维安、李滨：《机构投资者介入公司治理效果的实证研究——基于 CCGI～（NK）的经验研究》，载《南开管理评论》2008 年第 1 期。

［287］李维安、徐业坤：《政治身份的避税效应》，载《金融研究》2013 年第 3 期。

［288］李晓玲、任宇：《证券分析师关注与审计监督：替代抑或互补效应——基于中国民营上市公司的经验证据》，载《审计与经济研究》2013 年第 6 期。

［289］李祎、刘启亮、李洪：《IFRS、财务分析师、机构投资者和权益资本成本——基于信息治理观视角》，载《会计研究》2016 年第 10 期。

［290］李增福、董志强、连玉君：《应计项目盈余管理还是真实活动盈余管理？——基于我国 2007 年所得税改革的研究》，载《管理世界》2011 年第 1 期。

［291］李增福、林盛天、连玉君：《国有控股、机构投资者与真实活动的盈余管理》，载《管理工程学报》2013 年第 3 期。

［292］李增福、周婷：《规模、控制人性质与盈余管理》，载《南开管理评论》2013 年第 6 期。

［293］李争光等：《机构投资者异质性与会计稳健性——来自中国上

市公司的经验证据》，载《南开管理评论》2015 年第 3 期。

［294］梁丽珍、孔东民：《中国股市的流动性指标定价研究》，载《管理科学》2008 年第 3 期。

［295］林翔：《对中国证券咨询机构预测的分析》，载《经济研究》2000 年第 2 期。

［296］林小驰、欧阳婧、岳衡：《谁吸引了海外证券分析师的关注》，载《金融研究》2007 年第 1 期。

［297］林永坚、王志强、李茂良：《高管变更与盈余管理——基于应计项目操控与真实活动操控的实证研究》，载《南开管理评论》2013 年第 1 期。

［298］刘峰、吴凤、钟瑞庆：《会计准则能提高会计信息的质量吗？——来自中国资本市场的初步证据》，载《会计研究》2005 年第 5 期。

［299］刘行、叶康涛：《会计－税收差异与薪酬契约》，载《中国会计评论》2012 年第 2 期。

［300］刘行、叶康涛：《企业的避税活动会影响投资效率吗?》，载《会计研究》2013 年第 6 期。

［301］刘京军、徐浩萍：《机构投资者：长期投资者还是短期机会主义者?》，载《金融研究》2012 年第 9 期。

［302］吕伟、陈丽花、隋鑫：《避税行为干扰了市场对信息的理解吗》，载《山西财经大学学报》2011 年第 10 期。

［303］毛新述、叶康涛、张頔：《上市公司权益资本成本的测度与评价——基于我国证券市场的经验检验》，载《会计研究》2012 年第 11 期。

［304］梅洁、张明泽：《基金主导了机构投资者对上市公司盈余管理的治理作用？——基于内生性视角的考察》，载《会计研究》2016 年第 4 期。

［305］潘越、戴亦一、林超群：《信息不透明、分析师关注与个股暴跌风险》，载《金融研究》2011 年第 9 期。

［306］祁斌等：《机构投资者与股市波动性》，载《金融研究》2006 年第 9 期。

[307] 山立威、甘犁、郑涛：《公司捐款与经济动机——汶川地震后中国上市公司捐款的实证研究》，载《经济研究》2008 年第 11 期。

[308] 沈洪涛、游家兴、刘江宏：《再融资环保核查、环境信息披露与权益资本成本》，载《金融研究》2010 年第 12 期。

[309] 沈艺峰、肖珉、黄娟娟：《中小投资者法律保护与公司权益资本成本》，载《经济研究》2005 年第 6 期。

[310] 孙亮、刘春：《公司治理对盈余管理程度的制约作用》，载《金融评论》2010 年第 3 期。

[311] 谭劲松、林雨晨：《机构投资者对信息披露的治理效应——基于机构调研行为的证据》，载《南开管理评论》2016 年第 5 期。

[312] 谭伟强：《流动性与盈余公告后价格漂移研究》，载《证券市场导报》2008 年第 9 期。

[313] 唐建新、陈略、唐春娇：《代理成本、避税程度与上市公司会计信息披露质量》，载《财会通讯》2013 年第 21 期。

[314] 唐松莲、袁春生：《监督或攫取：机构投资者治理角色的识别研究——来自中国资本市场的经验证据》，载《管理评论》2010 年第 8 期。

[315] 汪弘、罗党论、林东杰：《行业分析师的研究报告对投资决策有用吗？——来自中国 A 股上市公司的经验证据》，载《证券市场导报》2013 年第 7 期。

[316] 汪炜、蒋高峰：《信息披露、透明度与资本成本》，载《经济研究》2004 年第 7 期。

[317] 王静、郝东洋、张天西：《税收规避、公司治理与管理者机会主义行为》，载《山西财经大学学报》2014 年第 3 期。

[318] 王磊等：《证券投资基金羊群行为与股票市场过度反应》，载《南方经济》2011 年第 3 期。

[319] 王力军：《大股东控制、财务杠杆与公司价值——国有及民营上市公司治理的比较研究》，载《证券市场导报》2006 年第 11 期。

[320] 王艳艳、于李胜：《国有银行贷款与股价同步性》，载《会计研究》2013 年第 7 期。

[321] 王咏梅、王亚平：《机构投资者如何影响市场的信息效率——

来自中国的经验证据》，载《金融研究》2011年第10期。

［322］王宇超、肖斌卿、李心丹：《分析师跟进的决定因素——来自中国证券市场的证据》，载《南方经济》2012年第10期。

［323］王宇熹、洪剑峭、肖峻：《顶级券商的明星分析师荐股评级更有价值么？——基于券商声誉、分析师声誉的实证研究》，载《管理工程学报》2012年第3期。

［324］温忠麟、侯杰泰、张雷：《调节效应与中介效应的比较和应用》，载《心理学报》2005年第2期。

［325］吴超鹏、郑方镳、杨世杰：《证券分析师的盈余预测和股票评级是否具有独立性?》，载《经济学（季刊）》2013年第3期。

［326］吴世农、吴超鹏：《盈余信息度量、市场反应与投资者框架依赖偏差分析》，载《经济研究》2005年第2期。

［327］伍利娜、李蕙伶：《投资者理解公司会计利润和应税利润的差异信息吗?》，载《管理世界》2007年第10期。

［328］伍燕然、潘可、胡松明、江婕：《行业分析师盈利预测偏差的新解释》，载《经济研究》2012年第4期。

［329］夏立军、鹿小楠：《上市公司盈余管理与信息披露质量相关性研究》，载《当代经济管理》2005年第10期。

［330］肖萌、朱宏泉：《分析师一致评级变化在市场和行业层面的信息含量》，载《证券市场导报》2011年第4期。

［331］肖珉：《法的建立、法的实施与权益资本成本》，载《中国工业经济》2008年第3期。

［332］谢震、艾春荣：《分析师关注与公司研发投入：基于中国创业板公司的分析》，载《财经研究》2014年第2期。

［333］谢震、熊金武：《分析师关注与盈余管理：对中国上市公司的分析》，载《财贸研究》2014年第2期。

［334］徐浩萍、吕长江：《政府角色、所有权性质与权益资本成本》，载《会计研究》2007年第6期。

［335］徐莉萍、辛宇、祝继高：《媒体关注与上市公司社会责任之履行——基于汶川地震捐款的实证研究》，载《管理世界》2011年第3期。

［336］徐晓东，陈小悦：《第一大股东对公司治理、企业业绩的影响分析》，载《经济研究》2003 年第 2 期。

［337］徐欣、唐清泉：《财务分析师跟踪与企业 R&D 活动——来自中国证券市场的研究》，载《金融研究》2010 年第 12 期。

［338］许红伟、陈欣：《我国推出融资融券交易促进了标的股票的定价效率吗？——基于双重差分模型的实证研究》，载《管理世界》2012 年第 5 期。

［339］许年行、江轩宇、伊志宏、徐信忠：《分析师利益冲突、乐观偏差与股价崩盘风险》，载《经济研究》2012 年第 7 期。

［340］薛祖云、王冲：《信息竞争抑或信息补充：证券分析师的角色扮演——基于我国证券市场的实证分析》，载《金融研究》2011 年第 11 期。

［341］杨德明：《预测信息披露与盈余管理》，载《中国管理科学》2005 年第 7 期。

［342］杨德明、林斌、辛清泉：《盈利质量、投资者非理性行为与盈余惯性》，载《金融研究》2007 年第 2 期。

［343］叶康涛、陆正飞：《中国上市公司股权融资成本影响因素分析》，载《管理世界》2004 年第 5 期。

［344］叶康涛、刘行：《公司避税活动与内部代理成本》，载《金融研究》2014 年第 9 期。

［345］伊志宏、江轩宇：《明星 VS 非明星：分析师评级调整与信息属性》，载《经济理论与经济管理》2013 年第 10 期。

［346］于忠泊、叶琼燕、田高良：《外部监督与盈余管理——针对媒体关注、机构投资者与分析师的考察》，载《山西财经大学学报》2011 年第 9 期。

［347］余佩琨等：《机构投资者能跑赢个人投资者吗？》，载《金融研究》2009 年第 8 期。

［348］袁春生、唐松莲、汪涛武：《证券分析师舞弊警示能力及其信息传递方式——基于证监会处罚公告的经验证据》，载《财贸研究》2013 年第 6 期。

[349] 袁春生：《监督抑或跟随：机构投资者治理角色研究——来自舞弊公司机构持股行为的经验证据》，载《财经理论与实践》2012 年第 2 期。

[350] 原红旗、黄倩茹：《承销商分析师与非承销商分析师预测评级比较研究》，载《中国会计评论》2007 年第 3 期。

[351] 赵良玉、李增泉、刘军霞：《管理层偏好、投资评级乐观性与私有信息获取》，载《管理世界》2013 年第 4 期。

[352] 赵涛、郑祖玄：《信息不对称与机构操纵》，载《经济研究》2002 年第 7 期。

[353] 郑方镳：《中国证券分析师行业研究：效率、行为与治理》，2009 年，厦门大学博士学位论文。

[354] 周冬华、赵玉洁：《分析师跟进能够降低审计费用吗——来自中国证券市场的经验证据》，载《证券市场导报》2015 年第 1 期。

[355] 周泽将、杜兴强：《新闻发言人、财务分析师跟踪与信息透明度》，载《商业经济与管理》2012 年第 11 期。

[356] 朱红军、何贤杰、陶林：《信息源、信息搜寻与市场吸收效率——基于证券分析师盈利预测修正的经验证据》，载《财经研究》2008 年第 5 期。

[357] 朱红军、何贤杰、陶林：《中国的证券分析师能够提高资本市场的效率吗——基于股价同步性和股价信息含量的经验证据》，载《金融研究》2007 年第 2 期。

[358] 朱婷婷、张玲：《税收征管、企业避税与企业投资效率》，载《审计与经济研究》2015 年第 2 期。